TRADE
MINDFULLY

股票深度交易心理学

通过正念练习和尖端心理学
实现最佳交易表现

ACHIEVE YOUR OPTIMUM TRADING PERFORMANCE
WITH MINDFULNESS AND CUTTING-EDGE PSYCHOLOGY

［美］盖瑞·戴顿 Gary Dayton, Psy.D 著　　池明烨 译

中国青年出版社
CHINA YOUTH PRESS

图书在版编目（CIP）数据

股票深度交易心理学：通过正念练习和尖端心理学实现最佳交易表现 /
（美）盖瑞·戴顿（Gary Dayton）著；池明烨译.
—北京：中国青年出版社，2020.8
书名原文：Trade Mindfully: Achieve Your Optimum Trading Performance with Mindfulness and Cutting-Edge Psychology
ISBN 978-7-5153-6049-2

Ⅰ.①股… Ⅱ.①盖… ②池… Ⅲ.①股票交易—经济心理学 Ⅳ.①F830.91-05

中国版本图书馆CIP数据核字（2020）第093548号

股票深度交易心理学：
通过正念练习和尖端心理学实现最佳交易表现

作　　者：[美] 盖瑞·戴顿
译　　者：池明烨
策划编辑：庞冰心
责任编辑：庞冰心
文字编辑：肖颖慧
美术编辑：张　艳
出　　版：中国青年出版社
发　　行：北京中青文文化传媒有限公司
电　　话：010-65511272/65516873
公司网址：www.cyb.com.cn
购书网址：zqwts.tmall.com
印　　刷：大厂回族自治县益利印刷有限公司
版　　次：2020年8月第1版
印　　次：2025年6月第7次印刷
开　　本：787mm×1092mm　1/16
字　　数：316千字
印　　张：24.5
京权图字：01-2019-2462
书　　号：ISBN 978-7-5153-6049-2
定　　价：69.00元

谨以此书献给

我挚爱的妻子Ning

对我有养育之恩的父母

以及

在交易中面临心理挑战的所有交易者——

也就是我们所有人

赞 誉

对《股票深度交易心理学：通过正念练习和尖端心理学实现最佳交易表现》
的赞誉词：

"这是我见过把正念运用到交易范畴的最佳之作。盖瑞·戴顿博士解释了
困扰交易者的常见问题，广泛汲取研究成果，阐述了如何运用正念和过程取向，
有效应对这些问题。整本书深入浅出，在理论、研究和交易实践之间搭建了一
座绝佳的桥梁。"

——布里特·斯蒂恩博格（Brett Steenbarger）

《每日交易心理训练》（*The Daily Trading Coach*）作者

"《股票深度交易心理学：通过正念练习和尖端心理学实现最佳交易表现》
应该列入交易者的必读书目。如果你想更好地了解自己是怎样受心智摆布，导
致交易绩效欠佳，请细细品味这本书，你会有醍醐灌顶之感。"

——戴维·魏斯（David H. Weis）

市场分析师

"一生中，你总会遇到这么一个人：知识渊博、充满激情、才华横溢，盖瑞·戴顿博士就是这么一个人。多年前，我在TradeGuider研讨会上遇见他，他是研讨会的演讲嘉宾，对理查德·威科夫（Richard D. Wyckoff）的著作有深入了解和研究，令我顿时为之倾倒。盖瑞这本书写得非常出色，荟萃了他多年苦心积累的知识，提炼成浅显易懂的精华，无论是初入门还是摸爬滚打多年的交易者或投资者，都会受益匪浅。我强烈建议你认真研读这本书，你会掌握所需的知识，在市场上有所成就。盖瑞是一位优秀的教师，但最重要的是，他是真正的交易者，在市场上披荆斩棘多年，成了交易高手。在这本书里，你会学到交易成功的蓝图。"

——汤姆·威廉斯（Tom Williams）

《掌握市场》（*Master the Markets*）作者，TradeGuider Systems International主席

———————————————————·———————————————————

"科技曾经为交易者带来'优势'，能否运用科技工具，一度是区分优秀交易者与拙劣交易者的一大要素。但如今，几乎每位交易者都可以利用同样的图表、软件和委托单类型，决定交易者成败的真正优势在于他们面对市场的心态。《股票深度交易心理学：通过正念练习和尖端心理学实现最佳交易表现》介绍了如何运用心理学最大限度地提升利润，为当今交易者提供了所需的强大利器，帮助他们充分发挥最大盈利潜力。如今，交易者对待交易和市场的'心态'比以往任何时候都更加重要，运用盖瑞·戴顿博士介绍的分步详解方法，交易者可以掌握最后的真正'优势'，在市场上斩获盈利。"

——蒂姆·布尔坎（Tim Bourquin）

国际交易者博览会（The Traders Expo）和TraderInterviews.com联合创始人

———————————————————·———————————————————

"盖瑞·戴顿这本书引人入胜，是正念交易的开山之作，他融汇了东方的'正念'概念与职业运动中的心理学模型，帮助交易者应对经常不听话的

情绪。他探讨了交易者可以如何运用正念，避免受情绪左右而脱离正轨，介绍了具体的练习和实践，帮助读者掌控交易。戴顿深入的见解曾在《交易星球》（*TraderPlanet*）杂志上发表，他提出了重要的尖端概念，是希望更上一层楼的交易者的必读之作。"

——朗恩·孟德尔颂（Lane J. Mendelsohn）

TraderPlanet.com创始人兼总裁

·

"这本书太棒了。事实上，这很可能是过去20年内最有用的一本书，充满了实用的知识和练习方法。每位交易者的书架上都应该摆上一本。"

——卢伟民（Ray Barros）

职业交易者

·

盖瑞·戴顿博士持有心理学博士学位，是心理学家、交易者兼顶尖心理学公司（Peak Psychology，Inc.）总裁。顶尖心理学公司是一家咨询公司，专门帮助交易者取得顶尖表现。

对《股票深度交易心理学：通过正念练习和尖端心理学实现最佳交易表现》的更多赞誉词：

·

"在过去10年，我有幸与盖瑞·戴顿博士共事，向TradeGuider数千位客户推荐过他的著作。许多散户交易者和投资者都不明白在建仓时运用正念有多么重要。戴顿博士这本书开创了正念交易的先河，任何人只要细细研究，都可以从中获得启发。最重要的是，戴顿博士不仅是交易心理学专家，而且是真正的交易者，有着在市场上披荆斩棘的深刻体会，最终掌握了驾驭市场的技巧，懂得华尔街的游戏规则。我强烈推荐你来读一下这本书，运用戴顿博士生动传授的丰富知识，助你的交易和投资更上一层楼。"

——加文·福尔摩斯（Gavin Holmes）

TradeGuider Systems International首席执行官，

《在庄家的阴霾下交易》（*Trading in the Shadow of the Smart Money*）作者

· · ·

"无论交易者选择了什么交易方法，只要陷入焦虑和恐惧之间的挣扎，其行动就会损害交易计划，损害自己的最佳利益。在《股票深度交易心理学：通过正念练习和尖端心理学实现最佳交易表现》一书中，盖瑞·戴顿博士详尽解释了为什么若是我们努力控制想法和情绪，企图以此纠正心态不稳的交易行为，这种做法是行不通的。他建议交易者练习正念，并运用最新的表现心理学方法，解决这些复杂的问题。盖瑞·戴顿博士表示，正念是最强大的技巧之一，所有交易者都应该学习掌握。我觉得这本书研究深入，锐意创新，是希望提升心理技巧、成为交易高手的人士的宝贵财富。"

——罗恩·罗斯韦（Ron Rossway）

丹佛交易集团（Denver Trading Group）总裁

· · ·

"在《股票深度交易心理学：通过正念练习和尖端心理学实现最佳交易表现》一书中，盖瑞·戴顿博士借助真实的案例，解释了心理陷阱是怎样妨碍交易者实现理想的交易绩效。接下来，他提供了一些表格和实用清单，为你打造自己的结构化流程奠定稳固基础，助你取得交易成功。《股票深度交易心理学：通过正念练习和尖端心理学实现最佳交易表现》是一本有效的手册，会让你以全新眼光看待情绪的重要性，学会与自己的情绪合作，而不是与之较劲。"

——科里·罗森布鲁姆（Corey Rosenbloom）

特许市场技术分析师（CMT），AfraidToTrade.com总裁，

《完全交易指南》（*The Complete Trading Course*）作者

· · ·

T RADE
MINDFULY

致 谢

诚挚感谢我的妻子和伴侣Ning（她与交易者打交道的英文名是Helen）。她逐字逐句地读过本书的草稿，提出了许多宝贵的编辑建议，在我撰写本书的漫长过程中，给予我大力支持，我为此铭感于心。

感谢职业交易者兼市场分析师戴维·魏斯（David Weis）指导我进行交易。戴维对威科夫方法有深刻诠释，是他教会我以此解读市场。有赖于他认真而又精湛的教导，我得以熟练掌握技术分析能力，可以更多地专注于交易的心理层面。

感谢TradeGuider Ltd.首席执行官加文·福尔摩斯邀请我参加他在旧金山举办的研讨会，并以"交易心理学"为题发表演讲。这段经历让我了解到，我不仅有宝贵的知识和经验可以与交易者分享，而且交易者也明白交易心理学有多么重要，非常乐意学习交易的心理层面。加文高瞻远瞩，明白交易离不开心理学，在此之后，我们继续携手合作，为全球各地许多交易者打开了心理学的大门。

特别感谢查尔斯·马厄（Charlie Maher）博士，他是美国职棒大联盟克里夫兰印第安人队运动心理学家，也是罗格斯大学（Rutgers University）荣誉退休教授。他慷慨大方地向我传授了他的运动与人类表现心理学模型，这个模型组成了本书中交易心理流程的基础。

感谢凯文·康明斯（Kevin Commins），他曾于约翰威立出版社（John Wiley & Sons）任职，最初是凯文联系我，鼓励我撰写这本书，记录我对交易心理学的分析方法。

感谢其研究成果在本书中出现的所有心理学家和研究人员，我是站在他们的肩膀上写出了这本书。衷心感谢他们对正念、接纳与承诺的深入研究和成果。他们为推进心理学发展做出了卓越贡献，为像我这样的其他心理学家提供了研究成果，而我提炼精粹之后又与大家分享，谨此致谢。

感谢约翰威立出版社的出版团队，包括高级项目编辑梅格·弗里伯恩（Meg Freeborn）、高级生产编辑克莱尔·纽（Claire New）、项目协调人图拉·巴坦基耶维（Tula Batanchiev）和蒂法尼·查博尼耶（Tiffany Charbonier）以及编辑埃文·伯顿（Evan Burton），有赖于他们对本书的大力支持，这个艰巨的项目得以圆满完成。

感谢TraderPlanet.com出版人朗恩·孟德尔颂允许我在书中使用一些图片。

最后，诚挚感谢我见过、教过和曾经与之共事的许多交易者。你们努力对自己的交易心理增进了解并加以提升，给我带来了最丰盛的收获。

引 言

如果你拿起这本书看了起来，那么你多半经历过交易困难，或者曾经努力把交易提升到理想的境界，却未能做到。或许你在交易中，有过这样的经历：

- 明知进场模式良好，却过早获利平仓。

- 面对大好交易良机，却出于对亏损的恐惧，操作犹豫不决，提不起进场的勇气。

- 死守亏损头寸，苦苦等待解套。

- 亏损后补仓，指望市场反转。

- 上午赚，下午回吐。

- 亏损之后反而变得更加激进。

- 行情突然启动时即兴交易。

- 亏了一单就停止交易，或者减少仓位。

- 罔顾审慎管理资金的原则，仓位过大。

- 指望在一单交易中赚个盆满钵满，该平仓时不平仓，持仓过久。

- 进场模式良好，但由于过去两单交易都亏了，而不敢进场。

- 某一天获利甚丰，于是信心大涨，交易表现变差。
- 一直能赚点小钱，却始终未能提升交易表现。

这些交易困难会造成伤害，不仅令账户资金蒙受损失，还令你的心理和情绪饱受折磨。没有哪一项职业会像交易一样，令你的心理素质遭受如此重大的考验。你之所以会遇到这些困难，做出拙劣的交易行为，归根结底是由于陷入心理和情绪困扰所致。你多半下过很大功夫，努力克服这些困难，但试过的方法都不管用。久而久之，你可能质疑世上究竟有没有管用的方法，更糟糕的是，你还可能质疑自己究竟是否适合做交易。

这本书跟你试过的其他方法都不一样，而是把正念（一种经过科学验证的一流方法）与特定的交易心理流程相结合，为你开启管理心理和情绪挑战、取得卓越交易表现的大门。只要你下定决心，愿意付出努力，这本书绝对能帮到你。

本人是训练有素的临床心理学家。15年前，我开始做交易和研究交易心理学。跟进入市场的其他交易者一样，我也遇到过上述大多数困难。传统交易智慧教人在交易时控制和消除自己的情绪，但我从亲身经历以及跟其他交易者的交流中发现，这种做法是行不通的。恰恰相反，我们越是努力控制自己的感觉，与之抗争，就越是分心，无暇顾及交易本身，也就越容易做出心态不稳的交易行为。这种传统智慧不仅无用，而且是错误的。无数交易者按照传统智慧的建议，抱着解决问题的一贯态度，企图赶走我们的想法和感觉，反而成为制造问题的根源，导致交易表现欠佳，无法学习掌握交易技巧。我们深陷于僵化而又棘手的心理模式，交易蒙受损失。

爱因斯坦说过："要解决问题，不能用制造问题的头脑想办法，而必须换一个脑袋。"这句话用在交易上再适合不过。要克服交易者都会遇到的心理挑战，我们必须学会换一个脑袋。这本书就是教你怎样去换的。

我最初意识到要换一个脑袋来看待交易心理学，是在一次心理学大会上，当时，演讲嘉宾播放了一个视频，让我受到了极大的震撼。视频中，一位心理学家在治疗一位有自杀倾向的抑郁症患者。才做了一次治疗，患者的情况就大有改观，不再抑郁，也不再想自杀，不再需要心理治疗了。当时，我不太明白那位心理学家在做什么，因为这种治疗方法跟我此前作为心理学家的学习和实践大相径庭，甚至乍一看非常奇怪，但我骨子里知道，无论这种治疗方法的原理是什么，都是很了不起的。

这种换一个脑袋看待心理学的方式，称为"接纳与承诺疗法"（ACT）。我刚看到那个视频的时候，接纳与承诺疗法还是新鲜事物，没有多少文献记载，体验过的人也寥寥无几。如今，这一切都发生了变化：相关书籍、科研论文和大会如雨后春笋般涌现；由于这种疗法成效显著，越来越多的心理学家予以采纳，甚至在治疗室之外也开始受到青睐。例如，苏珊·戴维（Susan David）和克里斯蒂娜·康格尔顿（Christina Congleton）曾经以"心理灵活性"为题撰文，在《哈佛商业评论》网络版（*Harvard Business Review Online*）上发表，向企业高管和行业领袖介绍这一理念。心理灵活性是接纳与承诺疗法的核心内容和最终目标。如果你在交易中，能多一点心理灵活性，少一点心理挣扎，那不是很好的事情吗？

正念是接纳与承诺疗法的一个核心元素。你在本书中会看到，正念对交易者来说是无比重要的。正念的概念起源于东方传统，但现代科学研究发现，正念具有强大的效力，十分有利于我们的心理状态，正如神经成像研究所示，甚至能够改善我们的脑部结构。在接纳与承诺疗法的应用中，正念连同其他先进的心理技术（例如认知解离，承诺坚持高价值交易行动）一起，可以大大改善你的交易心理。运用正念和其他心理技术，你不再苦苦挣扎，努力控制不想要的想法和感觉，而是成为心理方面的"合气道大师"，面对这些想法和感觉，巧妙地侧步闪避，把专注力带回真正重要的任务上——你的交易。

然而，若想取得卓越的交易表现，光靠提升心理灵活性是不够的。究其核心，交易是一项表现性活动。我们学习交易知识、技巧，然后学以致用，努力提升在市场上的表现。无论在什么领域，要取得最佳表现，都要经过教练和导师的指导，接受专门培训。这些结构化指导让人有机会学习技能，克服心理挑战。大多数交易者都没有接受过结构化指导，而是孤立无援。本书致力于改变这个局面。

在任何表现性活动中，最重要的是制定并遵循一个流程。所谓"流程"，是指为了实现想要的结果，而采取有明确界定的一系列行动或步骤。我们越是贯彻一致地遵循一个可靠的流程，就越能够熟练运用知识、技巧和能力，在所有其他条件等同的情况下，我们的交易结果也就越好。我之所以会提出"交易心理流程"这个概念，追根溯源，是在攻读研究生课程期间，在查尔斯·马厄博士讲授的运动与人类表现心理学课上萌生的想法。查利是一位资深的运动心理学家，上了他教导的课程，我开始以全新眼光看待交易心理学，摒弃努力改变人的想法和情绪的传统心理学方法和技术，转而把心理学直接运用到交易流程之中：我们如何为交易做好准备、如何执行交易，以及如何评估自己的交易表现。

这本书首次借助正念的力量，以流程为基石，介绍了全新的交易心理学。结合健全的交易心理流程与正念和其他尖端心理技巧，可以为你提供强大助力，提升你的交易心理和技术。

■ 本书结构

本书分为三个部分。第一部分（第1章至第4章）探讨了交易者在心理和情绪上面对的独特挑战。事实上，若想在交易中取得成功，交易者必须明白自己为什么会失败。第二部分（第5章至第8章）介绍了正念，正念是什么，正念是怎样帮助交易者应对心理和情绪挑战的，有什么具体方法。第三部分（第9章至第11章）提出了一个强大的交易心理流程，由三个特定的时间框架和相关高价值心理技巧组成，交易者学习掌握之后，可以踏上持续改善的征程，最终取得卓越的交易表现，成为交易高手。

第一部分

交易者在取得交易成功的征程中，需要克服许多心理挑战，若是对此全无意识，猝不及防之下，很容易就会坠入认知偏差和启发法的陷阱。这些心理经验法则在我们日常生活中经常用到，往往也是有效的，但并不适合套用到交易上。情绪也可能为交易者带来重大挑战。认知偏差和情绪可能会导致你放任亏损而不忍出场，建仓时机不当和方向错误，即兴交易，以及做出其他心态不稳的交易行为。在第一部分的章节中，我们会剖析交易者做出心态不稳的交易行为根源何在。其中，我们会借助交易者在实际交易情境中的真实案例[①]，更清晰易懂地阐明概念；还会附上实用的练习和表格，帮助你洞悉交易过程中遇到的心理和情绪困难以及心态不稳的交易行为，并采取建设性的行动，予以积极应对。本书中的所有练习在作者网站上都有发布，读者可以访问www.tradingpsychologyedge.com，下载放大版的PDF表格。

在第一部分，我们也深入分析了恐惧及其各种形式、压力、其他强烈情绪（例如生气和无聊）和情绪劫持。情绪劫持是一种由情绪主导的状态，当我们陷入其中，就会鲁莽行事，使交易账户蒙受损失。我们介绍了情商这项重要

[①] 交易者案例可能是实际案例，也可能是把不同交易者的经历合并，从单个交易者的角度讲述，目的是更好地阐明相关概念和技术。为了保护个人隐私，所有名字和可能用于辨识个人身份的信息均已更改。

的心理能力，情商可以帮助你洞悉自己的情绪，明白这些情绪意味着什么，通常有怎样的情绪模式。这本身就会让你在交易中掌握重大优势。

我们检视了交易者在产生不想要的情绪（尤其是恐惧）时默认的应对方式，分析说明了为什么许多方法都是不管用的。我们还讨论了损失厌恶的心理体验，为什么过早获利平仓其实是很自然的一件事，我们可以如何应对这种行为。在第一部分的最后，我们还说明了传统交易智慧怎样教人努力在交易中消除自己的情绪，证明这样做是完全错误的。在读完这一部分之后，你应该对情绪有了全新的认识。

第二部分

第二部分介绍了正念。正念是最强大的心理技巧之一，所有交易者都应该学习掌握。可靠的研究证明，正念有许多好处，可以为交易者带来极大的助力。掌握正念技巧之后，你可以提高自己的专注力，更清晰地洞察市场及其交易机会。正念可以直接帮助我们驯服恐惧反应，提升内部情绪管理能力，大大舒缓压力。正念可以教会你与不想要的情绪共处，同时依然能够很好地进行交易操作。运用正念和多种尖端心理学技巧（包括认知解离、接纳与承诺等），可以帮助你专注于采取对交易最有利的高价值行动，从而很好地执行交易，而不是受困于焦虑、恐惧和其他不想要的情绪，交易表现失准。正念也可以帮助你减少依赖心理捷径（认知启发法）所导致的常见交易失误，调动审慎思维，提高你的决策能力。正念还能促进学习，连同其他刻意练习一起（见第三部分），可以帮助你成为交易高手。

第二部分提供了一些正念练习脚本，以及其他怎样练习正念、运用和提升正念技巧的建议。作者网站上发布了许多正念脚本的录音，读者可以到www. tradingpsychologyedge.com下载。文中有一些案例教你怎样在交易中运用正念，与其他重要的技巧相结合，在遇到心理备受考验的交易情境时，帮助你渡过难关。当我们遇到某一个困难的交易情境，引发情绪反应，我们的注意力会自动自发地转到内在的想法和感觉上。这时，我们就失去了对市场的专注力和接触，交易表现变差。正念可以纠正这个强烈的倾向，帮助我们专注于适当的地方：市场。我们还会教你运用正念和其他一流的方法，应对大大小小的交易挑战。我们介绍了一个具体的规范，教你克服自己遇到的棘手交易情境，同时还详尽介绍了两位交易者是怎样运用这套方法，分别成功纠正了两种有问题的交易行为：过早获利平仓，以及亏损后加仓、仓位过大。

第三部分

要在交易中取得卓越表现和最大成功，除了正念和其他心理技巧之外，你还需要一套可靠的交易心理流程，帮助你持续提升心理和技术技巧。这里介绍的交易心理流程是一套符合心理学原理的框架，可以帮助你发展成为成功的交易者。这个交易心理框架是从查尔斯·马厄博士的运动与人类表现心理学模型改编而来，包含交易过程的三大核心心理学原则：高质量准备、有效执行和建设性自我评估。在每一个原则中，都包含四个高价值心理技巧，每位交易者学习掌握之后，都可以从中获益。在这个框架下，个人成长和自我发展过程有了具体的步骤，包括洞悉自己的个人发展需要，为满足需要制定SMART目标，执行、评估和调整目标，最终把交易中存在的不足之处转化为可以依赖的新技巧和能力。本书还举出了一些交易者的具体案例，以阐明和厘清这些概念，并解释了许多具体的心理技术、技巧和程序，例如心理搁置、心理STOP、交易者表现评估，以及其他有益的实践。

这不仅是一本书，还是交易心理学的指导手册，包含了许多图片和表格，方便你学以致用，应对自己遇到的交易情境。我鼓励大家，不仅要看这本书，还要做书里的练习，练习和提升正念技巧，并把它运用到你的交易之中。这本书可以成为你的教练、导师和向导，帮助你学习掌握交易的心理和技术层面。坚持正念交易，通过正念练习和尖端心理学实现最佳交易表现！

TRADE
MINDFULY

目 录

赞 誉 005

致 谢 009

引 言 011

本书结构 / 014

第一部分 / 015

第二部分 / 016

第三部分 / 017

第一部分 了解你的心智 025

———— 第1章 交易者的心理盲点 027

启发法和认知偏差 / 032

代表性启发式偏差 / 034

案例：佐伊 / 036

直觉思维和审慎思维 / 039

案例：内森 / 044

更多启发式偏差和认知偏差 / 051

确认偏误 / 051

近因效应 / 052

后见之明偏差 / 054

禀赋效应 / 056

交易者的对策 / 057

第2章　交易中的强烈情绪　063

恐惧的形式 / 071

犯　错 / 071

亏　钱 / 073

错失交易机会 / 073

错失利润空间 / 074

希望、贪婪和其他强烈情绪 / 079

情绪劫持 / 081

情　商 / 084

厘清恐惧 / 088

第3章　控制和消除情绪的挣扎　095

改进交易的技术面 / 098

避免亏损：损失厌恶的多种体现 / 102

心理控制 / 108

第4章　情绪在交易中的必要性　121

费尼斯·盖吉的奇特案例 / 123

情绪在交易决策中的作用 / 132

觉察自己的情绪，对情绪持开放态度 / 135

浅谈强烈情绪 / 137

第二部分 运用尖端心理学 143

—————— 第5章 交易者的心理优势在于不同的思维模式 145

心智、基因、情绪和人体生物学功能 / 147

回 避 / 149

负强化直接影响到交易表现 / 150

不同的思维模式 / 155

正 念 / 155

忘我状态 / 159

正念冥想的科学原理 / 161

正念的一般好处 / 161

正念、恐惧、损失厌恶和思维角度 / 162

正念冥想和脑部的物理变化 / 165

只要30分钟的正念冥想，就可以改变脑部的物理状态 / 166

执行控制 / 167

以正念接纳情绪，提升执行功能 / 168

心智游移 / 169

改变我们的基因表达 / 173

—————— 第6章 正念练习和正念交易 175

开始正念练习 / 187

正念练习 / 188

宁静之语 / 190

溪上之叶 / 191

谁在注意你的注意 / 193

正念行走 / 194

非正式的正念练习机会 / 196

在交易中运用正念 / 198

调节注意力 / 199

更好地觉察到身体感受和情绪，减少控制内在体验的努力 / 199

提升情绪调节能力 / 200

改变思维角度 / 203

把正念运用到重要的交易活动中 / 204

第 7 章　认知解离：先进的正念技巧　207

认知解离策略和技术 / 226

追踪你的感觉 / 226

与想法保持距离 / 229

正　念 / 231

标记想法、感觉和身体感受 / 232

我浮现了这样的想法…… / 233

跟随弹跳球 / 235

唱一首欢乐的歌 / 236

变成别人说的话 / 237

我在挖洞吗 / 239

第 8 章　运用接纳与承诺法进行交易　243

接　纳 / 251

承　诺 / 255

建立承诺 / 262

保持正念、有坚定承诺的交易：第一步 / 264

运用你的价值观，投入有坚定承诺的交易 / 271

　案　例 / 271

为不适的情绪和想法腾出空间 / 273

　接纳练习 / 274

第三部分　最大限度提升你的交易表现　287

────── **第 9 章　交易心理流程：高质量准备　289**

高质量准备 / 297

　有大局观 / 298

　交易的大局观 / 302

　自我觉察 / 305

　自我激励 / 308

　心理纪律 / 315

　每日任务 / 317

　心理纪律的局限 / 319

────── **第 10 章　交易心理流程：有效执行　325**

自　信 / 331

情绪强度 / 336

　专注力 / 340

　沉　着 / 345

——— **第 11 章　交易心理流程：建设性自我评估　353**

自　尊 / 359

态　度 / 361

心理搁置 / 362

角色和价值观 / 363

洞悉机会 / 365

自尊的好处 / 365

表现问责 / 366

毅　力 / 373

持续改善 / 377

——— **第 12 章　结语　383**

下一步 / 388

TRADE
MINDFULY

第一部分
了解你的心智

TRADE
MINDFULY

第 1 章

交易者的心理盲点

　　科林整个上午都盯着E-迷你标普期货，耐心地等待交易机会。终于，他看到行情符合某个进场模式。他仔细地观察价格运动和他设定的进场条件的指标。进场条件完全成立。价格止跌回升，所有指标都发出做多的信号。他心想："进场模式的条件完全吻合。"

　　行情几乎马上就朝着对交易有利的方向发展。市场快速上涨，突破近期阻力线，上升通道畅通无阻。标普从预设的进场点上涨了12点——对于这个市场来说，日内行情走得很好。可是，科林却一无所获。

　　他根本就没做这单交易。后来，他说起这件事："昨天也出现了符合这个进场模式的行情。我昨天进场了，可是亏损了，今天就想着这件事。其实今天的行情比昨天还略好一点，昨天有一个指标没确认，而今天的进场模式是完全吻合的。我很后悔没进场，也不明白是为什么。我没感觉到什么强烈情绪，肯定没感觉到恐惧。我只是想，昨天的交易亏了，今天这单也会亏的。我错了。我怎么就没做这单交易呢？"

科林之所以错失良机，并不是情绪作梗，也不是看错行情，而是他的思维模式在作怪。科林的心智进入了一个自然的心理盲点，心理学家称之为"近因效应"。近因效应是一种认知偏差，是指我们的心智在做决策时，新近获得的信息比其他信息影响更大。科林的心智对昨天的交易结果印象较深，而对今天"完全成立"的进场条件印象较浅，于是，他没做这单交易。

许多交易者相信，情绪是交易心理学最重要的成分。这种说法有一定道理，但并不完全正确。感觉和情绪当然重要。没有了感觉和情绪，交易者无法做出可靠的决策。强烈情绪（例如贪婪、生气，尤其是恐惧）可能对交易产生重大影响，引发心态不稳的交易行为。然而，可能影响交易的不只是情绪。想法和我们的思维模式也扮演了重要的角色。有些时候，某个想法会引发强烈情绪，人们越去想，情绪就越是强烈。还有些时候，情绪跟我们做出错误的交易决策并无多大关系，科林的情况就是这样。许多交易者都没有意识到，我们的心智和思维模式也会对交易和交易决策方式产生重要影响。

我们的思维模式可能会制造出心理盲点，给我们套上枷锁，从科林的例子中可以看到，当我们陷入了心理盲点，技术技巧在那一刻就失去了作用。事实上，交易心理学中最重要的内容，就在于我们是怎么想的，怎么对待自己的想法。本书的主要宗旨是帮助你更多地觉察到自己的想法，觉察到这些想法是怎样直接影响到你的交易行动的。学习运用本书介绍的认知相关技巧，可能会对我们的交易产生最具决定性的影响——远比我们管理情绪的常见方法强大得多。当然，这并不代表情绪无关紧要，我们可以置之不理。我们会在下一章开始讨论情绪。但现在首先要重点讨论的，是我们的思维模式天然存在的种种局限性，这是交易心理学的一个重要方面，交易者要取得良好的交易表现，必须觉察和明白这些局限性。

思维是人不可或缺的一部分。我们都已经习以为常，通常不会刻意去想

"想"这回事。但只要我们稍微停下来，观察一下自己的想法，就会开始觉察到心智的活动。这是一项有趣的研究。我们很快就会发现，林林总总的想法几乎会连续不断地浮现，永无休止。心智在不知疲倦地发表评论，告诉我们一些事情。若是想让心智安静下来，停止思绪流动，除非经过练习，否则你最多只能坚持几秒。就算是经过练习，大多数人最多也只能坚持几分钟，心智就会又开始叽叽喳喳，总会有一个又一个想法不请自来。我们从中可以总结出心智的两个重要特征：想法永远是与我们共存的，我们对想法没有多大的掌控力。明白这一点，对交易者来说至关重要。

由于我们从小就经历了心智每天的喋喋不休，我们已经习以为常，也产生了很大的依赖。我们通常会把心智告诉我们的话当成对现实的准确反映，很少会质疑或客观评估自己的想法。由于想法是我们自然而然的一部分，接受这些想法似乎也是很自然的一件事，但在交易中，这可能是一个危险的倾向。

之所以危险，部分是由于我们的认知能力存在天然的局限性。有一些心理界限经常会限制我们的思维方式，扭曲我们处理信息的方法，影响到我们的决策方式，导致交易出现可预测的失误。这些都是我们的心理盲点，常称为"认知偏差"和"启发法/启发式偏差"。对交易者来说，最重要的心理盲点包括：

- 代表性启发式偏差
- 近因效应
- 损失厌恶
- 确认偏误
- 基础概率忽略
- 情感启发式偏差
- 后见之明偏差

- 禀赋效应
- 乐观偏差

我们会在本章中讨论上述大多数心理盲点。有一些心理盲点会在后面的章节讨论，包括损失厌恶和乐观偏差。这些心理盲点可能会直接影响到交易表现和绩效，因此，交易者必须对此有所了解，在自己交易时，觉察到它们的存在。

■ 启发法和认知偏差

所谓"启发法"，指的是心理捷径。人们在面对复杂或困难的决策时，经常会运用简单的经验法则，帮助解决问题和做决策，以此简化决策任务。如此一来，思考问题会变得更加直截了当，更加省时省力。启发法缩短了决策时间，减轻了心理负荷，让人不必在脑中处理和理解大量数据，就可以快速有效地处理问题。这些心理捷径在许多情况下都是方便好用的，许多时候可以得出相对准确的结果。例如，我们计划自驾游，需要制定油费预算。为此，我们需要知道加满一次油可以行驶多少英里。有一个方法是在未来六个月内，每次加油，都详细记录加仑数和里程数，然后计算平均值。这种方法会得出在许多不同路况下，每加满一次油可以行驶多少英里的准确数据，我们可以以此来计算油费。又或者，我们可以走捷径，在下次加满油时，把里程表设为零，用这箱油能走的里程数来预估油费。这样走捷径得出的结果，是否跟收集六个月的数据同样准确呢？准确性多半会差一些，但这种简单的方法已经可以得出大致的结果，用来做旅行规划已经够用了。这就是利用启发法。

启发法在生活中是很常用的。例如，我们在决定是否到一家陌生的餐厅用餐时，可能会以餐厅的整体外观作为判断的依据。我们不会煞费苦心地等顾客走出餐厅，调查他们的用餐体验，只要餐厅看起来干净诱人，停车场里有一些车，我们就倾向于在这里用餐。在这里，我们用简单的思维作业取代了复杂的思维作业。这就是启发法的标志性特征。评估一家餐厅的外观，比调查顾客的用餐体验更加简单。同样，在估计油费时，计算一箱油可以走的里程数，比记录和计算六个月的里程数更加简单。启发法有其价值所在，可以帮助我们高效地处理面对的情况。因此，我们通常会把启发法作为默认的思维模式。

但有些时候，启发法和其他简化的心理模式会引起重大的判断失误和不一致。心理学家丹尼尔·卡尼曼（Daniel Kahneman）（诺贝尔经济学奖获得者）和阿莫斯·特沃斯基（Amos Tversky）进行了一项开创性的研究，探讨了我们的思维模式，以及这些思维模式为什么会造成失误。他们发现，人在面对风险和不确定的情况下做决策时，会有强烈的倾向要舍弃认真理性的分析，转而利用启发法和其他认知捷径。这经常会造成可预测的失误和不良后果。他们刚发表这一研究成果时，这与当时的传统智慧是背道而驰的。从这份研究报告和随后的著作中，衍生出了一门新的学科，强调心理学对经济决策的影响，现在，这门学科被称为"行为金融学"。

卡尼曼和特沃斯基的研究成果发表后，其他研究人员对此进行了许多研究，证明当一个人面对的情况涉及评估复杂和经常不完整的数据，也涉及风险，结果不确定之际，人对信息处理（我们观察、思考和解决问题的方式）的天然局限性就会自动自发地浮现。相关研究结果清晰可靠，也对交易者有着重大意义：在不确定、高风险的情况下，人在做决策时会自动应用启发法和其他认知偏差，经常导致严重的失误和代价高昂的错误。交易总是涉及风险。交易结果总是不确定的，交易者在每次做出交易判断时，都会面对复杂和不完整的数据。当交易者贪图方便，走心理捷径，就会引起失误，做出不明智的交易决策，直接导致交易绩效欠佳。

我们在科林的例子中看到，他在做判断时，近期的交易结果对他产生了更大影响，导致他错失了大好的交易良机。交易者面对的难题在于，心理捷径在我们的日常生活中是既方便又管用的，可是在我们的交易中，却会造成代价高昂的失误。我们接下来看一下杰姬的例子，她刚搬进城里，现在步行上班。在过去两个星期，她沐浴在清晨暖和的阳光中走路上班，还挺享受的。可是昨天，在她上班途中，突然下起了暴雨，她赶到办公室时，浑身都湿透了。今天她带了一把伞。这是对近期经历的适应性使用。我们可以拿杰姬的例子与科林错失的交易对比一下。跟杰姬一样，科林也有过不愉快的经历，也就是交易蒙受亏损。第二天，同一个进场模式的条件成立了。可是，昨天交易亏损的经历还记忆犹新，这本来跟今天的交易毫无关系，也与他的决策毫不相干，但比起今天教科书式的进场模式，昨天失败的交易给科林留下了更深刻的印象。杰姬没有淋雨；科林错失了交易良机。随后，科林不明白自己为什么没有把握住这个交易良机。这就是在交易中利用启发法、出现认知偏差的一个活生生的例子。由于在日常决策中，启发法和其他认知偏差的例子俯拾即是，所以我们在交易时，自然而然就会顺手套用。此外，由于我们毫无戒心地相信心智告诉我们的话，我们陷入了心理盲点，对自己犯下的严重交易错误浑然不觉。无论是交易新手还是经验丰富的交易者，都必须理解和觉察到这些盲点。接下来，我们先来讨论交易中可能最常见的启发式偏差，也就是代表性启发式偏差。

■ 代表性启发式偏差

所谓"代表性启发式偏差"，是指我们会利用心理捷径，寻找目前的情况或事件本身与同类情况或事件之间的相似性，以此判断概率。如果某个事件与我们的模型或原型相似，我们就会假设这个事件的概率与模型相同。当某个结果看似很可能发生（代表性），而实际上并非如此，这就是代表性启发式偏差。为了说明代表性启发式偏差这个概念，我们聊举一个交易以外的例子。

一个人想买一辆二手车，会查看车身有没有凹痕，打开引擎盖，踢一脚轮胎。如果引擎看起来干干净净，车身闪闪发亮，轮胎看起来是新的，他或许就会想："这辆车维护得很好。"这就是代表性启发式偏差，单凭外观可能会产生误解。只有查看车辆维护记录，找技师检查车辆，买家才能准确评估这辆车确实维护得很好、值得入手的概率。即使这辆车看起来不错，但单凭外观，也不能证明车辆状态良好。在我们的心智中，这辆车代表着一辆维护良好的车。拿车辆外观来代替请技师进行详尽评估，就是认知失误。在交易中，有一种常见的代表性启发式偏差，那就是交易者靠浏览市场行为，看是否与某个典型的图表形态相符。例如，一个交易者可能觉得市场行为正在形成牛旗看涨形态，于是做多。但这就像单凭车辆外观来评估其实际状况，如果这种图表形态是在一段漫长的趋势行情过后出现，看似牛旗形态的走势可能是在派筹。单纯地拿市场行为与图表形态相对比，只是形态识别，根本不能说明接下来市场走向的概率。

我们的心智要评估概率，是一件十分困难的事。在心理上，要判断价格运动看起来像牛旗，远比评估市场会呈现某个走向或出现某个结果的概率容易得多。从评估一家陌生餐厅的吸引力，或一辆二手车的状况可见，启发法涉及拿一个较为简单的思维作业替代较为困难的思维作业。我们问了一个简单的问题：这看起来像牛旗形态吗？而正确的问法是：后市最有可能的走向是怎样的？如果我们想当然地回答这个简单的问题，就会做多。要问出正确的问题，需要进行更深入的思考，所以我们从来也没有问过。若是回答正确的问题，我们可能会得出结论：市场正处于超买状态，在较长时间周期的阻力位，涨势陷入停滞，乍一看像是牛旗，其实是市场涨势枯竭，准备下跌。为了进一步说明代表性启发式偏差，我们再来看一下波段交易者佐伊的案例。

案例：佐伊

佐伊在交易MSCI欧洲货币联盟指数的交易所交易基金EZU。她在6月底的周线图上，看到K线形态呈多头吞没形态，于是做多了。图1.1是她当时看到的图。她觉得周线图上的升势强劲，预计升势会持续。佐伊留意到，在这个上升趋势中，在每个多头吞没形态过后行情都向上。因此，她预计价格会创下新高，交易会斩获盈利，她的交易账户会赚个盆满钵满。可是建仓后不久，她就变得郁郁不乐。市场几乎马上就跌破她的止损位，令她蒙受亏损。佐伊不明白是为什么。她说道："明明一切看起来都很完美。"

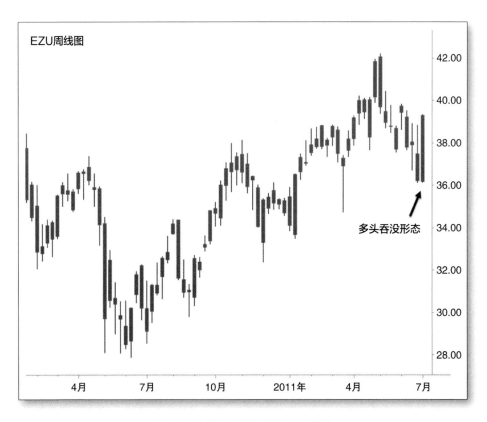

图1.1　佐伊的周线图呈现上升趋势

资料来源：TradeStation Technologies, Inc.

但其实并非一切都很完美。我们从周线图转到月线图，会看到在较长时间周期里，最近出现了乌云盖顶形态，就在她建仓之前几个星期，令市场跌破2009年高位。图1.2是重要的月线图。佐伊的心智没有考虑到这个信息。

佐伊只关注周线图上的看涨K线形态，心智告诉她，这条K线无疑是上升趋势的又一个强烈信号。我们可以看到，佐伊选择去回答一个简单的问题：这是多头吞没形态吗？当然，答案是"是的"。更困难也更重要的问题在于，后市最

图1.2　较长时间周期内的乌云盖顶形态

资料来源：TradeStation Technologies, Inc.

有可能的走向是怎样的？而她从来没有考虑过这个问题。佐伊的思维方式是典型的代表性启发式偏差：她把表象当作概率，只问价格是否符合某个K线形态，不再问更深入的问题。可叹的是，佐伊对这单交易充满信心。"我看了一眼这个图，马上就知道这是很好的交易机会。"她说道，"我觉得很确定。"她对周线图看似代表的走势深信不疑，而忽略了月线图包含的信息，当然也就错误解读了市场走势。

多头吞没形态看似良好的进场模式，但这次是在紧随较长时间周期的疲软行情之后出现的。月线图下跌行情的基础概率比周线图看涨模式的胜算更加重要。此外，尽管多头吞没形态最近在上升趋势中曾经奏效，但这并不保证以后也会继续奏效。在这个例子中，交易者也受到了近因效应的影响。记得吗？正是由于近因效应这一认知偏差，科林错失了交易良机。当我们把最近发生的事情看得更为重要，就会出现更多的判断失误。在交易中，我们倾向于浏览很多信息：新闻、指标、价格运动、上午电话会议、经济报告、通讯推荐等，不一而足。我们脑中印象最深的，通常是最后发生甚至是最后看到的信息。在决策过程中，我们会过分重视最近的信息。在佐伊交易交易所交易基金的例子中，最近类似的多头吞没形态均推动上涨走势，佐伊对此记忆犹新，因此，在决策过程中，她更看重最近发生的事情。

可以看到，我们很容易就会犯下这种错误。进场模式和价格运动看似不错，但都是假象。并不是市场想要欺骗你，而是我们的心智经常会利用心理捷径，在未经研究的情况下，快速做出判断，造成失误和交易亏损。还记得吗？佐伊说她"马上就知道这是很好的交易机会"。她没有认真分析市场。她的心智认出了多头吞没形态，想起在过去几个星期，这个K线形态推动了新一轮的上涨走势，于是利用心理捷径，理所当然地以为当时的市场行为符合精选进场模式，实际上并非如此。佐伊受到了心理盲点的影响。

　　请注意，在这个例子中，并没有出现强烈的情绪反应。佐伊之所以犯错，并非由于恐惧或贪婪所致，而是思维方式有误。她没有进行全面的市场分析，认真评估各种可能性，就匆匆下了结论。她的心智只锁定在这个K线形态上，阻碍了进一步评估的想法。这就是代表性启发式偏差所造成的。如果佐伊做了分析，就会发现在这个市场背景下，这个多头吞没形态的胜算偏低。再次强调，佐伊忽略了这个市场背景的基础概率或统计概率。

　　记住，认知启发法和偏差并非心理缺陷。我们在上文提过，这些心理捷径在我们的日常决策中是方便有用的策略，省时省力，效果通常不错。也正因为心理捷径在许多情况下都是奏效的，我们自然产生了依赖，倾向于滥用。可是，一旦出现风险和不确定因素，这些心理捷径就不管用了——而交易环境正是充满了风险和不确定性。然而，由于我们随时随地都在无意识地利用这些心理捷径，想要在交易中转变思维模式，有意识地推翻心理捷径产生的想法，是一件十分困难的事。每个人都是如此，从交易新手到经验丰富的交易者，都会受到影响。

■ 直觉思维和审慎思维

　　为了说明我们的心智是怎样几乎自动自发地进入默认模式，利用容易出错的心理捷径，这种现象有多么普遍，我们接下来考虑两个问题。这些问题是认知心理学家谢恩·弗雷德里克（Shane Frederick）设计的[1]。为研究启发法和偏差，弗雷德里克设计了一套测试，看我们会多么轻易地利用心理捷径，测试结果给人很大启发。请阅读每个问题，写下你的答案，再继续往下读。亲自做一下这

---

[1] Shane Frederick, "Cognitive Reflection and Decision Making," Journal of Economic Perspectives 19（2005）: 27.

个测试，你可以更好地了解到一种重要的心理现象，这与你的交易息息相关：

    1. 一个球拍和一个球一共1.10美元。球拍比球贵1.00美元。请问球是多少钱？_____美分

    2. 5台机器制造5个零件需要5分钟，请问100台机器制造100个零件需要几分钟？_____分钟

请先写下你的答案，再继续往下读。

回答这些问题时，大多数人会接受第一反应的答案，而不会去细究脑中冒出的答案是否正确，这是在解决问题和交易中出现失误的常见特征。第一个问题，你的答案是10美分吗？大多数人都给出了这个答案。正确答案是5美分。第二个问题，最多人给出的答案是100分钟，但这也是错的。正确答案是5分钟。

在球和球拍的问题中，如果球拍比球贵1.00美元，球就不可能是10美分，不然球拍就是1.10美元，两者合计就是1.20美元了。实际上，球是5美分，球拍比球贵1.00美元，就是1.05美元，两者合计1.10美元。在第二个问题中，5台机器制造5个零件需要5分钟，也就是说，每台机器制造1个零件需要5分钟。把机器数目增加到100台，就可以在相同的时间内制造100个零件：5分钟。如果你一时没反应过来，可以稍微停下来，想通这些问题。

就算你答错了，也不用感到羞愧。大多数人都答错了。事实上，弗雷德里克让美国一些名牌大学（包括普林斯顿大学、哈佛大学和麻省理工学院）的学生回答三个同类的问题（包括上面两个），三个问题全部回答正确的学生不到50%。这更多不是智商高低的问题，而是说明了我们在思考复杂问题时存在的天然局限性。在研究实验室中，认知心理学家玛吉·托普莱克（Maggie Toplak）、理查德·韦斯特（Richard West）和基思·斯坦诺维奇（Keith Stanovich）研究证明，

弗雷德里克测试的答案与我们容易犯下认知偏差和失误有关。学生对这些考验思维方式的问题回答错误，证明了由于人偏向于使用启发法，在涉及不确定性的情况下（例如交易），就很可能判断失误。人们在遇到略有难度的问题时，例如球和球拍的问题，或者进场时机是否成熟的问题，经常不会深入思考去找到正确答案。此外，这些浅层思维让人意识不到自己的失误，浑然不觉自己犯下了本来可以避免的错误。佐伊贸然做出交易决策，根本没有意识到自己的失误。这一点显然与交易息息相关，非常重要。

假设你对球和球拍题与零件问题都回答错误，请稍微停下来，回想一下在你知道正确答案之前，回答问题的过程。第一个问题，你是不是马上想到10美分这个答案？如果你脑中确实很快冒出了这个答案，你是不是几乎自动自发地简单接受了这就是正确答案，而没有进一步思考？第二个问题也是如此，你脑中是不是马上冒出了100分钟这个答案？你对这个答案感到满意，于是不假思索地接受了？在回答这两个问题时，你脑中冒出了答案之后，是不是对答案感到满意，于是很快就停止了思考，不再进一步寻找正确答案？这就是大多数人的体验。我们的心智似乎冲动地找到了错误答案，就不再进一步思考了。

如果这两个问题你答对了，那么请想一下，你最初想到的是不是10美分和100分钟这两个错误答案？据大多数回答正确的人表示，他们最初也想到10美分和100分钟这两个错误答案。回答正确与回答错误的大多数人之间的区别在于，回答正确的人没有简单接受最初想到的答案，而是更努力地想清楚问题，再去回答。而回答错误的人简单接受了最初想到的答案。启发法正是如此。我们的心智接受了第一个看似可信的答案，于是很快停止了进一步的审慎思考。这就是一个心理盲点。值得留意的是，回答错误的人通常会觉得问题相对简单，他们之所以这样认为，是因为使用了心理捷径，没费多少工夫，就很快得出了答案。而回答正确的人表示，他们需要努力思考，才能找到正确答案。玛吉·托普莱克和她的同事发现，回答正确的人通常觉得问题比较困难、比较棘手。

丹尼尔·卡尼曼等认知心理学家提出，我们的心智分为两部分/两个思维系统，卡尼曼称之为"系统1"和"系统2"。我们在这里采用描述更直白的叫法："直觉思维"和"审慎思维"。对于大多数读者来说，在上述球和球拍问题与零件问题中，想出10美分和100分钟这两个错误答案的是直觉思维。直觉思维会飞速做出判断，几乎是自动自发地运作，甚至可以说是冲动的。许多读者在回答上述问题时就可以体会到，我们会毫不费力地启动直觉思维，快速得出答案。当我们的思维过程是由直觉思维主导时，基本上或完全不受自主控制，整个过程会自然而然地发生——在涉及风险和不确定性的交易中，这很容易成为心理盲点。

与此相反，我们的审慎思维与快速、冲动的直觉思维截然不同。当我们全神贯注地沉浸在一个问题或任务之中时，心智的这部分是活跃的。我们在努力思考时，调动的是审慎思维。与直觉思维相比，审慎思维运作比较缓慢，也比较费力。专注力、努力思考、做出选择，这几点都与审慎思维相关，而与直觉思维毫无关系。

卡尼曼和其他认知科学家研究发现，面对下面这类任务，直觉思维会毫不费力地自动启动：

- 判断两个物体哪个距离自己比较近
- 计算2+2=_____
- 成语/谚语填空，例如："盲人摸_____。"①
- 在熟悉的道路上开车

① 原文是"好奇杀死_____"。——译者注

042

面对上述任务，你基本上会自动自发地做出反应或得出答案，不会涉及有意识的思考。与之相反，以下这些任务需要更多的专注力和努力：

● 在嘈杂的房间里听人说话

● 计算 $27 \times 93=$ _____

● 在蜿蜒曲折的陌生道路上开车

● 制订交易计划

这些思维作业都需要我们审慎思考、集中注意力、持续保持专注、沉思、有意识地思索——这些都是审慎思维的特征。

可以看到，直觉思维是快速的，基本上会自动给予回应，毫不费力就会给出答案。审慎思维是缓慢的，需要投入努力和专注力，才能得出答案。直觉思维似乎可以轻松启动，部分原因在于，我们某些知觉能力是与生俱来的，例如辨认突如其来的声音是从哪个方向传来的，辨认物体，避开威胁等。我们也可以通过反复练习（例如骑自行车或开车），通过长期接触文化规范、社会情境和语言，形成快速反应，在大多数社会情境下，自动知道应该采取什么行动，可以把言语与符号和理念联系起来，即使之前没有遇到过，也能立即明白其含义。例如，在交易中，如果我们长期研究图表形态，我们的直觉思维就会快速辨认出牛旗形态。然而，要进行分析，综合考虑市场背景，判断这个牛旗形态是否真的是进场信号，就需要调动审慎思维。

那么，我们为什么要大费周折地讨论这两种思维呢？原来，了解心智的这两方面特征，对交易来说是至关重要的。直觉思维虽然快速高效，但在判断概率时表现极差，而判断概率正是交易的一项关键技能。一旦直觉思维辨认出牛旗，就会叫我们建仓。你或许会以为，既然我们的审慎思维善于评估概率，这时就会挺身而出，阻止直觉思维的行动。但其实不然。说好听点，我们的心智喜欢养精蓄锐，只有在必要时才会动用审慎思维。说难听点（我倾向于相信难听的这个版本），审慎思维懒惰得很。这就是丹尼尔·卡尼曼研究得出的观点。思考是很辛苦的事，在某个层面上，许多人都厌恶思考。研究发现，如果直觉思维给出了一个现成的答案，而这个答案似乎还过得去，那么审慎思维就会倾向于单纯地依赖直觉思维，而不会提出质疑。审慎思维贪方便，避免了努力思考这种不适的体验。回想一下零件问题与球拍和球的问题。这两项任务都需要审慎思维的技能和能力，然而，我们绝大多数人会快速给出直觉的回答，而不去认真思考自己给出的答案是否正确。换言之，在执行这些任务时，审慎思维只是接受了直觉思维告诉它的话，而没有提出进一步的问题。你应该明白心智的这种特征为何对交易不利了吧？接下来，我们再来看一个案例，进一步考虑这个问题。

案例：内森

内森做交易两年了，掌握了可靠的技术技巧，可是交易结果时好时坏。我们一起来看一下内森某一个交易日，从制订当日操作计划起，他做的一单交易，他的思维方式造成了什么麻烦，包括他在交易的紧要关头，出现了代表性启发式偏差，不加鉴别地接受了直觉思维告诉他的话。

每天晚上，内森都会制订第二天的操作计划。这天，他从图1.3中看到，从两个较长时间周期图表可见，10年期美国国库债券期货市场表现疲软。日线图在趋势线阻力位掉头向下，日内图已经呈下行趋势。他决定第二天的操作计划是在日内图（较长时间周期）趋势线上、右边标注E的位置做空。

第二天一早，内森从图1.4看见，市场在A点创下新低，反弹后再下探，在B点再创新低，随后企稳并反弹到C点，之后又再回落到D点。在D点上，内森决

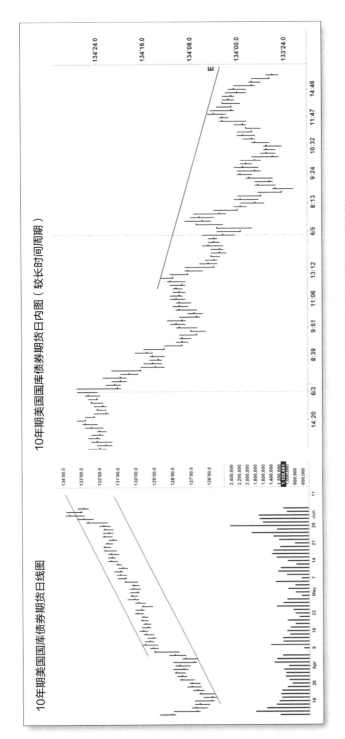

图1.3 从较长时间周期可见，10年期美国国库债券期货表现疲软

资料来源：TradeStation Technologies, Inc.

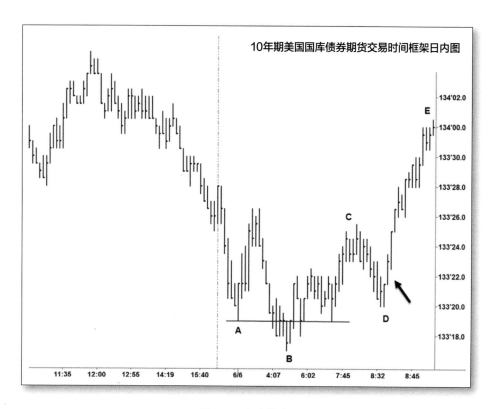

图1.4　内森做多

资料来源：TradeStation Technologies, Inc.

定做多。他的想法是，在这个水平，卖压枯竭，至少是暂时枯竭，市场上午表现出一定的强势。在D点上，他告诉自己："如果市场由此开始上涨，我就做多。"市场确实开始上涨，于是他做多了（在箭头位置）。随后，市场快速上涨。

　　持仓有浮盈了，内森挺高兴的。但接着，问题来了。他心想，市场在A点和B点的低位有强劲支撑。他想道："显而易见，有大量买盘涌入，推动市场（从D点到E点）上涨。市场表现十分强劲。"内森决定继续持有。但持有多仓是错误的决定。图1.5显示发生了什么事。市场随之快速下挫，抹杀了上午的涨幅，多仓的浮盈回吐殆尽。

　　这是怎么回事？内森当天晚上解释道："我当时在想，这单交易做得这么好，

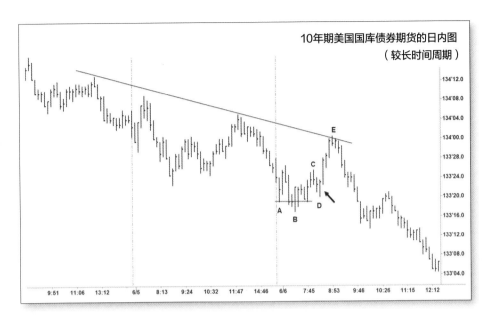

图1.5　由于代表性启发式偏差，内森蒙受亏损

资料来源：TradeStation Technologies, Inc.

现在出场为时过早了。我想：'嘿，我这单交易做得很好，可不想过早获利平仓。'我对这单交易感觉很好，觉得继续持有是正确的决定。我想，这显然是看涨行情，我应该继续持有。"

　　内森出现了代表性启发式偏差，相信这"显然"是看涨行情，理所当然地以为这段涨幅代表着市场看涨，但实际上，市场并未进入看涨行情。与佐伊光看K线形态相似，光看上涨的表象，未必代表市场确实处于上升行情。内森的直觉思维锁定了上午的涨幅，形成了市场表现强劲的印象，就以为万事大吉。他陷入了心理盲点。他没有进一步细想，就拿一个简单的问题替代了前一天晚上详尽的分析：市场看起来在上涨吗？上午的升幅给他留下了深刻的印象，他的直觉思维未能察觉到这只是表象，其实市场正处于更大的下行趋势。虽然基础概率倾向于进一步下行走势，但内森和其他出现代表性启发式偏差的人一样，并没有留意到哪种情况最有可能发生。

　　你可能会问，为什么会这样呢？内森明明制订了在E点做空的操作计划。他为什么会把操作计划抛诸脑后？要回答这个问题，我们只需要回想一下前面提到的球拍和球的问题与零件问题。还记得吗？你的心智很快就得出了错误答案，而又不加鉴别地迅速接受了这个答案。在陷入心理盲点时，我们的心智就是这样运作的。面对问题，我们的直觉思维很快得出了一个看似合理的答案，而我们的审慎思维不是费力想清楚这个问题，而是简单接受了直觉思维给出的答案。

　　甚至可以说，这是心智玩的一个戏法。市场走向的概率是一个非常复杂的问题，直觉思维是无法判断的。审慎思维可以处理复杂的概率问题，可是这是一个错综复杂的问题，需要费心思考才能解答。在这时候，我们的心智并没有去处理这个复杂的问题，而是拿一个相对简单的问题取而代之，回答了这个简单的问题。丹尼尔·卡尼曼发现，这是直觉思维运作的典型方式。内森的直觉思维问道："市场有没有上涨，价格有没有上升，行情看起来是否看涨？"答案当然是"是的"。市场确实上涨了，价格确实上升了，行情确实看似看涨。于是，内森很容易就相信了市场确实看涨，因此继续持有多仓。然而，更复杂也更恰当的问题是："考虑到目前的市况，后市最有可能的走向是怎样的？"当然，这是一个更错综复杂的问题，需要内森调动审慎思维。请留意，内森从来没有问过这个问题，只是问了一个简单的问题："市场看起来在上涨吗？"

　　或许有人会奇怪，内森怎么会把前一天晚上苦心制订的操作计划抛诸脑后？他本来打算在E点做空。他的审慎思维详细考虑过较长时间周期、最近的日内趋势和其他相关市场因素，制订了这个计划。这是经过了缜密详尽的评估，回答了后市最有可能的走向、行情最有可能会在何时启动的问题。然而，内森并没有按计划在E点平掉多头仓位，转手做空，而是继续持有多仓。他犯下了认知失误，浮盈回吐了。此外，他完全错过了若是按计划在E点做空，本来可以获得的利润，这一切都是由于他受到了直觉思维的主宰。市场快速上涨给他留下了深刻印象，市场行为的这一显著特征撺取了他心智的注意力。可以说，他的心智被劫持，他完全忽略了自己的操作计划和出现的做空机会，这一认知失误给他造成了重大损失！

尽管内森在前一天晚上的分析中，辨认出疲软走势，也明白市场下行趋势中经常会出现技术性反弹，但他的直觉思维只是简单依赖上午市场上涨造成的代表性启发式偏差，而忽视了前一晚制订的计划。卡尼曼称之为"你所看到的就是全貌"（WYSIATI），这个缩写指的是，直觉思维只会选择性关注少数信息，进而信心满满地做决策。直觉思维考虑的信息经常是不完整的，却以为做判断只需要这些信息，所看到的就是全貌，所以会浑然不顾或忽视其他重要数据，甚至连息息相关的数据（例如前一天晚上制订的详细计划）也置之不理。眼不见，心不烦。

直觉思维会毫不犹豫地挺身而出，以所看到的为依据做判断，并表达出来。由于心智这部分的能力是具有局限性的，可能会造成失误。要做交易决策，需要综合分析多方面的市场信息，形形色色的信息经常是相互矛盾的。此外，交易决策总是涉及概率。直觉思维无法综合分析数据或处理概率问题，这是审慎思维负责的范畴。但正如内森的经验所示，审慎思维是难以调动的，经常默许直觉思维的判断。

此外，内森的心智在很大程度上受到其他心理因素的影响。近因效应也在这里掺了一手。最近上涨的价格运动给内森留下了深刻印象，令他忽视了两个事实：（1）在下行趋势中，反弹通常会很快结束；（2）价格进入了有大量卖盘的已知区间。此外，内森自认为一大早做出了良好的交易决策，快速获利，为此欣喜若狂，这种感觉盖过了他对现实的认知。他自认为刚刚正确判断了市场走势，持仓出现了浮盈，为此感到高兴，甚至有点得意扬扬。我们感到高兴时，通常会掉以轻心。在这种时候，直觉思维特别放任自流。我们没有在心情中性或略微负面时那样认真鉴别和分析。我们感到乐观时，通常会期望积极的结果持续下去。这就是"情感启发式偏差"，在内森决定"拿住持仓"的例子中表现非常明显。

代表性启发法/代表性启发式偏差在交易者中非常普遍。在每个案例中，交易者都以为市场某些特征确有其事，但其实不然。起因在于我们用简单的任务替代了困难的任务。我们在案例中可以看到，当交易者辨认出某个图表形态、指标或价格运动，与某个原型相比较，以为既然两者相似，就足以做出交易决策，而事实上，交易者还需要进行更刻意的分析，这就是出现了代表性启发式偏差。在这种时候，交易者忽视了后市最有可能的走向，也就是基础概率。我们选择去关注一些通常显著的数据，而把其他相关数据排除在考虑范围之外（你所看到的就是全貌），在决策过程中，过分重视最近发生的事件。此外，当事态发展顺利，我们感觉良好，或许就会马虎大意，而这正是在市场上交易的大忌。

有时候，代表性启发式偏差表现得比较隐蔽。犹他大学伊柯丽斯商学院（Eccles School of Business）教授迈克尔·库珀（Michael Cooper）对代表性启发式偏差进行了有趣的研究。例如，在20世纪末21世纪初的牛市泡沫期间，互联网还是激动人心的新鲜事物。库珀和他的同事研究发现，在这期间，一些企业只要变更公司名称，在公司名中加入".com"字样，股价就会大幅跑赢其他股票。交易者和投资者显然相信单凭股票名称，就可以代表一家公司管理完善、市场份额较大、资本充足、商业计划完备，并拥有可盈利和持久的产品或服务线。有趣的是，在互联网股泡沫破灭后，库珀继续进行了同样的研究。研究团队跟踪观察了随后从公司名称中剔除".com"字样的企业，发现在公司名称变更后的两个月内，股价取得了惊人上涨，由此可见，代表性启发式偏差很容易就会左右投资者和交易者的行为。

■ 更多启发式偏差和认知偏差

代表性启发式偏差可能是交易者最常出现的启发式偏差。除此之外，心理学家还发现了许多其他启发式偏差和认知偏差。例如，维基百科（Wikipedia）列出了与判断和决策相关的逾90种偏差（还有一些偏差仅限于具体社会情境，也有一些偏差与回忆相关）。想要了解心理学家发现的所有偏差和启发法，可能是令人抓狂的任务。但你必须了解一些常见的偏差，以及这些偏差是怎样损害到你的交易的。我在这里重点列出几种与交易最相关的偏差，还有一些留待后面的章节讨论。

确认偏误

人们在做出假设之后，倾向于寻求确认自己的假设，而不是推翻自己的假设。因此，我们不会寻求与之相左的数据（例如，会令我们质疑某个交易假设的信息），而是自然而然地倾向于寻求与自己的观点一致、能支持自己的观点的数据，并过分重视这些数据。我们有一种强烈的需要，想要证明自己是对的，想要确认自己本来就知道或相信的事情。这种现象被称为"确认偏误"，是造成交易困难的重要原因。

一位技术交易者使用随机指数（Stochastic Index）作为评估超买/超卖状况的主要指标，她在考虑是否做一单交易时，"为了保险起见"，决定也看一下CCI顺势指标（Commodity Channel Index），这就是确认偏误。这两项指标衡量大致相同的价格运动特征，给了交易者同样的信息。交易者不仅在靠本身就具有相关性的两种方法做决策，而且会掉进一个思维陷阱：由于两项指标都发出了信号，她会以为信号更强，所以这肯定是很好的交易机会。因此，她或许会变得过度自信，从而做出不合理的行动，例如加仓或持仓过久，这两种判断失误都可能造成重大损失。

若是只关注确认数据，也可能导致在行情对持仓不利时，亏损超过计划额度。在这个常见的例子中，交易者继续专注于并高估了支持继续持仓的信号，对亏损的威胁视而不见。因此，即使持仓已经出现浮亏，交易者仍会过分重视单独看来对持仓有利的微小价格运动，用于确认原本的交易理由，而忽视或忽略对持仓不利的重大价格运动。在此情况下，交易者不是客观评估市场行情的展开，因而提早平仓，而是被止损出局（如有挂出止损单）。然而，通常情况下，在出现确认偏误时，交易者根本没有挂出止损单，只有当这单交易已经无可救药，交易者再也无法忍受进一步亏损的痛苦时，才会平仓。

传奇交易者乔治·索罗斯（George Soros）曾经表示，交易者筛查数据，寻找证伪信息的能力，是能够创造盈利的理性行为。然而，寻找证伪数据的行为并不常见，与我们的天性背道而驰。判断与决策专家爱德华·拉索（Edward Russo）和保罗·休梅克（Paul Schoemaker）表示，确认偏误是一种心理强化。当我们找到了确认信号，证明自己是对的，这能让我们自我感觉良好，觉得开心。难怪直觉思维会偏好能够简单快速地证明某个交易想法或市场偏见的数据。证明自己是正确的可以强化我们的良好情绪，这样一来，我们就难以摆脱这种偏误。如果我们寻求、找到和接受证伪证据，就等于说我们弄错了。大多数人都不会自然而然地这样去做。此外，这也需要积极调动审慎思维，我们已经体会到，这可不是容易的事。难怪索罗斯表示，寻找证伪信息的能力是不可多得、难能可贵的。

近因效应

我们在上文已经讨论过近因效应。但由于这个问题对交易有重大影响，值得在此多费笔墨详细介绍。近因效应产生的缘由，在于我们倾向于更重视最近发生的事件，即使其他数据或许同样重要或更加重要也是如此。刚发生的事记忆犹新，留下的印象比更早发生的事情更深。由于心智更重视最近发生的事，这也会影响到我们对未来的预期。

近因效应会对交易者行为产生多种影响。从内森的例子可见，交易者在预测后市走向时，容易更重视最近的价格运动。同样，从佐伊的例子可见，如果某个进场模式刚取得了成功，现在进场条件又再成立，交易者很可能会对这个进场模式抱有更大信心，超过了按照过往业绩统计应有的水平。与此相反，如果某个进场模式最近亏损了，许多交易者都难以再按这个进场模式进场，尤其是在亏损后没过多久。科林就是这样，看到进场条件成立，却没有选择建仓。

无论交易是盈利还是亏损，近期经历都可能对交易者的心智产生很大影响。交易者好像以为近期交易A的结果会直接影响到未来交易B的结果。我们知道（或应该知道）这不是真的。每单交易都是独立存在的，彼此之间互不干扰。交易A不会影响到交易B，但由于这一认知失误，我们表现得好像两者之间有关联。交易者行为受到了近因效应（一个心理盲点）的左右。

交易新手（甚至是许多经验丰富的交易者）看图表时，会第一时间去看图表右边，看到最后几根K线，根据有限信息，迅速判断市场未来走向。直觉思维就喜欢这样，选出几个数据点，快速评估，做出决定，而且在评估交易时，会把最近的市场行为当作唯一的重要依据，而不去考虑其他背景状况和整体市场状况。因此，交易者很可能会根据随意的信息做出交易决策。受到近因效应影响，我们会忽视市场状况和背景数据，去关注更新近出现的信息，而不是更相关的信息。

我们过分重视的不仅有近期发生的外在事件，例如市场表现或进场模式，还包括我们的交易表现。如果我们交易表现良好，一连串交易取得成功或超额收益，我们可能会由于近期的经历而影响到接下来的交易行动。我们会倾向于自以为手感火热，或者技巧和能力不知何故快速提升，或者我们解读市场的能力比其他人更强。因此，我们可能会犯下非受迫性交易失误，例如加仓、过度交易，或进场条件不完全符合就勉强交易。这种情感启发式偏差（由于自我感觉良好就掉以轻心）可能会强化和放大近期的良好表现。若是过分重视近期表现，可能会影响到我们当下的态度和行为，经常会导致我们偏离交易计划，或更经常出现的情况是，偏离理性交易。

交易者容易过分重视的不仅有盈利表现，还有亏损表现。近期表现欠佳的交易者可能因而退出市场，避免进一步表现欠佳的预期，或者与之相反，亏损后加码或做额外的交易，以收复失地。无论如何，很重要的一点是，交易者会过分重视近期的事件或行动，直接影响到下一步行动。这经常会导致心态不稳的交易行为，犯下非受迫性交易失误的概率增加，造成不必要的亏损。

后见之明偏差

事后诸葛亮谁都会当。所谓"后见之明偏差"，就是一种"马后炮"，是指人们得知某一事件结果后，夸大原先对这一事件的猜测的倾向。由于事后掌握了数据，导致最初对事件看法的回忆产生扭曲。判断和决策研究人员尼尔·勒泽（Neal Roese）和凯瑟琳·沃斯（Kathleen Vohs）研究了对这一心理盲点的大量科学文献，总结出后见之明偏差涉及三个层面的认知失误：（1）一个人对自己原本观点和预测的记忆有误，相信自己早就预测到结果，但事实上并非如此；（2）一个人相信这个结果是肯定会发生的，过程也是注定的；（3）结果是可以事先预测和知道的。

当我们陷入后见之明偏差，就倾向于选择性地回忆信息，只去想可以印证后来才得知的结果的信息，编造出一个故事，向自己解释事件发生的前因后果。如果这个故事相对比较容易编造，我们就会觉得事情肯定就是这样发生的，因此，事先一定可以预测到结果。正如之前提到的其他认知失误，我们只会选择性地考虑部分信息，我们的心智走了捷径，拿一个事后似乎令人信服的故事做了替代品，而不是认真考虑所有可获得的数据，有条理地分析这些数据，深究事件发生的真正原因。

我们看一个市场，经常能列出一堆后市可能会上涨的理由，也能列出一堆后市可能会回跌的理由。交易者经常要面对模棱两可的行情。交易者若是陷入后见之明偏差，在市场上涨后回顾当初，就会以为信号十分清晰。他们会把当时模棱两可之处抛诸脑后，选择性地抽取支持市场上涨的信息，编造出一个市场看涨的故事，浮现出这样的想法和感觉："我早就知道。"

勒泽和沃斯表示，后见之明偏差可能会造成两个严重后果。首先，后见之明偏差可能会令人感到后悔。一旦产生后悔的感觉，就几乎肯定会产生这样的想法："我本来应该看到X"或者"我本来可以做Y"。如果交易者出于后见之明偏差，觉得"本来应该"抓住一波大好行情，就可能会因为觉得错失了盈利而感到懊恼。更糟糕的是，他们可能由于对发生的事件做出错误的心理评估，给自己施加压力，下一次进场条件不完全符合就勉强交易，以此弥补错失的盈利。

其次，后见之明偏差可能会妨碍我们学习。勒泽和沃斯表示："如果你觉得自己早就知道，就意味着你不会停下来，研究一件事发生的真正缘由。"对于想要掌握专业知识、成为交易高手的交易者来说，这是自我改善和自我发展的严重障碍。如果我们觉得市场升跌的理由是显而易见的，就不会费心评估和研究行情背后的原因，明白为什么会有这样的走势。这种错觉可能会损害我们作为交易者的技巧和能力。当日后类似的情况再度发生，我们就会措手不及，可能会根据错误的信息做决策。当然，这会继续对我们的交易产生不利影响。

■ 禀赋效应

一位个人股票投资者对苹果公司（Apple，Inc.）建长仓，平均买入价约为每股350美元。他在自己的研究中，预估了公司未来不久的收入、利润和其他考虑因素，据此设定的目标股价为750美元。他也痴迷于苹果公司的iPhone和iPad，入手了最新版本。在2012年9月，苹果公司股价创下705美元的历史新高，随后陡然急跌。这位投资者也懂得技术分析，可以看到股价在创下新高之前呈现抛物线上涨，这是减仓甚至平仓的绝佳技术面理由。持仓已经取得了翻倍收益，技术面指标显示这只股票已经处于超买状态，但这位投资者还是选择继续持有。他表示："这只股票会上涨到750美元，甚至更高。低于750美元，我是不会卖的。"苹果公司股价跌至425美元以下。一年后，这位投资者仍在持有这只股票，苦苦等待750美元的股价。这就是禀赋效应的一个例子，禀赋效应是交易者容易陷入的又一心理盲点。

这一认知偏差与过早获利平仓相反。交易者陷入禀赋效应之后，会高估对股票、商品期货或外汇合约现有持仓的价值，将目标价定在远高于公允市场价值的水平，而假如这些交易者并未持有这些持仓，所设定的目标价会合理得多。单是所有权就会影响到感知价值。他们越去想对自己的所有物有多么喜爱，就越会产生深厚的情绪牵绊。例如，当你想到自己是多么喜爱苹果公司的产品（例如iPhone、iPad和Mac）及其功能，通常就会导致禀赋效应加深。通过客观评估股价（例如市盈率、盈利增长、市账率、技术面），可以尽量减少禀赋效应。

随着科学发展日新月异，我们发现，有些心理盲点是基因组成的一部分。禀赋效应就是一个很好的例子。在人类进化的过程中，我们对稀缺变得敏感，不愿意放弃已有的东西，唯恐未来可能需要的时候得不到。斯坦福大学心理学和神经科学教授布赖恩·克努森（Brian Knutson）带领一支科学家团队展开了研究，研究发现，人在陷入禀赋效应时，大脑中的前岛叶会被激活。这个脑区与身体疼痛和厌恶的情绪相关，由此可见，放弃或失去有价值的东西是一件痛苦的事。因此，我们会赋予已经拥有的东西更高的价值。

交易者本来想做日内交易，却在出现浮亏后死守亏损头寸，长期持有，之所以会出现这种情况，可能是出于禀赋效应，由于交易者相信现有持仓具有更高的价值，所以不愿意平仓。当持仓达不到理想的价位，而交易者又盲目相信持仓具有更高的价值，心智遭到了禁锢，交易者可能就会继续持有，把日内交易变成长期持仓。

■ 交易者的对策

我们在本章中列出了科林、佐伊和内森的简短案例。他们都犯下了非受迫性心理失误，因而造成交易行动失当，交易绩效欠佳。他们在做决策时，都以为自己在做正确的决策，判断错误令他们付出了昂贵的代价。他们都不明白自己为什么会犯错。这三个案例是许多交易者的真实写照。

在交易中，我们很容易就会犯下认知失误，而且在犯下认知失误时，通常浑然不觉。这也是由于在日常生活中，认知捷径给了我们很大的便利。于是，我们自然而然地把在熟悉情况下有用的习惯带入了交易环境，但正是在交易环境中，认知捷径最容易出错，令交易者茫然不知何故。认知捷径（启发法）是天然的心理盲点，表现为本章中讨论的思维陷阱和心理捷径。这些方面跟情绪一样，都是交易心理学的一部分。我们后面会讨论到，交易心理学的关键不在于控制情绪，而在于了解我们的心智通常是怎样运作的。正因如此，我在本书开头就提出了这个话题，来帮助各个层次的交易者认识到，我们的思维（不仅是情绪）是交易赖以成功至关重要的一部分。有些经验丰富的交易者较少陷入情绪困扰，但仍然难以保持稳定的交易表现，对于他们来说，了解我们的心智是如何运作的或许更加重要。对于交易新手来说，了解这些盲点并努力去克服，有助于减少失误。加上提升其他交易技巧，由此可以增加交易者的信心，帮助有志于从事交易的人士避免陷入许多前人经历过也为之痛苦的有害情绪陷阱。了解和明白心理盲点，是处理心理盲点的第一步。在本章末尾，我们会提出一些分步详解方法，帮助交易者应对心理盲点。

由于认知偏差属于心理盲点，我们需要格外小心，才能避免坠入陷阱。我们经常会事后才意识到自己的失误，可是为时已晚。要做出明智的决策，练习正念的心理技巧是很有用的。我们在本书后面的章节中会详细讨论正念，在这里只是略微带过。正念可以帮助交易者集中注意力，专注于交易流程，大大帮助交易者在做决策时觉察到自己所做决策，避免坠入这里讨论的心理盲点。当我们运用启发法和其他偏差，我们就相当于选择了轻松的心理捷径，而推翻了交易流程。调动审慎思维需要投入精力，因此我们经常会接受直觉思维给出的方案，而懒得去费心分析演算、经过仔细考虑后才做出决策。正念可以培养出一块心理空间，帮助我们选择付出合适的努力，而不是接受通往交易失误的心理捷径。

维思大学心理学家斯科特·普拉斯（Scott Plous）表示，在代表性启发式偏差经常出现的判断情境中（例如交易），决策者应该牢记基础概率。我们在交易中犯下的许多认知失误，都关系到忽略统计数据。就此而言，你应该牢记自己所有进场模式的指标，包括每个进场模式基本的胜率和期望值。牢记这些统计数据，可以帮助你避免单凭市场一两个显著的特征做出重要交易决策，提醒自己每个交易都有一定概率。了解进场模式的基础概率，可以帮助你排除代表性启发式偏差和其他偏差（包括近因效应）的干扰。如果你按某个进场模式操作，已经连续亏了三单，所以在进场条件又成立时，感觉不愿意建仓，这时，如果你知道这个进场模式的胜率为65%，就可以记住自己交易的是进场模式的概率，你上次建仓时蒙受的亏损，是包含在基础概率之内的正常值，而不是下次进场条件成立时不建仓的理由。

另外重要的一点是，要有一个界定明确的进场模式，包括在怎样的市场状况下这个进场模式表现最佳。这不仅有助于提醒你留意重要的背景元素，还能过滤你的进场模式，让你只在背景状况最适合这个进场模式时建仓。就此而言，你为自己验证了，你只做最精挑细选的交易。这种进场条件不仅能帮助你在选择交易时避免决策失误，还能增加你进场模式的胜率和期望值。

拉索和休梅克建议，为免在解读图表时出现歪曲和偏差，你应该刻意地提出合适的证伪问题。这有助于纠正认知偏差，尤其是抗衡我们出现确认偏误的强烈倾向。例如，如果市场在上涨，需求或买方似乎占上风，你想做多，这时，审慎的做法是再问一下自己供给的问题。例如，你可以问，相较上一次上涨，上一次回落的成交量是否有所缩减，交易价格区间是否有所收窄，在市场回落之际，你的主要指标是否维持看涨。你需要在准备做多之前，证实不存在大量卖盘（证伪）。如果市场缩量回落，整体成交量缩减，而指标并未看跌，这显示卖方并未占上风。

你也可以测试想要做的交易之外的其他选择。沿用上面做多的例子，你应该寻找做空的证据，把做空的理据与做多的理据相比较，评估哪个选择更具说服力。最起码，如果你进行了详尽客观的分析，你会发现有没有忽略的地方。你会知道这是不是合适的交易机会。这有助于你分析模棱两可的交易情境，避免后见之明偏差。如果你可以为每一个进场模式制定一套标准的证伪问题，在每次建仓之前，都要例行问一次这套问题，及/或评估其他选择，这会给你带来莫大的裨益。这样一来，不仅积极避免你出现确认偏误，还积极调动你的审慎思维。

交易者若是在分析中使用数学指标，应该避免自相关的干扰。如果多个指标都在衡量同一件事，那么，运用多个指标也是枉然，只有当多个指标衡量不同方面，才是有用的。你应该确保自己使用的指标确实在衡量市场维度的不同方面，不然，就是犯下了确认偏误。约翰·布林格（John Bollinger）在《布林线》（*Bollinger on Bollinger Bands*）一书中，详细探讨了技术指标之间的多重共线性，以及我们应该如何避免陷入这个误区。

我们的心智很喜欢进入认知失误的雷区，要避开雷区，我们可以借助多个方法，包括注意基础概率，清晰界定交易进场条件的最佳整体市况，提出证伪问题，分析其他交易选择，等等。表1.1概括了本章中提及的认知失误，并提出了一些避免受此影响的策略。目的在于让你意识到在交易中可能出现的思维失误，避免接受心里浮现的第一个想法，采取具体的措施调动审慎思维。这说起来容易，做起来难。太多时候，我们的直觉思维会毫不费力地提出看似具有吸引力的方案，而我们若是浑然不觉，就会欣然接受这个简单的方案，并且深信不疑。丹尼尔·卡尼曼或许是世上对这个领域研究最透彻的专家，他耗费了40年时间去研究、调查和界定认知错觉和陷阱，但就连他也发现，自己想要避免这些认知错觉和陷阱，并不是一件容易的事！

表1.1 常见认知启发法和偏差：描述和建议

启发法/偏差	描　述	建　议
代表性启发式偏差	假设某个事件能准确代表某个类别（例如，假设某个图表形态代表了真正的方向性交易机会）。在交易中尤其常见。	密切留意进场模式的基础概率。觉察到整体市场背景。先调动审慎思维，再下结论。
近因效应	过分重视最近的交易形态或事件，期望日后继续发生。	格外努力放眼近期事件之外。
情感启发式偏差	感觉良好，因而交易不审慎、不小心。	把乐观情绪看作应该提高警惕的信号，后退一步，调动审慎思维。

启发法/偏差	描　述	建　议
确认偏误	使用其他类似或同类信息，验证既定交易行动或想法。	积极寻找相反信号，与确认信号相比较。
基础概率忽略	倾向于忽略交易概率，而陷入代表性启发式偏差、近因效应、显著性偏差，以及其他非概率推理。	妥善记录所有交易，为每个进场模式建立个人指标。
后见之明偏差	倾向于把过往事件视为可预测的。	客观评估特征和属性，以此限定交易和事件的条件。
禀赋效应	倾向于对已经拥有的东西估值过高。专注于可以放大感知价值的相关特征。	注意客观评估数据。制定客观的盈利目标。

　　丹尼尔·卡尼曼及其同事加里·克莱恩（Gary Klein）表示，要减少认知启发法和偏差引起的判断失误，最好的办法是提升专业知识。即使有些交易者是真正的高手，看似凭着敏锐的直觉解读市场和做交易，其实他们是在运用刻苦提升的交易和读图技巧。交易者在不同市况下解读市场和管理交易的水平越高明，就越不容易陷入启发法和偏差，犯下的相关交易失误越少，当然也就能取得更好的交易绩效。为此，交易者必须旷日持久地积累经验，进行特殊形式的练习，在练习过程中，就自己的表现得到清晰的即时反馈。对于技术交易者来说，这意味着通过模拟交易或纸上交易进行长期训练，逐渐沉浸到实际交易之中，以此学习、提升和巩固交易知识、技巧和能力。在本书的第三部分，我们会介绍一套久经验证的方法，促进交易者的个人发展和自我改善，在第11章，我们会介绍刻意练习的心理科学，怎样把刻意练习具体应用到训练和学习发展专家技能之中，从而提升专业知识，成为交易高手。

第 2 章

交易中的强烈情绪

如果你拿起这本书看了起来，那么你多半在交易中产生过强烈的情绪，为此陷入挣扎，做出心态不稳的交易行动。你曾经由于操之过急，行动不当，或者裹足不前，而蒙受亏损或者错失盈利。强烈情绪影响到你的交易。

你可能已经格外努力，想要克服交易中的这个难题，更深入学习技术分析，或者学习交易心理学。但这些似乎都不管用。你建仓之后，几乎立即会感到紧张，注意力集中在价格运动上，每跳动一点都牵动你的心潮起伏。没过多久，你就心跳如擂，肌肉绷紧，感觉非常难受。如果持仓略有浮盈，心里的声音就在催促你赶紧平仓——它告诉你，现在平仓至少能保证盈利，当然，亏损是不可接受的。你可能心里挣扎了一会儿，想要继续持有，可是心里的声音不依不饶："马上平仓！"于是你平仓了。

你感到如释重负。呼！紧张的感觉都消失了。你略有盈利，如释重负的感觉真好。接着，几分钟后，行情启动，朝着对你有利的方向运行了几点。由于你的心理和情绪遭到劫持，你错失了可观的盈利。这样或类似的体验，你都经历过多少次了？你答应自己会改的，下一次会按交易计划操作，但下一次又重蹈覆辙。恐惧或其他强烈情绪主宰了你的行为——每一次都是这样。你在想，究竟有没有更好的办法？

答案是有的，有更好的办法。要学习处理和克服强烈情绪引起的心态不稳的交易行为，第一步是清楚明白自己的体验，形成更深入的了解。我们这就开始吧。

应对恐惧和焦虑是许多交易者都要面对的重大挑战。即使有些交易者说自己在交易时不会过于恐惧或焦虑，但基本上每个人都想要增强自信心，减少交易引起的恐惧和压力。

《股票、期货与期权杂志》(*Stocks, Futures and Options Magazine*) 对散户读者群做了关于交易中情绪的调查，问了一个直截了当的问题：在交易中，哪种情绪是你最难控制的？选项包括恐惧、贪婪和希望。正如图2.1所示，调查结果很能说明问题。大多数交易者认为，恐惧是交易时最难控制的情绪，选择这一项的交易者大约是选择贪婪或希望的两倍。恐惧是交易者之中非常普遍和常见

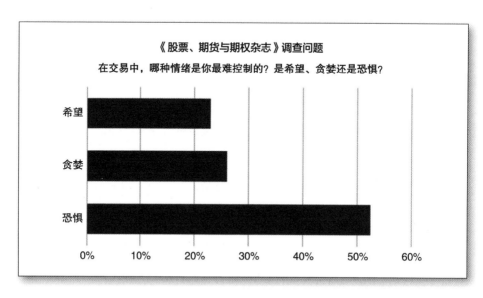

图2.1 《股票、期货与期权杂志》关于情绪的读者调查

经www.TraderPlanet.com许可重印

资料来源：《股票、期货与期权杂志》第7卷第8期（2008年8月），第10页。

的体验。

　　就连有多年经验的成功交易者也表示，他们在建仓和管理持仓时还是会感到不适。蒂姆·布尔坎（Tim Bourquin）采访了200多位成功的交易者，总结出大多数成功交易者普遍遵循的习惯。令人惊讶的是，所有成功交易者都意识到，在交易时感到不适是可以接受的。在受访的交易者中，有的人拥有20年以上的交易经验，但所有交易者"坐在交易椅上，都不会感觉十分舒适"。他们还是会产生怀疑、忧虑、焦虑和恐惧。他们感觉到交易的压力，但即使感觉不适，还是可以做出可盈利的良好交易决策。这些成功交易者都学会了"坦然接受自己的不适感"，但要强调的是，他们还是会感觉不适，包括担忧、怀疑，有时还会产生恐惧。他们养成的习惯并不是努力消除恐惧和不适感，而是不让恐惧和不适感妨碍自己对市场的判断和交易决策。

　　从蒂姆·布尔坎的采访中，可以总结出的一大要点是，成功的交易者最终接受了一个事实：交易永远不会是一件令人十分舒服的事。由于交易涉及不完整的信息，每次出现的交易情境都有独特之处，总是会有一定程度的不确定性，因此，建仓和管理持仓总是会引起一定程度的心理不适。随着时间的推移，交易者积累更丰富的经验，这种不适感会有所减退，但蒂姆·布尔坎发现，即使是有20年丰富经验的交易者，也会产生不适感。蒂姆·布尔坎采访的成功交易者学会了从容应对这种不适感，你也可以做到。本书会介绍这方面的实用技巧。但即使有这些实用技巧，交易者也必须明白，我们永远也无法真正摆脱恐惧和焦虑。这是与生俱来的，每个人都会有，当然也是生活和交易的一部分。虽然传统交易智慧教人摆脱恐惧和焦虑，但蒂姆·布尔坎采访的200多位成功交易者都发现，这是不可能的任务。

　　如果你在交易中感觉到恐惧、压力和焦虑，请记住，你在这方面并不孤单。基本上每位交易者都会感觉到这些强烈情绪。每当交易者寻求帮助，希望提升心理技巧，几乎都会提到需要应对恐惧和焦虑。恐惧是交易者最常抱怨的情绪，也是阻碍交易者取得交易成功的最常见问题之一。下面两位交易者向我讲述过他们的经历，从中可以体会到恐惧和焦虑可能带来的局限。

珍妮弗是一位日内交易者，拥有良好的技术技巧。她有四年交易经验，在这期间，她有过盈利丰厚的时期，尤其是去年，资金曲线开始增长。这与她开始交易头两年形成鲜明对比，当时，她的资金有过大幅回撤。由于最近交易的盈利能力有所提升，她想加大仓位。考虑到她良好的过往业绩，这是合适的做法。但她加大仓位后，担忧和恐惧似乎劫持了她正常的交易能力。

加大仓位之后，珍妮弗开始担心自己可能遗漏了某个重要的技术指标没有考虑，会蒙受亏损。由于仓位加大，她预计亏损加大。她想起早期交易时，资金回撤带来的痛苦。她不想再经历这种痛苦，于是在建立较大仓位之后，价格每跳动一点都令她心惊胆战。当行情朝着对她有利的方向运行，她感到既高兴又"紧张"，但当行情略微反转，她就会惊慌失措。"我想加大仓位，但真的、真的很害怕蒙受重大亏损。"她解释道，"我不想再经历一次大幅回撤。那种感觉太难受了。"从她的交易日志可见，她有两个做法违背了自己想要达到的目标：一是过早获利平仓；二是有时候决定不加大仓位，而是维持较小的仓位。心智在告诉她，加大仓位可能会带来较大的回撤，她陷于这种想法，苦苦挣扎。由于陷入与心智的拉锯战，她虽有良好的技术交易技巧和能力，但最近的交易表现欠佳。

马尔科开始交易没多久。他说自己是"心血来潮"，参加完一个周末讲座，看了几本交易的书之后，就奋不顾身地进场了。他往交易账户里投了不少钱，七个月后，统统亏掉了。他伤心欲绝。他意识到自己"企图一夜暴富，犯了书上讲的每一个错误"。更重要也值得称赞的是，他也意识到自己缺乏足够的技术技巧或资金管理知识，交易能力不过关。

他暂停交易，接下来一年投入学习，研究资金管理，制定了可靠的程序以保全资本。他也花了几个月制订稳健的交易计划，以此进行模拟交易。马尔科认真记录自己做的每一单模拟交易，记录显示，他取得了明显的进步，解读图表、执行交易和管理交易的能力都有所增强。一年后，他觉得做好了准备，可以再用真实账户交易了。然而，他正准备做第一单交易，恐惧的心情却席卷而来。他开始怀疑和担忧交易的结果，想起过去亏损的经历，于是，他没有建仓。这种情况一而再再而三地发生。他找到了良好的进场模式，许多次本来可以获利，但由于过于畏惧，而不敢进场。

珍妮弗和马尔科的知识、技巧和能力水平不同，但都产生了类似的情绪和反应。恐惧和焦虑直接影响到他们的交易行为。经验丰富的珍妮弗想要加大仓位，虽然她有良好的过往业绩，掌握了所需的交易技巧和能力，但恐惧的心情妨碍她让交易水平更上一层楼。马尔科是交易新手，只是想做一单交易。他已经下了很大功夫学习交易，很难明白他为什么连建仓也做不到。两人都感到沮丧，对自己的处境感到郁郁不乐，开始怀疑自己。

我们可以看到，恐惧和焦虑不只是感觉而已。恐惧显然会影响到交易行为。对于珍妮弗和马尔科来说，他们的行为变得狭窄和受限，没有看到多个选项和各种选择，而是受限于维持较小的仓位，过早平仓，不敢进场。他们仿佛被囚禁了，即便过往的做法行不通，还是一而再再而三地重蹈覆辙。他们对亏损的恐惧和焦虑直接限制了自己的交易选择。正如许多深陷于恐惧和焦虑的交易者一样，珍妮弗和马尔科不由自主地受限于心态不稳的交易行为：过早获利平仓；维持较小的仓位；虽然找到了良好的进场模式，却不敢进场。

　　值得留意的是，科学家对恐惧和焦虑作了区分。恐惧是对实际有威胁的事件作出的反应。例如，如果我们在城市里，走在漆黑的街头，有人持刀挡住去路，我们感觉到的是恐惧。如果一个星期以后，我们在夜里走在类似的街头，想到可能有危险人物挡住去路，我们感觉到的是焦虑。我们的大脑不会区分实际的威胁和想象的威胁，反应基本上是一样的，但当我们产生焦虑时，应激反应是由于我们想象可能有人挡住去路，而不是实际上有人挡住去路。在交易中，我们大多数时候都会预见到亏损的威胁。因此，我们会感到焦虑，引起应激反应。虽然在这种情况下，更准确的说法是我们感到焦虑，但在本书中，恐惧和焦虑是可以互换的。只是要记住，我们在交易中感受到的恐惧无论看似有多么真实，其实大多是来自我们心智的想象。

　　对于交易者来说，恐惧会以许多不同形式出现。有些时候，恐惧是微不足道的；还有些时候，恐惧会令我们不知所措。根据我的经验，当我们受到情绪左右而做出心态不稳的交易行为，以及犯下绝大多数非受迫性交易失误，源头在于某种形式的恐惧或焦虑［请注意，非受迫性交易失误也可能来源于思维的局限性（见第1章）和缺乏交易技巧］。此外，基本上每位交易者在交易中都会在某种程度上受到恐惧和焦虑的阻碍。因此，我们在讨论强烈情绪时，主要集中在恐惧。所谓"非受迫性交易失误"，是指由于在交易者控制范围内的行动，而导致本来可以避免的交易失误。由于行情看似突然启动而即兴交易，随后却发现走势迅速反转，被止损出局，这就是非受迫性交易失误的一个例子。即兴交易完全是在交易者控制范围内的，因此，是本来可以避免的，也就是非受迫性失误。只要交易者的建仓符合交易计划标准和风险准则，那么即使最后被止损出局，也不算犯下交易失误。与此相反，若是一时冲动做出即兴交易，而交易本身并无胜算，即使这次侥幸盈利，也算是非受迫性失误。其他情绪也可能导致心态不稳的交易行为和非受迫性失误，但恐惧是最常见的原因。

▪ 恐惧的形式

我们先来厘清一下恐惧，以及恐惧可能对我们的交易行动产生什么影响。了解这一点，不仅有助于我们清楚明白最常见的恐惧，还能在某种恐惧刚浮现时，让我们及时意识到这一点。如果我们在恐惧开始浮现时就意识到，那么，经过一定的练习之后，就可以为了在交易中对我们最重要的方面，及早选择采取有效的行动，而不是被情绪淹没。如此一来，我们会有更多的选择，为了实现最佳交易结果而采取行动，而不是受限于做出心态不稳、拙劣的交易行动。

马克·道格拉斯（Mark Douglas）是交易心理学作者，自己也是交易者，他把交易恐惧分为四大类。他对交易恐惧的分类是很有用的。我们会沿用马克的分类，并更进一步，把这些类别与心理活动和交易行动联系起来。如此一来，我们就可以弄清楚各种恐惧的基本元素，这有助于你应对这种强烈情绪。弄清楚我们要应对的是什么，总是一个很好的开始。这四类恐惧包括：犯错、亏钱、错失交易机会和错失利润空间。

犯 错

对犯错的恐惧可能是我们在交易中最大的恐惧。没有人喜欢犯错，这会让我们的自我（ego）受损。如果在日常生活中，你特意观察犯错的现象，你会看到总是有人找借口百般推脱，说明错误不是自己的责任，即使是无关紧要的错误也是如此。我们都喜欢以积极的眼光看待自己，犯错会让我们感到难受。交易也不例外。

许多时候，交易者会承认犯错是他们最难克服的恐惧之一。他们在心里可以想象，如果自己交易蒙受亏损、亏了钱，配偶、交易伙伴和自己生命中其他重要的人都会怎样看待自己。许多交易者难以接受错误和看错行情。一位交易者承认，这触及自己内心深处："如果我犯错了，这说明我是怎样的一个人？"如此一来，交易者对自己身份的认同感就与交易混为一谈了。人很爱面子，即使是对自己，也不想承认自己错了。对犯错的恐惧可能导致心态不稳的交易行动，例如对亏损头寸持有太久、过早获利平仓、改变止损位、亏损后补仓或者即兴交易。这种交易方法会给自己制造障碍。在后面的章节中，我们会更多地探讨自我、自我辩护和其他影响自我感觉的心理因素是怎样影响到我们的交易的。暂时来说，我们只需要意识到，不想犯错的心态可能会影响到交易行为和交易表现。

杰克·施瓦格（Jack Schwager）在《金融怪杰：华尔街的顶级交易员》（*Market Wizards: Interviews with Top Traders*）一书中，采访了传奇交易者马丁·舒华兹（Marty Schwartz），舒华兹关于犯错的一番话可谓金玉良言。在采访中，施瓦格提出，舒华兹曾经连续十年交易亏损，他接着问道："你是何时从交易亏损走向盈利的？"下面是舒华兹的回答：

> 当我把自我的需要与赚钱分离开来，当我能够接受犯错，我就从交易亏损走向了盈利。在此之前，承认犯错比亏损更令我难受。我以前总是一厢情愿，以为自己既然做出了这样的判断，那肯定错不了。后来，我的心态变成："我做出了这样的判断，但如果我错了，就出场吧，也好保全资金，做下一单交易。"就这样，我扭亏为盈了。我的心态是：接下来总有盈利机会，所以，一单亏损也不是那么痛苦的事。就算我犯错了，那又怎样？[1]

---

[1] Jack D. Schwager. Market Wizards: Interviews with Top Traders（New York: Harper Business, 1993），264.

这种可行的态度是每位交易者都应该借鉴的。

亏 钱

没有人喜欢亏钱，但这是交易中不可避免的一部分。世上没有任何一种交易方法是稳赚不赔的。一个简单的原因在于，所有形式的交易都是概率游戏。也就是说，对于任何一单交易，在进场条件成立时，既有盈利的概率，也有亏损的概率。如果某一个进场模式长远而言有更高的盈利期望值，那么我们就可以依照这个进场模式操作获利。但交易总会有亏损的时候，亏损频率取决于进场模式的过往概率（假设这些概率未来依然成立）。许多交易者在理智上明白这一点，但在建仓之后或者准备建仓之际，还是会受到感觉的干扰，厌恶亏损。亏损是进场模式概率中自然的一部分，但损失厌恶仍是交易者需要克服的一大心理障碍。损失厌恶会促使交易者做出不理性的行为，例如过早平仓，死守亏损头寸，这些行动都是为了避免亏损，而不是实现最佳交易结果，是在徒劳无功地企图推翻交易的概率法则。如果我们抱紧这一恐惧不放，我们就是在企图完成不可能的任务：一厢情愿地想推翻交易的基本原则，而这必定是做不到的。无论如何，许多交易者都受困于这场必败的仗，难以脱身。如果他们能抱着亏损是无可避免的自然现象的态度，交易起来无疑在心理上会轻松许多。我们在第3章会进一步探讨损失厌恶的问题。

错失交易机会

对错失交易机会的恐惧可能会促使交易者即兴交易。交易者看到行情启动，就冲动地建仓。吉姆就是这样一个交易者，会出于对错失交易机会的恐惧，频繁建仓、平仓，他的想法是这样的："行情启动了，我错过了上一波行情，不想再错过了。我今天还没赚到一分钱，我想这波行情会走远的。我不想再等待回落，可以现在就进场。这样我的进场价还不错，可以早点获利。另外，我还可以赚到更多钱。"

请注意，吉姆的所有想法都在为即兴交易辩护。他没有想过目前的行情形态是否提供了良好的交易机会。由于害怕错失行情，他完全抛弃了自己的交易计划，做出心态不稳的行为。他找出一堆不着边际的理由，来给自己鲁莽的交易行动套上看似合理的解释。请注意，吉姆的行动与马尔科不同。马尔科是不敢进场，而吉姆是忍不住频繁进场操作。两人都是受到恐惧和焦虑的困扰。

我们经常看到，交易者害怕错失交易机会的时候，正好是市场顶部附近。没进场的交易者眼睁睁看着市场上涨，再上涨，越涨越高，自己却只有看的份。其他交易者在赚钱，而自己两手空空。他们为此感到沮丧，害怕再错失进一步上涨的行情，要么在最后一波上涨时进场，要么在涨势枯竭或见顶回落时进场。无论如何，他们很快就会蒙受亏损。在市场底部，空头也会出于恐惧，做出类似的行为。无论没进场的交易者是在市场底部做空还是在市场顶部做多，他们的交易决策都是受到情绪的驱使。另外一个害怕错失交易机会的信号，是过早建仓。吉姆说的话很有代表性："如果我现在不进场，就会错过行情了。"

错失利润空间

乔希是E-迷你标普期货的日内交易者，善于洞悉进场条件成立的时机，会毫不犹豫地建仓，让行情发展。可是他会持仓过久，期望在一单交易中赚个盆满钵满。乔希的理由是："如果我上一单持仓更久，盈利会丰厚得多；我这单一定要拿住。"交易者若是像乔希这样，想着要大赚一笔，就会忽视重要的技术目标位（例如阻力位或支撑位）、极端指标以及市场信号（例如行情见顶，或者参与者兴趣减弱，标志着行情步入尾声）。像乔希一样，许多交易者都害怕自己"错失太多利润空间"，在获得合理盈利之后还迟迟不肯平仓。当然，当价格开始回落，他们就觉得这"只是正常回落"，可以熬过去的。许多这样的"回落"令盈利回吐殆尽，有时候甚至还由盈转亏。

在害怕错失利润空间的交易者行为类别中，有一种情况不那么明显，但也很常见，那就是在几单交易盈利后加仓。交易者可能会想："哇，我干得不错，已经连续四单交易盈利了。如果我仓位更高，今天岂不是可以赚到更多钱了吗？"于是，她还没制订具体的计划，就贸然加仓，通常会超出合理的资金管理/风险参数。当然，如果下一单交易亏损，她前几单交易的可观盈利就会全部回吐——这都是因为她觉得自己错失了太多利润空间。

我们可以看到，四种形式的交易恐惧都会引起相关的想法（交易者的心智所说的话），让交易者更加忧心忡忡，给非建设性交易行为套上看似合理的解释。重要的是，每种形式的恐惧都可能引起有害的交易行动或行为。例如，当交易者害怕自己犯错，就可能产生这样的想法："我最近亏了太多次了，这一单万万不能再亏了。"这种想法与犯错和亏钱相关。"这一单万万不能再亏了"的想法强化和放大了恐惧的感觉。不想再亏损的想法看似合理，但只是为心态不稳的行动套上理由，例如改变止损位，以免把浮亏坐实。请注意，恐惧引起的想法与市场行为无关，并非对交易或交易管理的客观想法。这些想法当时看似是针对交易的，但其实不然，只是反映了（也只反映了）交易者的内在状态。

表2.1举出了一些常见例子，说明这四大类交易恐惧引起的想法和心态不稳的行动。这不是一份详尽的清单，不同的交易者可能会有不同的想法和行为。此外，各类恐惧之间有时并没有十分清晰明确的界限。例如，交易者想避免犯错和亏钱时，都可能过早获利平仓。这四个类别肯定有重叠之处。

英国公开大学组织行为学教授马克·芬顿-奥克里维（Mark Fenton-O'Creevy）和研究人员一起，调查了118位职业交易者，这些交易者任职的投资银行都在伦敦设有办事处。研究发现，交易者对其成败的情绪反应经常会对其交易产生重

表2.1　与恐惧相关的想法和心态不稳的交易行动的例子

恐惧类型	想法的例子	心态不稳的行动的例子
犯错	"我不能再蒙受亏损了。" "我不能告诉配偶/另一半我又亏了钱。" "我这次不能犯错。"	过早获利平仓。 操作犹豫不决，不敢进场。 在价格逼近止损位时，扩大止损位。 止损位距离进场价太近。 向下摊平。 忽视资金管理。 避免交易。
亏钱	"我需要更好的指标/进场模式来减少亏损。" "我必须把亏损限制在X%（微乎其微）。" "你已经有浮盈了。别让这单交易由盈转亏！" "我必须挽回今天上午的亏损。"	不断寻找更好的进场模式/指标/分析技术，以减少亏损（寻找"圣杯"）。 追求高胜率/低亏损频率。 过早获利平仓。 止损位距离进场价太近；或者在价格逼近止损位时，扩大止损位。 即兴交易，亏损后加码，以弥补亏损。 避免交易。 亏损后减仓。
错失交易机会	"行情启动了，我却没有进场！" "我上次错过了这样的进场模式，这次可不能再错过了。" "我必须进场，万万不能错过这单交易。"	即兴交易。 过早建仓。 仓位过大。
错失利润空间	"我这单交易可以大赚一笔。" "上一单交易行情走得很好，这单交易我得拿住才行。" "我手感正热，不如加仓，赚点大钱吧。"	持仓过久。 忽视盈利目标。 忽视平仓的市场信号。 仓位过大。

大影响。当交易获利甚丰，交易者往往会欣喜若狂，过度自信。当蒙受亏损，交易者往往会变得更加审慎，看待潜在交易的眼光也跟盈利时不一样，正如第1章所说，这就是近因效应。经验较浅、表现较差的交易者在蒙受亏损时，通常会有更大的情绪反应，也更少做出适应性反应。他们会不敢进场，或者将仓位减少至正常水平以下。产生难过的情绪时，他们会离开交易台，完全避免交易。芬顿-奥克里维的研究没有探讨想法本身，但在这份研究中，交易者的重要交

易行动都是受到情绪驱使而做出的。经验和研究都显示,交易者行为和情绪状态之间有直接联系。每位交易者都应该了解情绪会对自己的交易行动产生什么影响。

每位个人交易者都需要明白,有些想法和相应行动是与恐惧的强烈情绪相关的。这些想法和行动与明智、胜任的交易无关,只与你的内在状态有关。你必须开始觉察到自己的心智在说些什么。是关于市场的客观表现,在此环境下你的交易是否合适?还是关于犯错、亏钱、错失交易机会或错失利润空间?后者与建仓、管理持仓和平仓无关。另外很重要的一点是,你必须觉察到自己的交易行为是与什么相关的。你的行动(例如,还没等到出现清晰的进场信号就建仓)究竟是为了安抚你的心智告诉你的话,还是针对这单交易适时采取正确的行动?这些都是交易心理学重要的考虑因素。

通常来说,如果恐惧对你的交易造成负面影响,你会在交易中看到上述一种或多种模式。例如,你可能会注意到,由于害怕亏损或害怕犯错,你倾向于过早平仓或止损位距离进场价太近。很重要的一点是,你要评估自己的交易,洞悉可能是由恐惧引起的心态不稳的交易行动,以此发现问题,觉察问题。如果你在交易时没有觉察到问题所在,很容易就会一而再再而三地陷入同样的模式。我们在本章后文会讨论到,心态不稳的交易行动有其目的,但这个目的并不是为你的交易服务。如果你做出心态不稳的交易行为,或者受到恐惧和焦虑情绪的过度影响,你可以做以下练习,以此清楚了解有哪些类型的恐惧影响到你的交易,以及怎样影响到你的交易。

按练习2.1的要求,识别和记录自己经常做出的心态不稳的交易行为。在"你的行动"一栏下记录这些行为。你可以参考表2.1列举的心态不稳的交易行为,加上你自己独特的体验。接下来,写下你的想法——你的心智对你说了什么与市场或你的交易相关的话。接下来,判断你体验到的是哪一类恐惧。你可能会发现，这个练习最好是在交易期间或交易刚结束时做。如果你拖延太久，就可能会忘记一些重要数据。我们对这种事情通常会有选择性记忆，所以最好在尽量靠近事件发生时填写这份表格。此外，你要在一两周交易中填写这张表格，这样得出的数据会更加准确和完整。接下来，你会有足够的数据评估自己的个人模式及其变种。例如，如果你过早获利平仓，你可能会听见心智在说，现在获利平仓是最好的，蝇头小利也总比行情反转、由盈转亏好。接下来，你可以确定这是对亏钱的恐惧还是对犯错的恐惧，或者两者皆是。注意你产生了哪一类恐惧，你的心智在跟你说些什么话，促使你采取哪些行动。尽可能详尽地记录下来，但不必苛求精确。记住，各种类型的恐惧之间是有重叠的。你的想法，甚至你的行动都是你自己特有的，所以按照你的体验记录就好。此外，这个练习的目的不是努力消除恐惧、改变想法或改变行动，只是让你觉察到这些情绪和想法，以及这些情绪和想法会对你的交易产生什么影响。在本书的后文中，我们会讨论如何应对你的情绪和相关想法。

练习2.1　觉察恐惧和其他强烈情绪

你的行动	你的想法 （心智告诉你的话）	情绪（如果是恐惧， 请注明恐惧的类型）

■ 希望、贪婪和其他强烈情绪

所有交易者都听说过，恐惧、希望和贪婪是对交易表现造成负面影响的三大情绪，必须加以控制。但马克·道格拉斯指出，希望和贪婪（至少是我们在交易中感受到的希望和贪婪）通常是由恐惧产生的情绪，在实践中也是这样的。希望和贪婪并不是与恐惧无关的感觉，并不会单独对交易产生影响。例如，交易者通常会在这样的情况下感受到希望：行情对交易者及其持仓不利，已经出现重大亏损，远远违背了合理的风险参数，但交易者还是继续持有，希望市场反转，可以解套或者减少亏损。这种希望不是志向，不是"我希望成为可盈利的高明交易者"，而是出于对不想犯错的恐惧，不想把浮亏坐实。同样，贪婪也是由于害怕错失交易机会，错失交易利润。

其他强烈情绪也很重要。生气、懊恼、沮丧、狂喜、悲伤、羞愧、内疚、兴奋、厌恶、不耐烦、喜悦、无聊和许多其他感觉都可能影响到个人交易。例如，生气可能令人想要报复，为了"报复"市场建仓，经常会因此选错交易时机，或者仓位过大。有的交易者会因自己在交易中犯下错误而气急败坏，大嚷大叫，咒天骂地，甚至朝着电脑屏幕吐口水！当交易者受到恐惧之外的情绪左右，当然也可能做出破坏性行为。

如果你对自己的交易表现感到过于悲伤、羞愧或内疚，你可能会退出市场，停止交易。这未必是不健康的行为。暂停交易也可以是建设性的决定，给我们一些时间和空间，评估自己的交易，考虑自己有哪些不足之处，可以采取哪些步骤加以改进。许多明智的交易者在制订交易计划时会规定，如果自己一段时间交易表现欠佳，就必须暂停交易，重新评估。然而，如果由于抑郁的感觉和行动瘫痪而避开市场或长时间逃避交易，这多半不是什么建设性的行为。

如果你让情绪控制自己的交易，因而自怨自艾，同样也不是什么建设性的行为。当我们自怨自艾时，心里批评的声音会占据上风，有时候还会说出很难听的话。这可能放大其他不愉快的感觉。如果你在难过的时候，去听心里的声音，可能会听到这样的话："你到底是怎么回事？你永远也做不好交易！"或者"你又重蹈覆辙了！"或者更糟糕的是："你太蠢了，怎么就不会汲取经验教训呢！"听这些话是毫无帮助的。与此相反，对自己的行动做出建设性的点评，或许是有帮助的。例如，承认自己过早建仓了，下一次做交易时，对自己说："耐心一点……等待进场条件触发。"这样的声音为你的交易提供支持，肯定了你作为交易者的能力。对大多数人来说，负面的自我批评是非常有害的，只会适得其反。我们绝不会这样对心情低落的朋友说话，但似乎觉得这样恶狠狠地攻击自己是可以接受的。我们可以清楚地看到，如果我们以这样负面的态度批评朋友，并不会帮到他们；同样，如果我们这样对待自己，只会让心情更加低落。对许多人来说，这样肆无忌惮的自我批评只会让本来就棘手的情绪变本加厉。

影响我们交易行为的，不只是负面情绪。和不想要的情绪一样，喜悦和狂喜（正面的强烈情绪）也可能对交易产生负面影响。在第1章里，我们简单讨论过内森的例子，由此可见一斑。由于在上午的交易中赶上了一波好行情，他开心极了，但正因如此，他掉以轻心，忘记了前一天晚上制订的交易计划，没有做到应有的审慎和客观行事，而是变得疏懒。许多交易者在感觉良好时会变得盲目，通常是由于放松了警惕，或者是听从直觉思维行事，或者是忽略了原本不该忽略的信息。强烈的正面情绪也可能导致交易者承担过高风险。例如，托马斯是一位交易者，通过评估自己几个星期的情绪和交易表现，他发现，每当他连续三四单交易盈利后，他就会变得非常开心，过度自信。由于过度自信，他忽略了合理管理资金的原则。他开始加大仓位，并随意对待保护性止损。他做了上面的练习（"觉察恐惧和其他强烈情绪"）之后，发现自己陷入了一个怪圈：交易表现良好，获利甚丰→交易表现欠佳，回吐利润，这个模式周而复始，都是由于正面的感觉所致。

跟恐惧一样，其他强烈情绪也可能对交易产生负面影响。交易者需要明白自己的情绪模式。如果除了恐惧之外，还有其他情绪影响到你的交易，那么，"觉察恐惧和其他强烈情绪"练习可以帮助你留意到这些感觉是何时浮现的。跟记录恐惧一样，在"情绪"一栏下记录是什么情绪，在前两栏下简单描述你对自己说了什么话，在这种情绪的左右下，你采取了什么行动。

■ 情绪劫持

当情绪主宰了我们的决策，我们就受到"情绪劫持"，这时，你的交易行动完全是由情绪决定的。在这种状态下，你处于高唤醒状态，情绪强烈，注意力只能集中于少数对象，通常是目前的价格跳动和指标波动。另外值得注意的一点是，在这种状态下，行动变得僵化，人只能做出少数模式化反应。从许多简短的交易者案例中可见，交易者能够采取的行动受限：过早获利平仓、即兴交易、不敢进场、迟迟不愿平仓和其他异常行动。他们无法采取更合适的交易行动。劫持结束后，你感觉当时就像着了魔一样，无法控制自己。以下是两个例子：

沃伦是一位聪明绝顶、年轻有为、相对新晋的基金经理，负责操作对冲基金大约一年。他的投资管理理念是基于本杰明·格雷厄姆（Benjamin Graham）和戴维·多德（David Dodd）提出的基本面价值投资。他的优势在于按照他用于评估的具体标准，物色被严重低估的企业。一旦物色到这些企业，他就会运用彼得·林奇（Peter Lynch）提出的交易技术，包括林奇的"投资于你熟悉的领域"原则，深入了解达到他初步筛选标准的公司。在大多数情况下，他会对每家公司建立一个财务模型，测试其财务状况对关键绩效因素的敏感度，而他相信这些关键绩效因素对于成功投资这家公司而言是至关重要的。他采取审慎、有条不紊的投资方式。一旦决定了投资一家公司，他就预期会长期持有，如果条件允许，会持有多年，等待投资成熟。因此，我听说他在期货市场做日内交易，账户资金大幅回撤，感觉很突兀。

在大市一轮急挫中，沃伦某些持仓跌幅最大。他觉得这些持仓肯定会企稳的，于是增持这些股价急跌的公司，以为补仓后，等股价回升再卖出，他可以收复失地。但市场并没有回升，他的亏损开始加大。这样一来，他想着自己的投资业绩，想着很快就要写每个季度致投资者的信，开始整天盯着市场走势——正常情况下，他会专注于评估公司，从来不会一天到晚盯着行情。"我就像着了魔一样，"他说道，"迷失了自己的方向。恐惧淹没了我。我开始盯着市场的每一点跳动，眼睛离不开屏幕。我就在下跌行情见底之际，减持或悉数抛售了多只优质股。后来，市场回升了，这几只股票都大幅回升，我觉得十分懊恼。接下来，我开始做日内交易！我明明不是日内交易者，自己也知道这点，但还是这样做了。我对标普期货建仓，每一单都亏了。我一天到晚都处于非常紧张和焦虑的状态，晚上睡不着觉，心里只想着市场和亏损。那真是一场噩梦。最后，我总算是因祸得福，意识到我的投资流程对我的工作是多么重要。当时我在交易时，毫无流程可言。我基本上只是随机行动，完全迷失了方向。"

比利是一位股市的头寸交易者，看到福特汽车（Ford Motor Company）股价急升，轻松突破近期阻力线。他不是突破交易者，但赶在收市之前，在日内高位附近买入了这只股票。后来，他承认自己的最佳交易策略是"总是在动量行情之后寻找缩量回落的机会"。但这次，他冲动行事了。图2.2显示了这只股票的走势，A是他的买入点。接下来几天，股价略有上涨，但涨势已经不像比利买入当天那么迅猛。比利建立多仓一周后，股价开始回跌。起初，比利并不担心，以为这"只是大幅上涨之后的正常回落"。但很快，比利的持仓出现了浮亏。他开始感到紧张和焦虑。对福特汽车的持仓还亏着，他已经没有心情去看其他股票了。随着股价下跌，比利的注意力缩窄了，盯着图表的每一点跳动。他的注意力转到最小的日内时间框架，寻找市场开始止跌回升的蛛丝马迹。

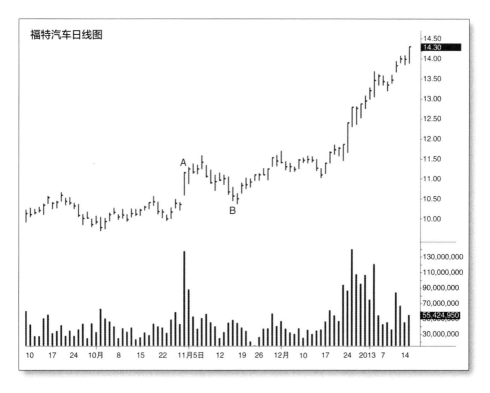

图2.2　比利一时冲动买入福特汽车

资料来源：TradeStation Technologies, Inc.

可是市场还是持续下跌。他每天都会挂出止损单，但每每看到价格逼近止损位，他又会下移止损位，以免亏损出场。后来，他说道："现在看来是挺好笑的，可是也挺可悲。每当价格逼近止损位，我就会把止损位下移。

我感觉糟透了，胃里难受，总是口干舌燥，头晕眼花，感觉像要生病了。我真的觉得失去了控制。"当价格跌破了他买入当日（升市）的最低价，比利觉得后市肯定会快速下跌，于是在B点亏损平仓了。第二天，股价企稳，随后开始反弹。几周内，股价相较比利的买入价上涨了25%以上。

沃伦和比利都出现了情绪劫持的所有迹象。一开始，他们不是根据交易计划和经过仔细评估，才做出最初的交易决策，而是受到了情绪的驱使，这就产生了情绪劫持。他们完全抛弃了自己的交易流程。起初，他们或许信心高涨，忽略了风险。接下来，即兴交易的表现未如预期，情况每况愈下。当行情朝着对自己不利的方向运行，交易者信心消退，在决策时更加受到情绪的左右。交易者受到感觉的驱使，做出当时看似正确的行动，但客观来看（当然还有事后来看），显然是错误的。交易者的注意力集中在一个狭小的领域，排除了几乎所有其他考虑因素和可能，行动也开始受限。他们做出交易行动，是为了应对自己的内在状态和失控的情绪，而不是为交易情境服务。事后，一旦压力消除，他们会想起自己失控的感觉，自己对感觉或行动似乎完全失去了掌控力。用"情绪劫持"来形容这类体验是非常恰当的。

■ 情 商

受到情绪劫持，我们的情商会荡然无存。心理学家丹尼尔·高尔曼（Daniel Goleman）曾经为《纽约时报》（New York Times）科学版撰稿，普及了对情商的早期研究，研究证明，人生要取得成功，觉察和理解自己和他人的情绪与智商相比同样重要，甚至更加重要。如今，心理学家认定情商和智商一样，也是智力的一部分。著名情商研究人员约翰·梅尔（John Mayer）、大卫·卡鲁索（David

Caruso）和彼得·沙洛维（Peter Salovey）发现，情商和其他形式的智力一样，也是一种心理能力，满足心理研究人员和学者对智力的分类标准。

经过20年的研究，研究人员总结道，与情商低的人相比，情商高的人在工作环境中表现更佳，可以舒缓自身压力，并且在充满压力的情境中可以对其他人产生积极影响。他们不太可能做出自我毁灭行为，例如酗酒或吸毒。在社交领域，情商高的人处理人际关系的能力更强，社会关系更好，给其他人留下社交能力强的印象。整体而言，情商高的人生活质量比其他人更好，更加快乐。对于交易者而言，提升自己的情商是至关重要的。

梅尔、沙洛维及其同事在其情商模型中，识别和描述了四项重要的心理能力。这些能力包括：

- 识别和评估情绪，包括自己和其他人的情绪。
- 在决策中把情绪传达的信息纳入考虑。
- 了解情绪背后的含义。
- 认真管理自己。

所谓掌握基本情商技巧，首先是指能够识别和评估情绪，包括能够洞察到情绪这种感觉状态，可能会引起哪些身体感受，以及有哪些想法通常与特定情绪相关。要提升交易的情商技巧，我们首先需要剖析和厘清非建设性情绪。接下来，我们马上就会详细剖析和厘清恐惧这种情绪。此外，能够洞察到他人的感觉状态，也属于交易者需要掌握的基本情商技巧。当行情热火朝天，突然出现抛物线上涨，成交量放大，情商高的交易者就会意识到，不仅价格处于极高水平，市场参与者的情绪也是极度高涨。在这种时候，行情容易反转。了解其他市场参与者的情绪，有助于你洞悉交易机会，也能帮助你从不同的角度，重新评估是否应该进场：如果行情持续发展，你当时处于空仓状态，迫不及待地想要进场，你应该知道，自己当时感觉到的冲动，许多其他市场参与者也会产生。情商高的交易者会意识到，这种冲动不是即兴交易的理由，而很可能是一个逆向信号，因此他们会耐心地等待行情发展，直到出现反向交易机会。这就是在交易中有效运用情商技巧的一种方法。

交易者掌握基本情商技巧，还涉及利用适当的情绪，来辅助自己做决策。例如，收市后研究市场之际，情商高的交易者会运用低能量级情绪，帮助自己专注于图表。如果在某个交易日，市场窄幅横盘震荡整理，令人感到无聊，情商高的交易者会觉察到自己无聊的情绪，采取行动打起精神，集中注意力。利用情绪来辅助自己做决策，也涉及识别和承认发现绝佳交易机会时产生的感觉，无论是形态交易的进场模式符合每个重要条件，还是你发掘到一家基本面和短期增长前景理想、完全未受到华尔街关注的公司。同样，如果情商高的交易者感觉到虽然进场模式的基本条件成立，但这单交易的前景欠佳，也会承认这种感觉。承认兴奋的感觉和审慎的感觉，可以帮助你更好地筛选优先考虑的交易，只为真正精挑细选的交易机会承担资金风险，或者重新审视某一单交易的技术面，评估自己是否遗漏了重要方面。

要做到了解和理解情绪，还涉及在识别情绪之后，能够标记情绪，明白情绪（尤其是强烈情绪）是受规则制约的，通常会遵循既定模式。例如，生气的源头是感觉到某件事有失公平公正。如果我们放任这种情绪升温，就可能鲁莽行事，事后追悔莫及，或者在最终平静下来以后，感觉羞愧或尴尬。有些交易者在被止损出局时会觉得不公平，自己被迫亏损出场了，价格随后却立即掉头，朝着他们预期的方向运行。"他们是故意扫掉我的止损的！"当你觉得自己的止损被扫，对你太不公平，一怒之下可能会产生这样的冲动想法。这时，如果你想要出口恶气，鲁莽行事，加大仓位进行报复性交易，向"他们"证明你不是好欺负的，这不仅是欠缺情商的交易行为，而且这单仓位过大的交易还很可能造成亏损，让人很快就陷入懊悔和羞愧之中。整个心理和行为模式通常是这样的：觉得某件事对自己不公平→感到生气，产生冲动想法→鲁莽行事→感觉羞愧和懊悔。对于任何强烈情绪，例如恐惧、悲伤、沮丧等，你都可以描述出典型的心理和行为模式。就连极度乐观和喜悦都有自己的模式。

例如，蒙受亏损可能会引起悲伤的感觉。当悲伤的感觉浮现，许多人的自然反应就是停止交易。交易者可能会浮现自我批评的想法，挑剔交易或交易表现，甚至贬低自己；这又会引起内疚的感觉，交易者或许会觉得自己一无是处（取决于自我批评的声音有多么尖锐），甚至会对未来交易感到绝望。悲伤的常见模式可能是这样的：亏损导致心情低落→停止交易，封闭自己→自我批评的想法→感觉内疚、羞愧和绝望。情商高的交易者要做的，不是一而再再而三地依照这些无益的模式行事，而是在浮现强烈情绪的时候，知道自己的心理和行为模式通常是怎样发展变化的。明白了这一点之后，交易者就可以采取更有益的行动。

现在，请花一些时间，回顾你在练习2.1中填写的例子（"觉察恐惧和其他强烈情绪"），选择你体验到的一种强烈情绪模式，界定你自己在这种情绪下的心理和行为模式。做一下接下来的练习2.2，提升你应对强烈情绪的情商，更好地应对强烈情绪的浮现及其对行动的影响。

这听起来可能自相矛盾，也跟你以为的背道而驰，但其实，要管理好自己，并不是要去控制情绪，而是要对感觉（包括强烈情绪）抱着开放的态度。当然，自我管理涉及在略微焦虑的状态下，能够运用技巧让自己平静下来，发挥应对能力（我们在后面的章节中会详细探讨），保持安定。此外，自我管理还涉及调动积极的感觉来激发自己的积极性，或者为了日后获得更大的收获，能够延迟立即得到满足的冲动。

练习2.2　提升情商：我产生强烈情绪的模式

触发情绪的事件或情境	引起和放大强烈情绪的冲动想法	我的感觉	我采取的行动	结果和后果

　　这些都是技巧能力，是可以学习掌握的。然而，想要长时间消除或控制情绪，却是难度极大，甚至是不可能的任务。大多数人都想要消除或控制强烈情绪，但基本上都会适得其反。当一个人想要消除不适感，讽刺的是，反而会与这些感觉纠缠不清。这时，交易者的注意力会离开市场，几乎完全集中在自己的内在状态，与不想要的情绪抗争。想想看，当你的注意力都集中在内在状态，又怎么可能管理好一单交易呢？这不是交易者情商高的回应方式。情商的关键在于在产生情绪的时候，一个人是怎样有效回应的。事实上，这本书很大篇幅谈的就是这一点。

■ 厘清恐惧

　　现在，我们一起来学习怎样提高情商。由于恐惧是给我们的交易造成困难的最常见情绪，我们会把讨论的焦点放在恐惧上，但你可以针对影响到你交易的其他感觉，做类似的厘清分析。我们想要发展第一项关于情商的心理技巧，在产生恐惧时能够及时加以识别。为此，我们需要厘清恐惧。

当你产生恐惧或其他强烈情绪，你会怎么样？请停下来，想一下这个问题，弄清楚我们面对的究竟是什么。如果我们可以厘清恐惧的信号和症状，不仅可以更加了解我们要应对的是什么，还可以更好地及早识别恐惧。在恐惧才开始浮现时，我们有更大的机会可以采取建设性的行动；反之，如果我们已经被恐惧劫持，就更难以采取积极行动。所以，请先停下来一会儿，思考一下你在交易中产生的恐惧，厘清之后，再继续往下读。确切来说，你会有怎样的体验？

对大多数人来说，恐惧和其他强烈情绪会引起我们整体的反应。所谓整体，是指这些情绪会影响到我们的心智、情绪感受、身体感受或生理状态。如果我们对恐惧的这些特征浑然不觉，就容易被恐惧淹没，不知所措。交易者必须对恐惧的迹象和信号保持警惕，以便在开始陷入恐惧状态之际，及早发现。恐惧和其他棘手情绪都是交易者可能需要经常面对的，要学会应对这些情绪，首先是要觉察到这些情绪的早期迹象和症状。

对许多交易者来说，要发现自己陷入了焦虑、压力和恐惧，最明显的线索可能是身体感受。由于所有情绪都存在强烈的身心连接，我们的情绪感受也会引起身体反应。当我们感觉到焦虑或恐惧，可能会心跳如擂，呼吸加速，肌肉绷紧。哈佛大学教授兼精神病医生约翰·瑞迪（John Ratey）把杏仁核称为大脑的"紧急按钮"，一旦我们感觉到威胁，杏仁核就会自动引发其他脑区和身体其他部位的连锁反应，让我们处于警觉状态。我们感知到威胁时，会产生恐惧，引发"战斗或逃跑反应"（FFR）。这是自古以来，人类和其他物种在进化过程中形成的，用于应对威胁的本能反应。我们的祖先在森林里行走时，眼角瞥见一抹橙色，心里就会立即警铃大作，知道附近有捕食者，自动引发应对威胁的内部反应。几千年来，这种简捷的生存反应一直伴随着我们，烙入了我们的DNA。

如今，在现代社会，周围不会随时有老虎出没，但我们的生物特征还是大致保持不变。我们在感知到威胁时，还是会自动引发神经传递素、荷尔蒙和蛋白质的连串反应，自动引发部分脑区和身体的模式化反应。

引发类似反应的不仅有对威胁的恐惧，还有其他强烈情绪，包括：生气、悲伤，甚至是对持仓浮盈丰厚的狂喜，都可能引起应激反应。我见过许多交易者在持仓有丰厚浮盈时，来回踱步，咬着指甲，即使账面获利丰厚，还是感到焦虑和担忧，翻来覆去地问自己："我应该现在平仓，还是持有到收市呢？"此外，威胁未必是来源于外部。即使是回忆或想到某个应激事件，例如想起过往交易亏损，也可能引起战斗或逃跑反应。这是所有人都会遇到的一大困难。据我们所知，在所有动物之中，只有人类在面对不是真实的威胁时，也会产生应激反应。即使威胁是过去发生或纯属想象，也会令我们陷入战斗或逃跑反应之中。

产生战斗或逃跑反应时，每个人的反应都略有不同，但威廉帕特森大学教授、研究压力和焦虑的专家理查德·布隆娜（Richard Blonna）解释道，应激反应被触发时，大脑和身体的某些行动是每个人共通的，是我们的基因编码所决定的。战斗或逃跑反应会让我们感到不适，但也会让我们自动进入应对危险的最佳状态。身体肌肉绷紧，可以让较强壮的大肌群做好准备，应对威胁。血液从外围部位（例如手臂和双手）抽走，可能会让我们产生麻痹或刺痛的身体感受，但这是为了为大肌群提供肝糖，准备采取爆发性的行动，或者在被咬或割伤后减少失血。我们呼吸加速、加重，是为了为血流充氧，为肌肉和脑部提供额外的氧气和营养，以便做出快速和持续的反应，不过粗重的呼吸可能会让我们感到有点头昏脑涨。皮肤毛孔张大，便于汗水排出体外，让我们的皮肤变得更加滑溜，更容易挣脱。我们的消化系统暂停运作。进食已经不是优先事项，与生存相比，退居二位，精力投入到其他用途。因此，我们可能会感觉有点恶心，胃部翻腾，由于流涎暂停，我们可能会感到口干舌燥。我们坐在电脑屏幕前，会明显感到不适,往往会产生采取行动的强烈冲动。这就是战斗或逃跑反应。

在心理上,我们的注意力变得狭窄。所有注意力都集中在我们感知的威胁上。对恐惧对象的无数想法划过心头,想要不再去想恐惧的对象,但根本做不到。当我们深陷于战斗或逃跑反应,我们无法去想别的。这时,DNA让我们进入生存模式。DNA不想让我们去想别的。我们无法制订详细计划,无法比较其他选择。在交易中,这意味着我们常常无法评估市场,评估潜在方案。这些在正常情况下重要的执行脑功能需要时间和精力。在生存模式下,这些类型的审慎行动统统暂停。血液从主导决策的大脑区域,分流到情绪中心,因为情绪反应可能在电光火石之间产生,我们需要飞快地采取行动。因此,在战斗或逃跑反应被触发时,我们难以清晰思考。我们失去了大局观。一旦进入这种反应模式,交易者就无法做出其他选择和采取其他行动。

这一切都是在瞬间发生的。想想看,这其实是很惊人、很巧妙的现象。这是我们进化的基因遗传在发挥作用。即使是今天,这种反应也可能救我们一命。如果我们走在城市里的街上,踏出人行道,突然间,眼角瞥见有公车飞速驶来,战斗或逃跑反应可以让我们几乎自动做出反应,跳回安全的地方。然而,脑部并不能清楚区分出车祸的威胁和没那么严重的其他威胁,例如交易亏损。由于无数不那么重要的应激源都可以触发战斗或逃跑反应,神经科学家认为,我们的生物学构造与在现代文明中面对的威胁差距扩大。现代生活持续加速发展;相比之下,我们的生物学进化宛如冰川运动,基因演变需要数千年的时间。这种差距在交易中会有所放大。

我们都摆脱不了自己的基因遗传。交易者爱把情绪当成罪魁祸首,但实际上,几乎每位交易者都会感觉到的不适,在很大程度上是由我们的生物学构造引起的。正因如此,就连经验丰富的交易者也会在交易中感到不适。当我们感知到威胁,或者应激源增加,脑部会在电光火石之间自动做出反应。无论我们面对的是一只老虎，还是潜在的交易亏损，都无关紧要，脑部和身体都会产生类似的反应。脑部会自动调动身体，应对危险。

在应激反应之下，除了其他神经化学物质、蛋白质和荷尔蒙之外，肾上腺还会自动分泌皮质醇（一种强大的荷尔蒙）。在压力下，脑部和肌肉都亟须葡萄糖（人体的基本能量来源）。皮质醇分泌能快速释放葡萄糖，向脑部和大肌群供应。此外，哈佛大学脑部专家约翰·瑞迪表示，皮质醇也会触发海马体（这个脑区在巩固长时记忆中起着至关重要的作用），开始记录这一事件，让我们日后可以避免重蹈覆辙。我们每次遇到类似的应激情境，例如交易亏损，脑部就会记录这一事件。每次记录都巩固了我们对这一威胁的记忆，进一步加快了未来在应激反应之下，大脑发出信号的速度。换言之，海马体每记录一次应激事件，都会令脑区之间的连接变得更强，更容易触发，更快速地掌控我们的心智和身体。交易者之所以在积累多年交易经验之后，还会产生恐惧反应，这就是一个重要原因。脑部建造了一条快速沟通的超级高速公路，难以拆解。此外，皮质醇大量分泌会促使我们的脑部忽略现有记忆，只关注威胁。正因如此，我们在承受压力时，很容易就会忘记自己的交易计划。在应激反应下，皮质醇拦截了这些记忆！所以，回忆和学习变成一件困难的事。我们的神经元对回应损失的威胁已经驾轻就熟，每次出现潜在危险，脑部和身体都会自动回应。

我们之所以说，努力压制恐惧的感觉和想法，是徒劳无功的，这就是一大原因。我们没有办法直接控制杏仁核、肾上腺和海马体，更不要说神经化学物质和荷尔蒙（例如皮质醇）！虽然在我们的文化中，许多人相信应该努力直接控制恐惧和其他强烈情绪，但其实这并不是正确的做法。这是交易心理学的一大迷思。我们在下一章会详细讨论这一点，包括你自己努力控制情绪的经历，以及这种做法成效如何。在这里，我们只会简单看一下我们产生恐惧背后的原理，厘清恐惧，明白想要消除恐惧到底有多么困难。因此，请务必记下你在产生恐惧这种强烈情绪时，随之而来有哪些症状。你的身体有何感受？你心里产生了哪些想法（心智告诉你的话）？情绪方面，你感觉如何？请记住，我们并不是要改变这些症状，只是要弄清楚。就此而言，你需要分清楚哪个症状会最先发生。你是最先注意到自己肌肉绷紧，还是心里浮现了某些想法，然后触发了其他症状？你要画一幅"地图"，描绘出自己的情绪是怎样出现的。一幅清晰的地图可以帮助你更好地了解和驾驭前行的方向。觉察和注意到恐惧浮现的早期信号，也能帮助你趁恐惧还没转化为情绪劫持，及早运用后面章节介绍的应对策略，发挥最大成效。

第 3 章

控制和消除情绪的挣扎

交易者感觉到不想要的强烈情绪，例如恐惧和焦虑，很自然的一个反应就是想要控制这些情绪。由于强烈情绪会对交易造成干扰，交易者会想方设法地消除这些情绪。这似乎是一个合理的做法——每个人都是这样做的。但这就是问题所在。经验丰富的交易者知道，做别人都在做的事并非明智之举，一味从众跟风是无法鹤立鸡群的。如果交易者一味采取跟别人相同的行动，就难以取得交易盈利和成功，尤其是在受到情绪困扰的时候。我们前面已经看到，我们没有什么办法控制杏仁核的反应，当战斗或逃跑反应被触发时，由恐惧和其他强烈情绪引发的内在心理生理事件是不受我们控制的。除了这一公认的交易原则和我们的生物学构造之外，还有可靠的心理学理由证明，如果我们积极努力地控制强烈情绪，只会适得其反。我们在后文会讨论到，为什么这基本上总是徒劳无功的。在这里，我们先来看一下交易者通常是怎样努力应对交易相关情绪。下面是大多数其他交易者加以依赖的应对策略，你可以看一下自己是否也有同样或类似的行为。跟前文讲过的一样，要处理与心理学相关的任何方面，厘清情况都是重要的第一步，我们现在就是要先厘清情况，审视一下交易者通常是怎样应对棘手情绪的。

交易者会通过许多方式应对强烈情绪。由于人们对交易的这个话题知之甚少，能试的方法都试过了。虽然交易者试过的应对方法有许多，但我们可以总结为三大类：努力改进交易的技术面，寻求避免亏损，以及竭力实施心理控制。我们接下来会逐一讨论。

■ 改进交易的技术面

努力提升在技术交易中的知识、技巧和能力，当然不是什么坏事。持续改进技术面是很有好处的，在第11章中，我们会详细介绍一个系统性流程，帮助你发展技术交易技巧。所谓技术面，是指提升解读价格柱状图和成交量的知识、技巧和能力；加强对技术指标的理解和运用，例如移动平均线、随机指标、MACD指标（指数平滑异同移动平均线）等；以及了解市场结构、跨市场关系、内部市场指标和其他技术因素，以便更好地预估你所交易市场的下一步走向。加强对市场技术面的了解，可以对交易者的表现产生积极影响，有助于交易者更好地解读市场，进行交易。

然而，如果交易者是为了应对情绪而努力改进技术面，这就很可能会遇到麻烦。面对不确定的情况，我们的第一反应通常是寻找更多、更好的信息，因而产生焦虑。这看似合理的做法：获得有关市场下一步走向的更多数据，不就能更清晰地评估市场未来走势吗？既然掌握一些信息是有用的，那么想必是多多益善。于是，在设想市场下一步走向之后，交易者会寻找额外信息，来支持自己的假设，加强对建仓的信心。或许这难以察觉，但事实上，交易者寻找更多信息的目的是为自己的感觉服务。这不是为了确定交易条件成立与否，而是为了缓解不适的情绪。两者之间有十分重要的区别。我们一起来看一下雅克的例子：

> 雅克的账户资金大幅回撤，于是，他找到一套更好的技术指标来做交易。但这也不管用，于是，他换了一个市场，想着："炒股比商品市场交易更加容易。"但这也不管用，于是，他专注于制定一套交易系统。每次亏损，他都会重新优化这套系统。他以为自己在"微调指标"，但实际上，他是在努力调整自己的情绪。

获得更多和看似更好的信息，并不能解决情绪问题。在这个讨论中，我假设你的进场模式有可靠的技术胜算（edge）。例如，假设你的进场模式胜率是60%，整体盈利期望值方面，盈利交易的盈利大于亏损交易的亏损，那么你的进场模式就拥有技术胜算[1]。获取额外信息来应对情绪，其实并没有影响到这一技术胜算。进场模式的胜算在于其统计表现，而跟你的感觉毫无关系。改变指标或者增加信息只会让你感觉更好，并不会改进进场模式的结果。许多受强烈情绪所困的交易者都混淆了这个问题。表面上，这看似合理的做法：如果技术面可以改善，交易结果就会更好，焦虑情绪也就得以消除。但我们厘清这个问题后就会发现，如果进场模式本身是有效的，那么改变或增加信息的作用，经常只是控制交易者的内在状态。遗憾的是，交易者实际上会陷入与情绪之间的徒劳挣扎。但由于专注于技术面，他们甚至没有意识到这一点！更重要的是，他们并没有处理强烈情绪引起的困难。所有努力都是白费的。

---

[1] 交易胜算和期望值是两个重要概念，在这里只是略一带过。如需了解这些话题的更多详情，请参阅两个有用的资料来源：科里·罗森布鲁姆在《完全交易指南》一书中，提供了对胜算和期望值非常有用的讨论。此外，范·撒普（Van Tharp）在《通向财务自由之路》（*Trade Your Way to Financial Freedom*）一书中，讨论了期望值和R乘数（风险倍量）。

爱德华·拉索和保罗·休梅克在《制胜决策力》（*Winning Decisions*）一书中，探讨了一项未经发表的研究，研究发现，在决策过程中加入更多信息，未必是好事。在这项未经发表的研究中，研究人员保罗·斯洛维克（Paul Slovic）和伯纳德·科里根（Bernard Corrigan）招募了一些经验丰富的赛马评磅员①，请他们预测多场比赛的胜者，但有一个前提条件：他们在做出投注决策之前，能够获得的信息是有限的。研究包括四场比赛。在第一场比赛中，赛马评磅员只能获得马匹表现图表上的5条信息。赛马评磅员可以任意选择自己想知道的信息，但只能选择5条，就要做出投注决策。在第二场比赛中，赛马评磅员可以获得的信息翻倍，还是可以从过往表现图表上任意选择自己想知道的信息，但只能选择10条。在第三场比赛中，赛马评磅员可以获得的信息再翻倍，变成20条。在第四场也是最后一场比赛中，赛马评磅员可以任意选择自己认为有用的40条信息。

研究人员的目标是想了解在获得更多信息之后，预测能力是否会提升。答案是不会的。在这项研究中，这些彩池投注者只能获得5条信息后的预测准确率，跟获得40条信息并没有什么差别。在这四场比赛中，下一场能够获得的信息都比上一场翻倍，可是准确率是持平的。获得更多信息并未令预测结果变得更加准确。斯洛维克和科里根也测量了赛马评磅员对自己预测的信心。结果显示，随着可获得信息增加，评磅员的信心稳步增长。可获得信息越多，他们对自己预测正确的信心就越足。改变的是他们的感觉，而不是实际表现。

交易者由此可以得到重要启示。如果进场模式本身已经令人满意，加入额外信息并不会对交易结果造成任何影响，却会影响到我们对这单交易的感觉，可能让我们充满自信。或许这看似有好处，但实际上只是一种盲目、空洞的自信，因为加入额外信息并不会提升准确率。更糟糕的是，我们可能会因为有许多信

---

① 赛马评磅员的工作是评定马匹的竞赛能力，以评分来调教马匹的负磅以及出赛时可能面对的对手，以求同场的竞赛马匹可以有比较均等的胜出机会。——译者注

息指向某个预测方向，而感到信心高涨，仓位过大。在这里，我们也是错误地拿技术面信息来调节自己的感觉，在此情况下，提升我们的自信心。在此过程中，我们可能会变得过于大胆，不是按照进场模式的客观概率行事，而是凭着对这单交易产生的感觉行事。

加入额外信息来做出交易决策，很容易就会让交易者犯下确认偏误。我们在第1章讨论过，人们一旦做出了一项假设，就会倾向于寻找印证这项假设的信息，而不是寻找相反的数据，推翻自己的假设。我们自然会倾向于寻找并过分重视符合和支持自己观点的数据，犯下确认偏误。读者最好重温第1章的相关部分，了解犯下这一认知偏差的后果，以及纠正这一偏差的有用步骤。

信息的另一面在于其复杂性。通常来说，交易中最可行的方法似乎是没有那么复杂的方法。制定包含大量数据和多个指标组合的系统来相互印证，可能会造成"分析瘫痪"。这样的系统经常会发出相互矛盾的信号，有些指标建议买入，有些指标建议卖出，还有些指标没发出信号。外汇交易者詹姆斯解释道："我以为多加入几个指标可以让图表变得更加清晰，但现在却觉得市场上升和下跌都有可能，比起以前，更加不知如何是好了！"跟詹姆斯一样，交易者若是采用过于复杂的交易系统，可能会陷入瘫痪，无法建仓，由于许多指标发出相互矛盾的信号，错过了一单又一单本来可以获利甚丰的交易，这时，交易者就会开始怀疑（也很可能会推翻）交易系统。交易者辛苦投入了许多个小时的研究，煞费苦心地打造出一个复杂的交易系统，本意是想要充满信心地交易，但结果却适得其反，只是制造出诸多疑虑和不信任。

我们谈到的现象，在许多方面都是在寻找交易"圣杯"。改进技术面，加入大量信息，设计复杂的交易系统，这些都是寻找交易"圣杯"的行为。事实上，交易"圣杯"是不存在的。驱使我们这样去做的是我们的内在状态。交易本来就充满了风险和不确定性，我们苦苦寻求的不过是缓解自己不安的感觉。在胜算没有增加的情况下，信心高涨只会让我们误入歧途，造成财务损失，自信心受创。最重要的是，交易者必须接受这样一个事实：我们在进行交易操作时，能掌握的数据是不完整、不确定的，每一单交易都有明确的亏损概率。这意味着我们必须学会抱着开放的态度面对不确定性和风险引起的感觉，接纳这些感觉的存在。与这些想法和感觉抗争是没有用的，就像跟我们的影子打架一样，无论反复对抗多少次，都是徒然。我们永远也打不赢这场架！市场交易的根本性质在于风险和不确定性。这些想法和感觉正是反映了交易的性质，如果我们与之较劲，不仅违背了交易的性质本身，还误把注意力转到其他地方，忽视了交易流程和交易任务。我们必须学会接纳与亏损相关的想法和感觉，而不是努力消除这些想法和感觉。否则，成功是不可企及的。在全书中，我们会探讨这些重要的心理学原则。

■ 避免亏损：损失厌恶的多种体现

交易者试图应对恐惧的另一个方法，是努力控制和减少亏损。这看似合理的做法。谁不想最大限度地减少亏损？当然，只要有一点脑子的人都想要减少亏损。可是，交易者为了减少亏损而采取行动的方式，正是问题所在。跟上文提到的情况一样，看似合理的做法却成为制造问题的根源。当交易者想要规避亏损，他们的行为变得过于僵化，为了规避亏损而采取行动，反而导致盈利减少，错失机会，甚至还会造成更大损失——这恰恰是交易者想要避免的。在你阅读这个章节的时候，请记住，令交易行为出现问题的根源不在于亏损，而在于我们在想到亏损、感到不适时，对此作出的反应，导致我们做出心态不稳的交易行为。

我们在第1章提到了知名研究心理学家丹尼尔·卡尼曼和阿莫斯·特沃斯基，

他们研究并描述了人们对损失的厌恶，研究成果在20世纪70年代发表。自此之后，无数研究都证明了，我们的心理模式确实对损失存在这样的偏差，称为"损失厌恶"。

我们在做出涉及风险的选择时，对损失有强烈的厌恶。科学家相信，我们的脑部很可能天生倾向于规避损失，这是我们进化遗留的痕迹。大自然似乎不希望我们东丢西落，不然就要承受后果。频繁而又经常性地损失东西，违背了物种生存的需要。有谚语道，"一鸟在手胜过双鸟在林"，就是这个道理。数千年来，在人类进化的进程中，先保住现有的东西，再去寻找更多收获，通常比承担失去现有东西的风险去寻找遥不可及或者可能轻易失去的东西，更符合物种生存的需要。因此，当我们蒙受损失，大自然让我们感觉到痛苦，因而竭力避免再出现损失。进化通过我们的基因，让我们变得厌恶损失，而由于承担风险通常涉及损失的可能，所以在出现损失现有东西的威胁时（失去手中的那只鸟），我们会产生避险情绪。我们在第1章中提到了禀赋效应，损失厌恶就是其中一方面。跟基因决定的禀赋效应和战斗或逃跑反应一样，损失厌恶确实为我们的生存提供了一定保障，但也为交易者带来了难以逾越的障碍。

在多项研究中，科学家都发现，在心理上，损失带来的负效应是同样收益带来正效应的2—2.5倍（视研究而定）。这对交易者意味着什么？现在来想一下，一单成功的交易获利2500美元，感觉挺好的。再来想一下，一单失败的交易亏损2500美元——金额跟获利的交易一样。可是损失带来的痛苦感远大于收益带给人的满足感。在心理上，感觉就像亏损了5000美元，甚至更多。正如丹尼尔·卡尼曼所说："失去比得到给人的感受更强烈。"你自己在心里感受和对照一下，就可以看到，基因决定了，我们要做好交易有很大难度。想一下这个问题：在你自己的交易中，哪一项对你更加重要，是亏损还是收益？你印象更深的是哪一项？感觉更强烈的是哪一项？如果你跟大多数交易者一样，你会对亏损的记忆更加深刻，比起盈利，回忆起来会有更强烈的情绪（尤其是重大亏损）。你会记得自己花了更多时间去想、去重温自己蒙受的重大亏损（而不是丰厚获利），现在回想起来，亏损带来的痛苦感远大于收益带来的愉悦感，即使亏损是很久以前的事也不例外。

　　随着亏损金额增加，产生的心理影响也随之增加。多次亏损累积起来，对心理产生的影响，也可能类似于一次重大亏损。如果你回顾自己整个星期或整个月的交易表现，亏损总额相当大，这可能会对你产生心理影响，影响到你下一次交易。一位对冲基金经理负责管理一只小型基金，某个月的净亏损达到8万美元，折合基金总资产约4%。由于蒙受亏损，他情绪上受到重大打击，心理上心力交瘁。虽然亏损是由于一系列交易表现欠佳导致的，但累积的心理影响还是很大。对于他新兴的投资基金来说，他感觉像是损失了基金总资产的很大一部分，因为他在心理上把亏损金额翻了一番。实际亏损的8万美元，在他心里感觉好像是16万美元，甚至更多。幸亏这位基金经理从中汲取了经验教训，更认真地分析自己的行动以及行动背后的原因。明白了这一点以后，他能够打造出更明智的交易和投资流程。但并不是每个人都能做到这一点。

　　在交易中，损失厌恶的另一个体现是寻找高胜率的进场模式。人们在经常正确的时候比较快乐。在交易中，这体现在交易者希望提高盈利次数与亏损次数之比。大多数交易者都希望胜率能达到90%以上。在交易和投资中，这多半是不切实际的。或许你能在极短期的剥头皮交易①中达到较高的胜率，但在大多数交易情况下，65%至70%的胜率已经是很好的了，接近50%至60%的胜率已经超过了常态。一味寻找高胜率的交易信号，可能更多是寻找"圣杯"的渺茫征途，而不是实际研究可靠的进场模式。

_____

① 在120秒内完成开仓与平仓的快速交易。——译者注

　　明智的交易者知道，对某个进场模式来说，期望值比高胜率更加重要。某个交易信号可能只有中等的胜率，可是如果期望值为正，那么，盈利交易的盈利幅度就大于亏损交易的亏损幅度。换言之，某个交易信号或许只有一半时候能够盈利，但盈利交易能带来超额收益，足以弥补多次小额亏损。但在心理上，由于我们天生厌恶损失，要承受多次亏损，等待丰厚盈利，是相当困难的事。还记得吗？我们在心理上会把亏损金额翻倍，而且这些亏损还会累积起来。

　　损失厌恶还会产生反效果。卡尼曼和特沃斯基研究了盈利和亏损，发现我们在持仓有浮盈时，会变得比较保守。由于厌恶损失，我们倾向于保护自己已经拥有的东西。我们不是拿住盈利的持仓，扩大盈利，而是变得保守，快速平仓，落袋为安，即使盈利再小也不介意。因此，过早获利平仓是很常见的行为，几乎每位想要在交易中更上一层楼的交易者，都会遇到这一拦路虎。在持仓有浮盈时，拿住持仓、扩大盈利违背了我们的天性。因此，过早获利平仓是交易者普遍遇到的熟悉问题。

　　矛盾的是，我们对待收益采取保守和防守的态度，而对待亏损却恰恰相反。在持仓有浮亏时，我们更愿意赌一把，做出风险更高的行为（例如改变止损位），以免把浮亏坐实。理智上，我们知道风险是与亏损相关的。心理上，由于厌恶损失，我们愿意承担更大的风险，以求避免损失。因此，"死守亏损头寸"是交易者的常见行为。我们知道不止损并非明智的交易行为，但几乎每位交易者都感同身受。大多数交易者都可以说出无数个死守亏损头寸的例子，他们寄希望于行情回头、解套，结果却罔顾正常止损位和资金管理原则，蒙受了更大的亏损。

　　过早获利平仓和死守亏损头寸在行为金融学中是极为常见的现象，甚至有了自己的说法：处置效应。加州大学伯克利分校哈斯商学院教授特伦斯·奥丁（Terrance Odean）最早提出了这一交易行为的实证证据。他获取和评估了1万个交易账户在1987年至1993年的交易记录，发现了处置效应的强有力证据：投资者经常会卖出盈利股票，而继续持有亏损股票。值得留意的是，每逢年底，这一数据就会出现例外。12月份，投资者更有可能抛售亏损股票，以达到减税目的。但在所有其他期间，他们都倾向于继续持有亏损股票。自奥丁最初发表这一研究成果以来，交易者出盈保亏（过早获利平仓、死守亏损头寸）的行为规律已有大量文献论述。

芬兰阿尔托大学金融学教授马尔库·考斯蒂亚（Markku Kaustia）评估了这方面的研究，总结出交易者这一稳定行为的常见主题。他发现，交易者和投资者平掉盈利头寸的可能性比平掉亏损头寸的可能性高大约50%。此外，所有类型的投资者都会出现处置效应：个人、政府、非营利机构、企业，甚至是金融机构，无一例外。我们或许会以为金融机构较少过早获利平仓和死守亏损头寸，毕竟他们是专业资金管理公司，知识和技能比其他人更强，但其实不然。这种心理对所有交易者的影响基本上是一样的，只是在亏损较大的情况下（亏损超过30%），金融机构比其他投资者稍微更加愿意止损。

除了机构之外，考斯蒂亚教授还回顾了有关个人交易者的文献。从对大量个人期货交易者的研究当中，可以看到处置效应行为的强有力证据。日内交易者容易受到上午时段交易表现的影响，而加大下午时段承担的风险。如果上午时段的表现逊于预期或者蒙受亏损，交易者倾向于在下午时段承担更大风险。此外，相较持有盈利头寸进入下午时段的交易者，持有亏损头寸进入下午时段的交易者持仓时间更长。与处置效应相符的是，交易者会更快平掉盈利头寸，而迟迟不愿平掉亏损头寸。

研究者在多种不同文化中都研究了处置效应，发现虽然文化不同，但处置效应都是一样的。无论是在美国、中国台湾、斯堪的纳维亚、韩国还是中国大陆，无论身处何地或怎样的社会和文化传统，交易者都更愿意平掉盈利头寸，而持有亏损头寸。

但对交易者来说，好消息是，考斯蒂亚教授发现，经验更丰富的个人交易者受处置效应影响的倾向会有所降低。学会持有盈利头寸、及早止损或许困难，但并非不可能的任务，随着交易经验的积累，会有所改善。

值得留意的是，在损失厌恶研究中，当研究人员叫受试者"站在交易者的角度思考问题"，他们对损失的厌恶会有所下降，情绪反应也没有那么强烈（按生理指标测量）。站在不同的角度思考问题，可能有助于调节我们对潜在亏损正常的（情绪和生理）反应。加州理工学院研究人员彼得·索科尔-赫斯纳（Peter Sokol-Hessner）及其同事刻意鼓励受试者拓宽思维角度。在做出可能造成亏损的决策时，研究人员特意叫受试者"视之为许多次资金决策之中的一次，多次决策的加总才构成一个'投资组合'"，鼓励他们根据所有交易的加总来衡量自己的表现。这是职业交易者标志性的思维方式。在研究中，普通人也能够采取这种态度，从而在做出的选择以及对实际亏损和收益的唤醒反应中，大幅降低损失厌恶程度。加总所有交易来衡量自己的表现，这样的思维角度可以让他们变得更加客观，降低一单交易产生的心理影响，减少持有亏损头寸、过早获利平仓的倾向。这样的思维角度相当于说，任何交易都同时存在盈利和亏损的概率，只有进行大量交易，其胜算才得以展现。每单交易并不是单独存在的，多次决策的结果组成了投资组合，能产生的盈利水平与胜算相符。

许多有志于交易的新手之所以失败，许多经验丰富的交易者之所以未能让交易水平更上一层楼，最大原因之一，就在于一味关注一单交易，而不是拓宽思维角度，不愿意接受任何一单交易都可能失败和亏损的事实。你可以评估一下自己过早获利平仓、死守亏损头寸的倾向。评估亏损交易是直截了当的。如果你改变止损位、不挂出止损单，或者放任亏损超过合理的资金管理参数，那么你就知道自己的行为是在死守亏损头寸。

一个有用的做法是，留意一下你的心智针对亏损头寸，对你说了哪些话。

它是不是在说，你可不能蒙受亏损？是不是在告诉你，给你的头寸"一点额外的空间"，以免止损位被扫，亏损出场，而是等到下一次反弹再平仓？正如交易中遇到的大多数心理问题一样，我们采取的行动并不符合交易的最佳利益，而是为了平息自己的不适感。

过早获利平仓也是同样的道理。你的心智是不是在告诉你，赚一点点总比赚不到强？是不是在催促你，即使是蝇头小利也要落袋为安，若是继续持有，可能以亏损收场？同样，这样的交易行动是基于心理考虑，而不符合交易的最佳利益。如果你发现自己若能持有盈利头寸更久一点，本来可以获利更多，而你急于平仓的原因在于持仓让心理不适，你就知道自己是产生了损失厌恶，很可能陷入了处置效应。

■ 心理控制

交易者试过多种不同的办法，以求控制强烈情绪和想法。他们觉得，不想要的想法和情绪及其相关的不适感对自己的交易表现产生了负面影响。因此，许多交易者非常努力地控制自己的想法和感觉，以为要把交易水平提升到理想境界，唯一的途径是抑制这些想法和感觉。这里所谓的控制，是指采取步骤消除、压制、抑制、逃避或摆脱不想要的想法和情绪。值得留意的是，交易者经常会为自己订立类似这样的规矩："首先，我必须学会摆脱恐惧（或者不想要的想法或其他强烈情绪）。学会了以后，我就能够取得良好的交易表现。"我们接下来会谈到，这是彻头彻尾的误解。

哈佛大学心理学教授、心理控制研究人员丹尼尔·韦格纳（Daniel Wegner）在近30年来，研究了控制和压制想法这个概念。他的研究显示，当人们试图在心理上控制想法，可能产生各种不想要的后果。当人们努力不去想某个想法（例如,"我不想再亏损了"),反而会产生相反的强烈倾向,这个想法或类似的想法更容易在心里浮现。在充满压力的交易中,交易者若是试图控制自己的心理状态,更是如此。

虽然在管理交易时,想要压制"我不能再亏损了"这个想法,似乎是理性的行动,但实际上,只会适得其反。韦格纳称之为"心理控制的逆效应",因为后果和意愿是截然相反的。当我们努力压制一个不想要的想法,不但不能从意识中消除这个想法,反而会让这个想法重新进入我们的意识。这些不请自来、不想要的想法甚至会变得具有侵入性。一方面,我们想要有意识地积极排除某个情绪化的想法;但另一方面,在我们的意识觉察之外,会同时独立产生心理控制的逆效应,检查自己是否成功控制了这个想法。这样的检查会无意中产生逆效应,反而提醒了我们这个情绪化的想法。换言之,当我们试图压制某个不想要的想法,我们的心智会自动搜索这个不想要的想法,正好提醒了我们这个想要忘记的想法!抑制的行为引发了搜索和检查,令我们的心智对想要压制的想法更加敏感。因此,我们越是积极努力地消除不想要的想法和不适的感觉,这种想法和感觉就越是强烈。

心理学家凯利·威尔逊(Kelly Wilson)设计了一个简单的实验,很能说明问题,你现在可以做一下这个实验,看压制想法的做法是否行得通。我会叫你不要去想某个东西。我告诉你是什么东西之后,你唯一的任务是不去想这个东西,不要让自己的心智去想,哪怕一秒钟也不要去想,甚至不要让这个东西进入你的意识。好了,准备好了吧?不要去想……香浓温暖的巧克力蛋糕。你知道巧克力蛋糕的口感是多么浓郁芬芳。如果你跟我一样,你特别喜欢巧克力糖霜……香甜柔滑。但不要去想!你回想起母亲的厨房,甚至现在还可以闻到她的蛋糕刚从烤炉里端出来,扑鼻而来的香气,但也不要去想!记住你的任务:压制住不去想温暖美味的巧克力蛋糕!

大多数人做这个实验时，都会会心微笑。他们马上明白了实验想要证明的问题。要控制我们的想法，是非常困难的一件事，尤其是涉及巧克力蛋糕！然而，有的人会坚持说自己没去想巧克力蛋糕。这种时候总能勾起我的兴趣，因为这正好进一步证明了韦格纳提出的心理控制的逆效应原则。

我问他们是怎样做到不去想巧克力蛋糕的，他们通常会说，这很简单，只要想点别的就可以了。例如，一位交易者表示，他想着"冰雪覆盖的欧洲阿尔卑斯山"。他在采取替代策略，这是一个聪明的策略。但我接着问道，他是怎样知道想着冰雪覆盖的阿尔卑斯山，就没有去想巧克力蛋糕，他回答道："哎，我想着山脉，所以……""所以什么？""啊！我想着冰雪覆盖的阿尔卑斯山，所以就没有去想巧克力蛋糕。"这就是了，这就是心理控制的逆效应：我们在检查自己有没有压制住不去想巧克力蛋糕！

这就涉及一个重要的心理学论点。史蒂文·海斯（Steven Hayes）是一位出色的心理学家，我们在后面的章节会更多地提到他，据他表示，心智做的是加法，而不是减法。我们无法完全从心智中消除某样东西。无论是想法、感觉、意象还是记忆，一旦进入了你的心智，就不会离开。我们无法真正摆脱它。正因如此，蒂姆·布尔坎发现，即使积累了20多年的交易经验，成功的交易者在交易中仍会感到不适。交易失败和重大亏损的记忆会大大减退，但依然留有模糊的记忆。也正因如此，如果我现在叫你去想冰雪覆盖的阿尔卑斯山，你也会想起_____。[1]

现在，让我们更进一步，一起来看一下史蒂文·海斯运用的例子，去理解为什么当我们在交易中想要压制某个想法，只会让情况变得更加复杂。以下是几个不完整的短语。请阅读每个短语，看你有什么发现：

---

[1] 巧克力蛋糕！你的心智把巧克力蛋糕加到了山上。

别拐弯抹_____

人穷志_____①

别小题大_____

三思而_____

以牙还_____

是骡子是马，拉出来_____

如果你的母语是英文，应该可以轻松填空。②事实上，这个过程多半是自动自发的。你不必费心去想，空白处应该填上的字词就会马上在你脑中浮现。

现在，我们再试一次。这一次，缓慢地阅读这个短语，不要去想空白处应该填上的字词。例如，缓慢地阅读"别拐弯抹"，不要去想"角"。

结果如何？你可以压制住不去想空白处的字词吗？多半不行吧？跟巧克力蛋糕的例子一样，让我们的心智不去想某样东西是很难的，尤其是如果这样东西是我们耳熟能详的，我们很容易就会想到。

现在，让我们把这个道理应用到交易上。现在，我们不是要为某个熟悉的成语/谚语填空，我们假设"角"代表了你想要控制的、某个不想要的情绪化想法。或许是你此前蒙受重大亏损的记忆，与亏损相关的焦虑感觉，以及我们可能会蒙受亏损的可怕想法。"别拐弯抹角"是我们很熟悉的说法，同样，害怕交易亏损也是我们熟悉的感觉。想象一下，你正在做一单交易，就像发条一样，"别拐弯抹"被触发了。但你真的不想要"角"。你努力压制它，但做不到。我们越是

---

① 原文例子是"傻瓜口袋漏，有钱_____"，为了达到同一效果，在此做了替换。——译者注

② 这些是美式英语中的常见成语/谚语：别拐弯抹角；人穷志短（原文例子是"傻瓜口袋漏，有钱留不住"，在此做了替换。——译者注）；别小题大做；三思而后行；以牙还牙；是骡子是马，拉出来遛遛。

努力赶走"角","角"就变得越强烈。你越是努力赶走不想要的想法和亏损的不适感，这种想法和感觉就越强烈。

现在，你是否开始体会到，如果你企图对不想要的想法和感觉施加心理控制，其实只会适得其反？控制想法和情绪是一个迷思。这不仅对我们的交易没有好处，还会让我们深陷于毫无建设性的模式，采取不奏效的行动，从而损害我们的交易表现。在上述例子中，当你在做一单交易，"角"（不想要的想法和感觉）浮现了，你很有可能采取的行动就是平仓。当我们产生焦虑和恐惧等强烈感觉，我们倾向于逃避这些感觉。这当然对不想要的想法和情绪起到了作用，几乎马上消除了这些想法和情绪。但我们会因此过早平仓。由于我们挣扎着想从心智中赶走"角"，这种挣扎只会加剧不想要的想法和感觉，我们唯一的选择就是平仓。这是战斗或逃跑反应的另一种表现，是损失厌恶和处置效应背后的常见心理。只要你继续误以为我们必须在心理上控制不想要的想法和情绪，就会继续与之抗争，企图完成不可能的任务，你的交易表现无疑会因而受损。

此外，值得留意的是，产生强烈情绪和不想要的想法并不是软弱的表现。一位与强烈情绪抗争的交易者表示，他努力想要"变得坚强，排除所有情绪，就像克林特·伊斯特伍德（Clint Eastwood）[1]一样"。他想象克林特·伊斯特伍德在英雄片中扮演的角色会采取怎样的行动和产生怎样的感觉，如果自己的行动和感觉与之不一样，他就说："我觉得自己太软弱了，肯定有些什么毛病。"

但其实不然。我研究心理学逾19年了，从来没有见过一个可以长时间持续控制自己想法和感觉的人。这是不可能的任务。我从未见过伊斯特伍德先生，也爱看他的电影，但我敢打赌，就连警探哈里（Dirty Harry）也会产生不想要的想法和强烈情绪！

---

①《警探哈里》的主演。——译者注

或许你还记得，一架商务客机（全美航空1549号班机）曾经由纽约市拉瓜迪亚机场起飞，撞上一群加拿大黑雁，在哈德逊河河面进行迫降的故事？这件事上了国际新闻。在这次惊人的迫降事件后不久，被奉为英雄的切斯利·萨伦伯格（Chesley Sullenberger）机长在美国哥伦比亚广播公司（CBS）热播电视节目《60分钟时事杂志》（60 Minutes）中，接受了凯蒂·库瑞克（Katie Couric）的采访，讲述了自己的体验："那是我所体验过的最令我感到不适的一段时间，心窝直往下坠。我马上知道，情况非常糟糕。"在采访中，凯蒂·库瑞克询问萨伦伯格机长，他当时心里在想什么。她问道："你当时有想到乘客吗？"她还问，当时他有没有祈祷。她问得很好，因为这些都是我们在面对重大危机时自然而然会产生的想法。但萨伦伯格机长表示，他没有特意去想乘客，因为机组人员在照顾他们，他假设乘客自己当时有祈祷。他明白凯蒂·库瑞克真正问的是什么，于是进一步解释道："我产生了强烈的生理反应，必须强迫自己运用受训所学，强迫自己平静地应对情况。"他在生理上感觉到肌肉绷紧、胃部不适，还有恐惧的其他症状（见第2章），可是他并没有与这些感觉抗争，并没有努力去控制或消除这些感觉。他没有努力去避免想起或压制"角"。他是拯救了155名乘客和机组人员性命的大英雄，但就连他也会感觉到恐惧。这也是可以理解的。就算是英雄，也自然而然地会产生强烈的感觉。

我们从萨伦伯格机长和1549号班机的故事中，还可以得到更多启示，总结起来是这样的：他产生了强烈的感觉，假如他当时与这些感觉抗争，努力消除这些感觉，就会因而分心，无法专注于手头的任务（降落飞机）。他没有与"角"抗争，而是与这些强烈的生理反应共存，把注意力集中到安全降落飞机所需要做的事上。他解释道："飞机降落的那一刻，我必须让机翼与河面完全水平，必须让机头轻微向上，必须让下降速率可以让机上人员生存，必须让飞行速度略高于下限，但不能低于下限。我必须让这一切同时发生。"萨伦伯格机长的注意力集中在让飞机安全降落的高价值行动，而不是自己对令人恐惧的情况的情绪反应上。正是这一点，让他在飞机不幸发生事故当天，救了机上155人的性命。这也是交易者需要做到的：与情绪反应共存，专注于手头交易任务的高价值行动；而不是努力压制、抑制或控制情绪反应。学会做到这点，正是本书的一个主要宗旨。

然而，要做到这点，需要克服很大的障碍。我们打心里不相信自己无法摆脱焦虑、恐惧、生气等强烈情绪以及与之相关的不想要的想法。我们还是以为自己必须摆脱这些情绪和想法，才能做好交易。就算读完这本书，你可能还是这样觉得。

史蒂文·海斯是一位出色的心理学家，曾经经历不可控制的恐慌发作，他不仅提出了一种全新的心理训练和心理治疗方法，还提出了这种方法背后的基本科学原理，称之为"控制议程"。所谓控制议程，是指交易者存在某种内在状态时，想要摆脱、压制和控制这种内在状态的愿望和目标，因而感到挫败，并相信除非这种状态得到控制，否则自己无法做好交易。

要让自己不想要摆脱不适的想法和感觉，是非常困难的一件事。这是我们在文化中耳濡目染的结果。直到不久以前，就连心理学界也相信这是适当的做法。从小，我们就从社会接收到强烈的信息：我们应该控制自己不愉快的想法，控制痛苦和恐惧的感觉。在成长的过程中，我们学会相信负面的想法和情绪是危险的、有害的，需要加以解决或消除。我们相信，要在交易中（和生活中想要的其他方面）保持有益的心理健康状态，就必须消除令人苦恼的想法和情绪。这种看法有两方面的暗指：首先，这样不愉快的想法和感觉都是真实存在的问题（肯定是真的，不然我们怎么会在内在和文化层面产生如此强烈的反应呢？）；其次，我们必须加以应对，通常是抱着解决问题的态度加以应对。我们已经看到，如果抱着解决问题的态度，努力控制我们的想法，只会适得其反，通常会恰恰造成我们想要避免的后果。至于想法和感觉是否属实，只要想一下，你有多少次深信行情接下来会朝着某个方向运行，结果却恰恰相反，就知道答案了。

身为独立交易者，你需要自行判断：当你努力控制强烈情绪和不想要的想法，对你来说是行之有效，还是徒劳无功，实际上只会损害你的交易表现呢？要得出自己的结论，你必须回顾自己的体验，包括详尽盘点你之前试过、想要控制感觉和想法的策略，以及这些策略是否管用。请填写练习3.1的表格，做这项至关重要的练习。

练习3.1旨在帮助你厘清在努力控制情绪（例如恐惧、贪婪、生气和其他强烈情绪）以及随之而来的想法和身体感受时，你自己的个人体验。请抽出一些时间，认真思考一下表格上的问题，尽量填好，举出的例子越多越好。不过，单凭记忆，你很可能无法详尽填写。因此，请把这张表格放在交易台上顺手的位置，花一个星期或更多的时间填写。每当出现了某个情境，你产生了强烈情绪，请在表格上记录下来。这样做的目的是帮助你厘清和理解自己用了哪些策略，去努力控制不想要的内在状态，最重要的是，这些策略是否管用。

第一行举出了一个例子，供你在填写这份表格时做参考。在第一栏，请简单描述触发强烈感觉和想法的情境。在这个例子中，交易者持仓略有浮盈。在"想法、情绪和身体感受"一栏，请填写不愉快或不想要的想法、情绪和身体感受。在这个例子中，交易者注意到自己变得焦虑和害怕（情绪），心智在告诉自己："这单交易可能会由盈转亏。我应该平仓。"（想法）此外，交易者还注意到自己肌肉绷紧，手掌冒汗（身体感受）。在下一栏"采用的控制策略/我做了什么"，请记下你用过哪些策略去努力控制不想要的想法和感觉，采取了哪些行动。在这个例子中，交易者努力赶走自己的想法和感觉，但失败了。接着，他平仓了。在"对我的影响"一栏，请记下你采取了行动之后，有什么感觉。在这里，请注意你的内在状态发生的变化。你的情绪发生了什么变化，有什么新想法浮现了吗？在这个例子中，交易者注意到自己平仓后如释重负，也小有获利。没过多久，他看到行情朝着有利于持仓的方向进一步运行，他感到灰心丧气，心里的声音告诉他，他"永远也做不好交易"。这一点记录在"我付出的代价"一栏中，这一栏记录的是交易者采用的策略造成的代价。代价应该包括错失利润、错失交易机会，以及由于控制策略而直接造成的心理代价。在这个例子中，交易者注意到自己错失了利润，心情变得低落，自尊心受创。

练习3.1　我为了想要控制想法和感觉而付出的代价

触发情境	想法、情绪和身体感受	采用的控制策略/我做了什么	对我的影响	我付出的代价
例子：我的持仓有浮盈	"这单交易可能会由盈转亏。我应该平仓。"焦虑和恐惧，肌肉绷紧，手掌冒汗	"起初，我努力赶走焦虑的感觉，然后，我平仓了。"	我小有获利，但主要是由于不再紧张而如释重负	由于市场反弹，我感到灰心丧气。我错失了利润，心想："我永远也做不好交易。"

请列出尽可能多的例子，10个不错，更多就更好。请记住，回答无所谓对错。最重要的、你也需要厘清的，是你自己的体验，只有你自己的体验能真正告诉你，你究竟能否成功控制想法和感觉。这是你自己对控制不愉快想法和情绪究竟是

否有效的研究。正如我们研究一个潜在的进场模式，看它过往表现如何，以此预估在未来的交易情境中，这个进场模式会有怎样的表现，我们这里做的也是同一件事情，只是研究的是我们能否控制情绪。你要做的，是看一下这些策略过去是否有效，以此了解如果你日后运用这些策略来控制自己的想法和感觉，又会不会有效。由于一直以来，我们都以为必须控制自己的想法和情绪，这种看法已经根深蒂固，你必须详尽填写自己为了抑制、消除或逃避自己的想法和情绪，采用过的所有策略。请多花一些时间，尽量详尽地填好这个表格。

交易者会千方百计地企图管理不想要的强烈情绪，例如恐惧、焦虑、过度兴奋（贪婪）、生气，等等。表3.1列出了一些交易者所说的，自己在努力控制与交易相关的不适想法、情绪和相关身体感受时，采用过的一些方法、手段和策略。或许你也试过类似的策略？

表3.1 其他一些交易者是怎样努力控制不想要的想法和感觉的

努力压制想法和感觉	生气时，拉扯手腕上的橡皮筋	不设止损位	喝酒和滥用药物	学习关于恐惧和贪婪的知识
阅读励志自助类书籍	服药	努力调动自己的意志力和纪律性	上愤怒管理课程	即兴交易/过度交易
多次过早获利平仓	难过时分心	做放松和冥想练习	使用脑波同步治疗仪；全息/潜意识讯息CD	死守亏损头寸
劝导自己抛开焦虑和恐惧	为了保持平静，加入聊天室	饮用草本保健品和茶	使用积极肯定方法，改变自己的思维方式	不建仓
为了弥补之前的亏损，过度交易	离开交易台，努力平静下来	亏损后补仓，指望摊平解套	学习技术分析相关的所有知识	努力强迫自己变得心硬如铁

现在，你已经盘点了自己努力对想法和情绪施加心理控制的方式，接下来，我们要看一下这些努力可以带来什么裨益，以及需要为此付出什么代价。如果

你觉得自己努力控制不想要的想法和感觉，可以获得很大裨益，那很好！你可以继续这样做。但如果你和其他所有人一样，就多半会发现自己为这些行动付出了十分高昂的代价。即使能获得一点裨益，多半也是稍纵即逝，或者没有实际意义的。

练习3.2可以帮助你评估自己采用的心理控制策略有什么好处和坏处。在"控制策略"一栏，请列出你在练习3.1中"采用的控制策略/我做了什么"一栏填入的每项策略。接下来，请洞悉采用这项策略的坏处和付出的代价，包括短期的和长期的，接着请列出好处和裨益。填写各栏时，可参考表中两个例子。

练习3.2　我的控制策略的短期和长期代价和裨益

控制策略	坏处和代价		好处和裨益	
	短期	长期	短期	长期
例子1： 不敢进场	错失良好的利润；感觉难受	错失了许多良好的交易机会；无法进步；觉得自己太失败了	焦虑感有所减轻	没找到什么好处
例子2： 害怕行情会反转，对我不利，着急平仓	本来可以赚到5点以上，但现在只赚到0.75点；感觉非常沮丧	错失大量利润；怀疑自己能否成为成功的交易者	不再恐惧	想不出什么好处

如果你和做这个练习的其他交易者一样，你多半会觉得自己用于控制不愉快想法和感觉的策略，在短期内确实有一点好处。这些策略通常可以快速舒缓强烈情绪。例如，交易者在害怕亏损时，只要一平仓，亏损的威胁就会立即解除，恐惧也会随之消失。交易者在止损位被扫、感到气急败坏时，只要马上杀回市场，即兴交易，就可以直接满足自己报复的欲望。但这些短期好处并没有实际意义，因为我们满足的只是自己的情绪，别无其他。交易者在做这个练习时会发现，自己采用的控制策略是在为自己的情绪服务，而不是为自己的交易服务。再看一下策略的坏处和交易者付出的代价，与长期好处相比较，这一点就很明显了。对于大多数交易者来说，坏处包括错失交易机会，放弃利润，以及由于未能妥善执行交易、坚持交易计划，而觉得自己很失败。大多数人都发现，企图控制不想要的想法和情绪，长期来说没有一点好处。表3.2总结了一些交易者在做练习3.2时回答的坏处和好处。

表3.2　其他交易者认为心理控制有什么好处和坏处

	坏处	好处
错失大量利润	总是过早获利平仓	暂时舒缓压力
错过精选进场模式	不信任我的交易系统；对自己失去信心	不必面对自己的恐惧
取消指令，错失良好的交易机会	自我形象糟糕 觉得自己很失败 失去自尊心	压力暂时消失——可是到下一次交易又卷土重来
错失了数千美元的利润	未能提升自己的交易水平	除了不必应对自己的贪婪之外，毫无好处
损失收入	抑郁	找不到长期好处
在坚持自己的交易规则上再次受挫	缺乏生活平衡	短期内感觉好了点，但长期来说没有达到自己想要的目标

只要我们认真审视对不想要的想法和情绪施加心理控制的结果，就会开始意识到，这实际上是不利于我们的交易的。杰米是一位总是过早获利平仓的交易者，她在做完上述练习之后，是这样说的：

　　我从来没有意识到，自己一直在搬起石头砸自己的脚。说白了，谁想蒙受亏损呀？当然谁都不想。但我每次建仓，脑中就只有这个想法。我真的不能亏损。我觉得亏损太糟糕了。于是，我失去了专注力，顾不上解读市场或管理持仓。我身体绷紧，好像被虎钳夹紧了。我每次建仓，都感到不知所措，所有注意力都集中在避免亏损上。每次平仓后，我都如释重负，放松下来，觉得自己好像从压力锅里逃了出来。但接下来，我又会觉得难过。我没有交易，没有进步，没有赚钱。我觉得自己永远也做不好交易。

　　杰米的描述说明了，企图通过实施心理控制来解决交易问题，是一把"双刃剑"。她害怕亏损，并且陷入了与这一忧虑抗争的心理挣扎，由此引起了种种不适、紧张和痛苦。但问题还不仅限于此。她还感觉到在纠缠于情绪控制的挣扎中，赚钱的大好良机一次又一次从指缝溜走，给她带来心理痛苦。她发现自己没能提升交易技巧，没能改进交易表现，为此感到痛苦，也不知如何是好。她感觉到陷入困境的痛苦。而企图压制和控制不想要的想法和感觉，只会让你和你的交易陷入困境。

TRADE
RADE
MINDFULY

第 4 章

情绪在交易中的必要性

我们从第3章看到，我们无法真正控制或消除自己的情绪，你从第3章的练习中多半也亲身体会到了这一点。在交易中，我们也不应该努力消除或压制自己的情绪。交易心理学的一大迷思在于，交易者往往以为在交易中应该排除所有情绪。在本章中，我们会打破这个迷思，说明情绪在交易中的必要性。首先，我们一起来看一下1848年美国新英格兰北部铁路建筑工地上发生的一件事，以及随后的故事。

■ 费尼斯·盖吉的奇特案例

论及情绪的必要性，要从费尼斯·盖吉的奇特案例讲起。从这个故事中可以看到，如果我们失去了情绪处理能力，也就是从决策中消除了情绪，会产生怎样的后果。据约翰·哈罗医生（John Harlow，MD）描述，费尼斯·盖吉25岁，身体健康强壮。他是一位铁路工头，1848年在佛蒙特州铺设铁轨，负责将新铁路上碍事的岩石炸平。他做这份工作已经驾轻就熟，但在1848年9月13日下午，他犯下了一个危险的错误。在爆破程序中，应该先在岩石上打钻孔，随后将火药和导火索填进孔中，往孔中填入沙子，再用铁棍夯实沙子。每个人都与岩石拉开安全距离之后，再点燃导火索。但这一天，费尼斯·盖吉似乎分心了。他如常将火药和导火索填进孔中，接着却夯实火药。他忘记将沙子注入这个孔了，沙子是火药和铁棍之间的缓冲物。在他夯实的过程中，铁棍与岩石摩擦出了火花，发生了爆炸。由于爆炸提前发生，铁棍飞出了爆破孔，从他左下边脸颊向上直插入脑部，射穿头盖骨飞了出去，落在25英尺开外的地上。但盖吉奇迹般地生还了。哈罗医生为他做了救治，大约3个月后，他的身体基本康复了。由于他的案例非常奇特，外科医生和哈佛大学医学生对他做了详细的研究。后来，盖吉成名了，到纽约的巴纳姆美国博物馆工作，拿着他那铁棍吸引人流，讲述自己怪诞的经历。

费尼斯·盖吉的身体康复了，但心理状态却是另一回事。他本是一个有能力、有效率的工头，但这次事故以后，铁路公司发现他跟以前相比判若两人。哈罗医生表示，盖吉的心智发生了极大的变化，这位原本"最高效、最能干的工头"，已经不能正常工作，回不到原来的公司。据哈罗医生描述，在事故发生后，盖吉"性情多变、粗俗无礼……对待同事毫无尊重可言，对待与自己意愿不合的限制或建议缺乏耐心……有时候顽固任性，却又反复无常、优柔寡断……"。据哈罗医生记录，他仿佛换了个人，认识他的人都说，"他不再是盖吉了"。

奇异的是，他的智力完全没有受到影响。事故发生前后，他都是一样聪明。他对熟悉的人、地点和过往事件的记忆也都正常。他能够学习新事物。他的动作、步态或语言能力并未受损。脑部受伤并未令他丧失这些重要能力，但他的行为却发生了彻头彻尾的改变。事故发生后，他失去了自制力，终其一生也没有恢复。据哈罗医生表示，盖吉变得冲动、不耐烦、反复无常、不稳定、顽固。他的行为更像坏脾气的小孩，而不是聪明、能干的工头。

事故发生后，由于缺乏自制力，盖吉无法独立生活。若干年后，他去世了。

盖吉死后，哈罗医生请求他的家属捐出他的头骨。哈罗医生明白盖吉案例的重要性。当时，科学家对特定脑区及其功能有一些令人振奋的发现，例如布罗卡氏区主管语言功能。哈罗医生相信，盖吉的案例可以增进这方面的科学认识，只是没想到要等到100多年后。家属答应了哈罗医生这项奇怪的请求，盖吉的头骨和那铁棍一起，保存在哈佛大学的医学博物馆。

100多年后，在20世纪90年代初，艾奥瓦大学医学院神经科学院前院长安东尼奥·达马西奥（Antonio Damasio）和他的妻子汉娜·达马西奥（Hanna Damasio）（也是知名神经科学家）及其同事研究了盖吉的头骨。在计算机评估和神经解剖成像技术的辅助下，达马西奥研究团队测量和分析了盖吉的头骨，发现铁棍损坏了前额叶皮层，这是一个重要的脑区。达马西奥之所以会对盖吉的案例感兴趣，是因为他研究了十几个脑额叶损伤的患者（特别是腹内侧前额叶皮层损伤），无论是受影响的脑区，还是表现出来的行为特征，都与盖吉的案例相吻合。跟费尼斯·盖吉一样，这些患者的普通智力和记忆正常，但失去了自制力和在日常生活中理性决策的能力。这个特殊的群体可以解答逻辑问题、做数学计算、运用知识解决抽象的问题，这些方面都跟脑部完好的人并无二致。盖吉和其他腹内侧前额叶皮层损伤患者做不到的，是遵守、理解正常规范并据此行事。此外，跟其他人不一样，这些患者无法做出符合自身最佳利益的重要个人决策。

研究人员发现，前额叶皮层损伤的患者无法在决策中适当纳入情绪和感觉。由于盖吉和其他受试患者在同一个脑区出现损伤，研究人员得出结论，前额叶皮层的这个部位与一系列执行脑功能相关，包括规划、评估、解决问题和确定行动后果，也处理情绪，我们的感觉状态和情绪在决策中是至关重要的。随后的研究证明，腹内侧前额叶皮层与其他处理情绪的脑区之间存在联系，包括杏仁核、海马体和外周神经系统。前额叶皮层参与多个重要功能。对交易者来说，值得留意的是，这些功能包括处理风险和恐惧，评估情绪反应，以及把情绪纳入我们的整体决策之中（例如，见Hänsel & von Känel, 2008）。

交易者从中可以得到的启发是：情绪在决策（包括交易决策）中起到重要作用。正如脑损伤患者的情况，当一个人无法获得情绪提供的信息，行动就会变得心态不稳，失去理性。如果你不知怎的从交易决策中排除了情绪（我们已经讨论过，这是不可能的，当然，如果你脑部损伤，则另当别论），你就会失去自制力，就像费尼斯·盖吉一样，突发奇想、反复无常，做出冲动的决策。

安东尼奥·达马西奥提出了一项关于情绪和决策的理论，对交易者很有参考价值。这项理论被称为"躯体标记假设"。所谓"躯体"，是指身体。我们经常是通过感受到的身体状态体验到情绪的，这可能是无意识的直觉（例如战斗或逃跑反应、恐惧），也可能是有意识和明确的（例如生气）。无论如何，我们的情绪体验会引起身体反应，而通过注意身体状态，可以帮助我们觉察到情绪状态。想一下，某些情况是不是会引起你身体的本能反应？根据达马西奥的理论，正是你感觉到的情绪，让你在决策中标记某个选项，而非其他选项。情绪会让我们在多个选项中偏向其中一个，为这个选项标记显著的信号，提示我们这是合适的选择。因此，在我们做出决策，有效应对面对的情境的过程中，情绪起着至关重要的作用。日本庆应义塾大学研究人员寺泽悠理（Yuri Terasawa）及其同事最近进行的研究显示，一个人在注意自己的内在状态和升温的情绪时，特定脑区会被激活（腹内侧前额叶皮层，以及岛叶皮层的一部分），由此可见，当你觉察到自己的感觉，就有助于你把身体感受与对当下情境的看法相结合。

值得留意的是，情绪似乎并非储存在脑部的特定记忆，没有那么有形。实际上，前额叶皮层处理和储存事件与这些事件引起的情绪之间的关联，以便在日后出现类似情境时使用。在这个过程中，我们记得自己对特定情境有何感觉。这可以帮助我们快速有效地运用这些感觉，在日后类似的情境下做出决策。因此，当类似的情境出现时，我们会倾向于产生某种感觉和采取某种行动。这些倾向是受到了我们情绪的引导，而不是针对特定情境、计算分析利弊后才形成的。换言之，促使我们形成某种偏好的，是我们的情绪。如果没有情绪，我们就不会有偏好。如果我们不知道自己的偏好，那么在做决策时，又要凭什么来做指引呢？日常生活中的一个例子可以说明这一点：

> 杰里米需要一件新衬衫，于是到百货商场的男装部去买。他浏览着架上无数种风格、面料、款式和颜色的衬衫，目光很快就落在一件衬衫上。他不再找下去了，找到自己的尺寸，就拿去结账，买下了这件衬衫。

在这个小片段中，杰里米偏好某种风格、款式和颜色的衬衫。他没有投入大量时间、大费周折地评估各种风格，考虑应该选择哪种款式，或者哪个颜色跟他现有的衣服最搭配，而只是简单地做出了选择。

如果我们可以追溯杰里米与衬衫有关的过往经历（我知道，听起来有点好笑，但这确实存在），我们会发现，杰里米穿过类似的衬衫，听过别人称赞他的衬衫很好看，他穿着很帅。杰里米通常喜欢穿制作精良的衣服，过去也喜欢穿类似的衬衫。他喜欢这种质地的触感。另外，他女朋友曾经告诉他，这是他穿过的衬衫中，她最喜欢的一件，他听了很高兴。

杰里米的心智未必会意识到这些过往情境。他并不是由于回想起过去受到的赞美而做出决策，也不必计算和研究商场卖的每种衬衫。他只是在脑中储存了涉及类似衬衫的过往情境引起的感觉，据此偏好这类衬衫。引导他做出选择的是他的感觉——而不是理性分析。

当然，引导偏好的可能是正面情绪，也可能是负面情绪。例如，萨莉有一个工作机会，所有条件似乎都很完美。薪水高于平均水平，工作有趣，日后有机会晋升，办公室窗外景色优美。但有什么感觉不对劲，她拒绝了这份工作邀请。或许她自己也没意识到是什么原因，但细问之下发现，原来在新工作中需要密切合作的某位新同事，与曾经对她态度很恶劣的某位旧同事有相似之处。与她过往情境相关的感觉，引导了她现在的选择。

在交易中，我们也会看到类似的情况。如果某个进场模式过去带来了良好的盈利，你日后看到这个进场模式，就会产生正面的感觉。由于与过往类似市况相联系，触发了交易者现在的感觉，引导交易者选择和执行这单交易。就跟杰里米选择衬衫一样，我们的感觉引起了我们对这种交易的偏好。可是，如果你从决策中排除了情绪，你不会知道自己的偏好，也无法做出明智的决策。我们在下文会清晰看到，缺乏情绪参与而做出的决策会导致不良后果。情绪是决策中不可或缺的一部分。

由于坊间存在一大迷思，太多人以为交易者需要在交易中排除情绪，我想帮助读者厘清这个问题。幸好，许多研究人员做了可靠的研究，虽然不是针对交易本身，却是针对与交易十分类似的任务，这些研究清楚证明，情绪可以提高所做决策的质量，倘若缺乏情绪参与，反而会导致决策欠佳，结果混乱。可以从中得出的启示是显而易见的。

为了进一步了解情绪相关的学习，心理学家兼神经科学家埃德蒙·罗尔斯（Edmund Rolls）带领牛津大学研究团队进行了一项研究，招募了20位脑额叶损伤的人士，以及一组脑部完好的人士作为对照组。研究人员要求受试者观察电脑屏幕上的图案，如果在正确图案出现时触碰屏幕，就会获得加分奖励；如果在错误图案出现时触碰屏幕，就会扣分。当受试者在过去10个图案中正确找到9个，奖罚规定就会倒转过来，但不会告诉受试者。倒转后，加分奖励的条件变成要在此前正确的图案出现时不触碰屏幕，而要在此前错误的图案出现时触碰屏幕。不过，研究人员并不会明确告诉受试者规则的改变，只会叫他们继续努力获得加分奖励。接下来，在研究的第二轮测试中，奖励规则又改了。在第二轮测试中，只有受试者不触碰此前出现的图案时，才能加分；如果他们触碰了屏幕，无论是此前正确还是错误的图案，都会扣分，不过，研究人员还是不会告诉他们规则的改变。

在奖罚规则调转之后，脑部受损的受试者会做出错误的反应，继续触碰最初加分的图案，因而屡屡丢分，却继续错误的做法。在第二轮测试中，奖励规则是不触碰屏幕才能加分，但脑部受损的受试者在此前的图案出现时，还是会继续触碰屏幕。脑部完好的对照组在错了几次之后，就可以轻松改变行为。而脑部受损的受试者未能改变自己的行为。

值得留意的是，脑部受损的受试者意识到奖励规则改变了，说出了类似"调转过来了"或者"改了"之类的话。可是，他们还是继续做出错误的回应。后来，实验结束后，受试者可以准确描述测试，说出发生了什么改变，以及自己对改变做出了错误回应，由此可见，他们完全明白这项测试，至少在智力层面是明白的。可是，他们无法解释自己所知和所做之间为何会存在分离。

他们无法调整自己的行为，不知要如何解释为什么自己继续犯错，这都是由于他们失去了处理情绪的能力。在这里，奖励与轻微的惩罚与情绪相关——加分会引起快乐或喜悦之情，而扣分（轻微的惩罚）会引起沮丧，或许还有一点悲伤。但脑部受损的受试者感受不到喜悦，也无所谓悲伤。这就像他们在决策中消除了情绪。因此，他们无法停止之前会带来奖励，但现在会带来惩罚的行为。他们缺乏情绪信息来引导自己的行为。这就像他们反复地触碰热炉，烧伤了也浑然不觉。

据罗尔斯分析，情绪是做决策必不可少的重要元素，尤其是关系到控制和纠正与奖励和惩罚的行为，因为这种决策总是涉及情绪。这种行为对交易者来说至关重要。如果我们真能按照传统交易智慧的教导，真正在交易中消除所有情绪，就无法因应市况的变化做出调整。例如，看涨交易此前在升市中可以获利，但市场由升转跌之后，如果没有情绪，我们就会继续做多。尽管一单接一单的亏损给我们带来了惩罚，但如果我们消除了情绪，就无法调整自己的反应，在跌市期间继续做多。或许知道这是错误的做法，也能说出这是错误的做法，但就是无法改变行为，因为缺少了情绪提供的信息，我们无法改变行为。

研究人员运用"爱荷华博弈任务"这个实验，做了一系列相关研究。在这个实验中，受试者需要做的决策与交易有很多共通之处。神经心理学家安托万·贝沙拉（Antoine Bechara）、汉娜·达马西奥及其同事研究了前额叶皮层损伤患者所做的决策，前额叶皮层损伤会损害他们处理感觉和情绪的能力。受试者跟费尼斯·盖吉和上文所述奖励研究的受试者有类似的损伤和特征，虽然脑部损伤了，但智商和记忆力完好无损。在这一研究中，受试者从四副纸牌（A、B、C和D）中抽牌，每次抽取一张。若是从A、B两副纸牌抽牌，可能会带来丰厚奖励，也可能会带来重大损失。哪一次会出现损失是无法预测的。若是从C、D两副牌抽牌，能够获得的奖励减少，损失也会减少。

测试开始后不久，正常受试者就避免从高奖励/高损失的A、B两副牌抽牌，由于在抽到损失纸牌时，惩罚较重，A、B被视为"不利的两副牌"。在选了少数几张牌之后，正常受试者从不利的两副牌抽牌之前，会开始产生"预期皮肤电导反应"。皮肤电导是一种标准的生理反馈措施，可以通过皮肤电导评估心理唤醒。由于湿润程度不同，皮肤电导也有所不同。从战斗或逃跑反应的例子中可见，在压力和焦虑状态下，身体汗腺自然张开，皮肤变得湿润，便于传输无害的电脉冲，由贴合皮肤的传感器进行测量。

脑部正常的受试者在预期从不利的两副牌抽牌时，会产生皮肤电导反应，显示在预期可能出现重大损失时，处于唤醒或应激状态。前额叶皮层损伤患者不会产生这种反应。事实上，虽然长远而言，低奖励/低损失的两副牌更为有利，但脑部损伤的受试者始终偏好即时奖励高的两副牌。正常受试者偏好从有利的两副牌抽牌；而在从不利的两副牌抽牌时，会产生应激反应。脑部损伤的受试者不会产生这种情绪反应，在决策中并未纳入情绪考量。

研究人员更进一步，对扑克牌做了手脚，改变了几副牌奖励和损失的幅度和频率，令不利的两副牌更为不利，损失幅度和频率都有所加大。然而，脑部损伤的受试者还是会继续从不利的两副牌抽牌。改变损失和奖励并未令脑部损伤的受试者改变对不利的两副牌所做的行为。由于他们的决策过程缺少了情绪，他们无法理解从不利的两副牌抽牌违反了自身利益。他们缺少了情绪反馈带来的洞察力。正常受试者会调整自己的选择，避免从不利的两副牌抽牌，在做出选择之前，情绪令其产生了皮肤电导反应。脑部损伤的受试者不会产生情绪，也就不会产生这样的皮肤电导反应，缺少了做出正确决策所需的感觉。因此，他们缺乏情商。贝沙拉、达马西奥及其同事发现，即使负面后果变得更加严重，缺乏情绪反应的受试者仍然"对未来毫无知觉，主要是受到即时前景的引导"。

从这一研究可以得出的结论，对于交易者来说至关重要：所谓交易者必须在没有情绪的状态下交易，努力从交易决策中消除情绪的影响，这种说法是毫无依据的，也是完全错误的。没有了感觉，我们就无法做出合理的决策。缺少了情绪的引导，做出的行动就像费尼斯·盖吉和其他脑部损伤的患者一样。我们的交易结果会糟透了。

还有研究人员针对交易者，做了一些相关研究。罗闻全（Andrew Lo）和德米特里·列宾（Dmitry Repin）招募了在外汇和利率期货市场的职业交易者，使用生物反馈监测仪，测量他们在交易室做实际交易时的皮肤电导反应、心率、血容量脉冲和其他神经系统指标。同时，罗闻全和列宾还追踪市场价格数据和波动性。他们发现，交易者"在实时处理金融风险时，情绪反应是一项重要因素"。这组交易者既包括经验丰富的交易者，也包括经验中等或者缺乏经验的交易者。通常来说，经验丰富的交易者产生的情绪反应低于经验较浅的交易者，但当市场波幅加大，就连经验丰富的交易者也会产生强烈的情绪反应。我们可以看到，职业交易者并没有消除自己的情绪，在交易中也会产生情绪。与与风险和决策相关的其他研究相符的是，罗闻全和列宾从理论上说明了，虽然在交易中面临价格变动时，经验丰富的交易者情绪反应较少，但即使在快速做出专业交易判断时，还是很可能会运用情绪，只是他们可能难以说清楚情绪对决策产生了什么影响。交易者的感觉是判断中不可或缺的一部分，随着时间的流逝和经验的积累，也成为决策过程中不可或缺的一部分。

马克·芬顿−奥克里维及其研究团队研究了充当自营交易者和做市商的伦敦交易者，研究发现，经验丰富的交易者在交易中也会产生情绪，包括负面情绪。研究人员发现，那些经验更丰富、更高超的交易者，更愿意接受自己产生了负面情绪的事实，不会由于产生了情绪而分心，而是专注于努力实现长期目标。有些交易者把自己的情绪当作信息来源，以此推断其他市场参与者产生的情绪，据此做出更明智的交易决策。经验较浅、较稚嫩的交易者会努力避免和消除自己的情绪，包括在心理上努力控制情绪，或者为了避免情绪而做出行为反应（例如亏损后减小头寸，或者在产生强烈情绪后离开交易台、离场躲避）。优秀的交易者有高情商，会运用情绪提供的信息，做出更好的决策。较稚嫩、经验较浅的交易者缺乏情商，会努力避免、赶走和消除自己的情绪。

■ 情绪在交易决策中的作用

德国吕讷堡大学商业心理学教授汉斯·普菲斯特（Hans Pfister）和挪威卑尔根大学吉塞拉·伯姆（Gisela Böhm）进一步研究了情绪和感觉在决策中的作用。研究显示，情绪并非不理性的迹象，而是理性决策中不可或缺的一部分。他们还强调，情绪不能全部归入一个单一类别，因此，我们也不应该一视同仁。此外，若是在单一维度上给情绪分类，例如正面/负面，或者有益/有害，并不是什么有用的做法。例如，酗酒或许会带来愉悦的感觉，但同时也是有害的。拿住盈利头寸或许并不愉快，但可能是有益的。普菲斯特和伯姆指出，实证研究并不支持在单一维度上给情绪做二分法的分类，这也不是什么务实有用的做法。例如，如果我们在持有盈利头寸时，只把情绪反应看作是不愉快的，那么我们就很可能过早平仓。更准确地看待，情绪有多方面的含义和内涵，例如，我们或许会由于持仓可能获利而感到兴奋，但这种感觉同时也提醒我们，持仓也有亏损的风险，我们有可能会蒙受损失。产生了不愉快的感觉之后，我们可以视之为一个信号，认真观察市场，留意行情反转的信号，这样对于持仓的交易者来说，是更准确也更有建设性的，而不是只把不愉快看作不适感，必须逃避。

普菲斯特和伯姆指出，无论在什么情况下做出决策，情绪都起到不可或缺的作用。由于情绪是多纬度的，这些研究人员制定了一个模型，以说明情绪在我们决策过程中起到了什么作用。他们发现，情绪主要有四大作用：

1. 信息——情绪提供有用的信息，帮助我们了解和评估其他选择和选项。例如，交易者发现精选进场模式的条件成立时，情绪会提供信息。交易者会产生更浓厚的兴趣，更加兴奋，帮助我们做出交易选择和交易决策。

2. 速度——情绪可以帮助我们加快处理信息的速度，在需要当机立断之际，让交易者能够快速做出决策。例如，交易者在开空仓之后，发现跌势在支撑位上出现停滞。她产生忧虑的感觉，担心市场不再下跌，这种感觉可以帮助她趁价格还没来得及反弹、对持仓不利，就快速做出决策。速度也可能产生相反的效果。当交易者只掌握了很少的信息去作为交易的依据，但知道这是交易良机，必须快速行动，这时，由日积月累的经验磨炼出来的感觉可以引导他采取建仓的行动。这样一来，情绪也在交易决策中起到动机作用。

3. 集中注意力——情绪可以帮助我们把注意力转向与决策最相关的数据，评估面对的情况。例如，一位经验丰富的交易者在图表上看到貌似绝佳的交易机会。虽然看似理想，但他隐约感到不安，于是在建仓之前，查看一下较长时间周期的图表。情绪引导这位高明的交易者在建仓之前，把注意力转向高度相关的市场背景状况。

4. 承诺——情绪帮助我们对决策做出承诺，并在做出决策后贯彻始终。在这里，当交易者对决策怀有信心，想要做出对交易者而言最重要的行动，相关感觉可以帮助交易者采取行动，贯彻执行决策。例如，一位交易者在持有盈利头寸时，产生焦虑，这种不愉快的感觉令她产生过早获利平仓的冲动。可是，她也怀有自信的感觉，也很想成为胜任的交易者，拿住盈利头寸，这些感觉帮助她坚定承诺，与其他不愉快的焦虑感共存，按计划执行交易。

情绪在决策中有四大作用，无论在什么环境下，都会有一个或多个作用占主导地位，究竟是哪一个，要视决策相关情况而定，但情绪没有任何一项作用会单独运作。例如，当行情突然向上启动，交易者可能会感觉到不适感带来的压力，害怕错失交易机会，想要即兴交易；与此同时，他也会产生其他重要感觉，促使他不要贸然建仓，而是坚持自己的交易计划。

所以，并不是情绪本身为交易者带来了麻烦，成功的交易者也不是找到了魔法钥匙，可以关掉自己的情绪。明智、成功的交易者接受这样一个事实：情绪在交易中是必然存在的，也是决策的内在辅助。敏锐的交易者会看到，借助普菲斯特和伯姆的情绪模型，他们可以更加熟悉自己的感觉状态，认识到情绪不是单一维度的，而是多方面的，对我们的决策和交易行动有直接影响。普菲斯特和伯姆列出了情绪在决策中的四大作用，可以帮助交易者识别自己的情绪是如何运作的，以及对决策产生什么影响。这个模型可以帮助交易者提升交易中的情商水平。

■ 觉察自己的情绪，对情绪持开放态度

交易者应该觉察到自己的情绪，以及情绪会对交易决策产生的各种影响。练习4.1就是为此而设计，里面包含两个例子，指导你使用这份表格。我们接下来会详细介绍。

练习4.1　我的情绪是如何在交易中发挥作用的

情境	信息	速度	注意力	承诺
例子1： 价格开始大幅上涨。我应该即兴交易吗？	为可能快速获利而感到兴奋。	市场在上涨，我需要快速做出决策。然而，我没有足够的信心去建仓。	审慎的感觉占据上风。我知道自己没看到所有数据。这就是我缺乏信心的原因。我查看自己的其他指标。	感到自豪。过去，我会即兴交易，但这次，我注意到自己所有感觉，并未即兴交易。
例子2： 为明天的交易制订计划。确定交易位置。	今天市场显然有卖盘涌现，对此感到十分好奇。纳闷这意味着什么？	感觉平静。不用着急。	继续对卖盘的涌现极感兴趣。查看较长时间周期的图表，兴奋地发现重要阻力位！	感到自信，深信明天交易条件成熟，可以把握良机。

在练习4.1的第一栏，简单记录你需要做交易决策的情境。在例子1中，交易者看到行情突然启动，需要决定是否建仓。交易者在"信息"一栏写道，他感觉到设想快速获利的兴奋心情。在"速度"一栏中，他表示自己需要快速行动，但没有信心快速决策。审慎的感觉持续，指引他的注意力转向他的指标；他留意到自己没有进场所需的充分数据。于是，他没有贸然建仓，而是做了对他的交易和他作为交易者而言最重要的事情（也就是避免即兴交易），这给了他一种满足感和自豪感，他知道自己的行为符合交易的最佳利益。这帮助他不仅承诺日后也要避免即兴交易，而且承诺继续觉察到自己的情绪，继续促进自己作为交易者的自我发展。交易者通过加强对情绪的觉察，以及有效运用情绪，以便更好地进行交易，并继续秉持对自我发展这个重要过程的承诺。

例子2并非即时的交易决策，而是为下一个交易日确定交易位置的决策。交易者注意到今天市场有卖盘涌现，觉察到自己对卖盘感到十分好奇。她留意到自己比平时更加好奇，纳闷这意味着什么。她在练习表的"信息"一栏记录下来。她也感觉平静，不急于快速做决策。这一点在"速度"一栏记录下来。她继续满怀兴趣地查看市场，注意力转到较长时间周期的图表，发现阻力位，突然兴奋起来，明白了今天市场有卖盘涌现的原因。这种兴奋的感觉确认了她的分析，帮助她做出决策。她所有情绪都指向对第二天交易的高度承诺。由于她有效运用情绪，她找到一个精选交易机会。由于她产生了强烈的感觉（交易条件成熟，可以把握良机），她的承诺水平很高，可以在进场条件成立时，充满信心地执行和管理交易。

这种看待情绪的方式与传统智慧截然不同。情绪不是要避开、管理、逃避或消除的东西。当然，情绪可能不愉快、不舒服，但提供了有关市场和你的交易的很多信息，却没有受到传统交易智慧的认可。交易者需要提升自己的情商水平。你首先要做的，就是觉察到自己的情绪，认识到情绪是多方面的，可以为你的决策带来增值；而不是把情绪当成单一维度的，纯粹负面的，应该加以控制、消除或压制的。情绪不是我们的敌人。当你更多地觉察到自己的感觉，无论浮现了怎样的感觉，你都应该抱有开放的态度。

对待自己的所有感觉和想法，我们都应该抱有开放的态度，而不是与之对抗。我们知道，与自己的感觉和想法对抗，只会让情况变本加厉。我们可能会"为焦虑而焦虑"，提高唤醒水平。若是与情绪对抗，也会让我们分心，无暇顾及交易中的重要事务。若是努力摆脱或降低情绪，会让我们的注意力离开交易，而转到内在状态，无暇顾及市场和我们进行的交易。这就是情绪所谓不理性的真正根源。并不是情绪本身令我们做出不理性决策，而是努力控制情绪的做法令我们做出心态不稳的交易。如果一个人总是忙于与自己的情绪对抗，又怎么可能做好交易呢？我们从亲身经历可以体会到，努力控制自己的感觉是十分费力的。由于注意力是有限的，我们不能把注意力同时放在两项艰巨的任务上——控制感觉和管理交易。当我们专注于自己的感觉，就无暇关注我们的交易。正因如此，我们需要学会对感觉抱有开放的态度，即使是不愉快的感觉，我们也要允许和接纳感觉的存在。

■ 浅谈强烈情绪

可以确定的是，情绪在交易决策中可以发挥积极作用，可是，交易者也可能由于难以承受突然涌现的强烈情绪，而不知所措。强烈情绪也可能对交易表现产生负面影响，所有交易者都有过这样的经历。罗闻全、列宾和交易心理学家布瑞特·史丁巴格（Brett Steenbarger）对80位网上交易者进行了问卷调查研究，交易者记录了自己的日内交易结果，并评估了自己的感觉。研究发现，在实时交易中，强烈情绪反应显然是无益的。研究发现，论及交易表现，那些对盈利和亏损情绪反应较大的交易者，远远比不上那些全天交易情绪平稳的交易者。作者注意到，我们习惯性的情绪反应可能"过于原始"，不利于高效交易。我们需要采取不同的方式，来处理对强烈情绪的正常反应。

首先，我们需要抱着更加开放的态度接纳我们的情绪（感受到的身体状态和感觉，或者达马西奥所描述的"躯体标记"），连同我们的想法和认知，这些方面引导我们作出决策和随之采取行动。当我们不愿意接触自己的情绪，就会倾向于与情绪对抗。这是我们"原始"而又习惯性的反应，给我们不愉快的情绪更多力量，从而令我们快速陷入难以承受的过度唤醒状态。当情绪令我们陷入难以承受的唤醒状态，我们就难以留意到自己的躯体标记、合乎逻辑的想法以及对市场的理性认知，而是被情绪劫持。这就像某个声音在大嚷大叫，令我们听不见，甚至不知道人群里还有其他重要的声音。罗闻全、列宾和史丁巴格在对日内交易者的研究中发现，高唤醒状态会凌驾于理性思考的正常能力之上，令我们无法认真审慎地对市场做出回应，导致交易选择欠佳，交易行动拙劣。大多数交易者大概都有过这样的经历。

在接下来几章中，我们会深入讨论正念和认知解离——这是两项强而有力的心理技术，可以帮助我们对想法和感觉产生全新的理解。通过这些方法，我们可以与想法和感觉拉开距离，更加接纳想法和感觉的存在，并开始真正体会到，我们不必以单一方式回应内在状态，陷入死结，而是可以学会灵活处理情绪，即使是强烈情绪。在后面的章节中，我们还会讨论高价值交易行动，这些行动可以帮助我们更加灵活地进行交易，取得更稳定的交易表现。

在本书的第二部分和第三部分，我们会介绍许多实用和可靠的技术和方法，交易者学会以后，可以更好地应对恐惧和其他困难的情绪。这些强大的技术和方法是由心理学家提出的，我特意为交易者做了改编。我向交易者传授过这些技术和方法，他们能够有效运用。这些技术和方法既实用又简单。但先不要操之过急，我们还需要先厘清更多问题，再去介绍技术。但暂时来说，我想先讨论一下应对恐惧、焦虑和压力的最佳方法之一：经常运动锻炼。

你可能会觉得奇怪，在一本讲交易心理学的书中，怎么会谈到经常运动锻炼，但我不是开玩笑，经常运动锻炼是应对强烈感觉的一剂非常强而有力的解药。卡伦·韦尔（Karen Weir）最近在美国心理学会会刊《心理学进展监测》（Monitor on Psychology）上发表了封面故事，强调有可靠的研究结果证明，运动锻炼会带来心理裨益。这篇文章的宗旨是鼓励心理学家在治疗方案中加入运动锻炼。想一下你自己运动锻炼的体验。如果你白天工作充满了压力，下班后去跑步或者做其他剧烈运动，运动完之后，感觉是不是好多了？运动锻炼与我们的心态之间存在强烈的联系，效果是立竿见影的。想要调节心情，这是简单而又非常有效的方法。

整体而言，经常运动锻炼的人比起不经常运动锻炼的人，心情不太容易出现问题。这是公认的，但研究还更深一层。医学心理学家詹姆斯·布卢门撒尔（James Blumenthal）及其同事做了一系列临床试验，结果发人深省，证明了运动锻炼的力量。布卢门撒尔比较了经常运动锻炼和抗抑郁药在治疗重度抑郁症患者方面的效果。布卢门撒尔及其研究团队发现，经常有氧运动在治疗这种心理重症方面，效果跟药物一样好。此外，当患者养成了经常运动锻炼的习惯，一年后，抑郁症并没有复发。这一点是非常重要的，因为重度抑郁症患者治疗后容易复发。运动锻炼不仅跟药物一样能够有效缓解症状，而且可以提供更长久的保护，这是任何药物都做不到的。

运动锻炼也能有效减轻压力和焦虑，或许在应对上文提到的战斗或逃跑反应时特别有用。心理学家雅柏·史米（Jasper Smits）和迈克尔·奥托（Michael Otto）研究发现，经常有氧运动可以降低一个人对恐惧和焦虑引起的许多生理症状的敏感程度，例如肌肉绷紧、心跳加速、气喘吁吁等。当一个人通过运动锻炼习惯了这些身体症状，就不会那么敏感，可以泰然处之。换言之，由于一个人接纳了在运动锻炼中,经常会出现不适的身体感受,他们在心理上更容易接受这些身体感受。之前被视为不愉快的状态,人们在经过运动锻炼之后,会视之为无害。

运动锻炼本身就是一种压力,需要付出努力和适应,让你的身体变得更加健康,能够更好地应对其他压力,例如交易带来的压力。研究证明,对于参与运动锻炼计划的人来说,在面对压力时,生理唤醒和常见应激标记(例如血压升高、心跳加速)没有那么强烈,心情的心理标记和焦虑症状也较为轻微。运动锻炼可以帮助人们适应压力。坚持经常运动锻炼的人学会的心理技巧,也有助于他们拿住头寸、避免过早平仓,或者延迟即时满足,避免屈从于即兴交易的冲动。整体而言,在交易环境中,每天都会产生压力,运动锻炼显然可以帮助你缓冲压力对心理、身体和交易表现产生的负面影响。

跟这些发现同样有趣的是,在运动锻炼的过程中,脑部发生了什么,若能明白这一点,对于受困于恐惧和压力带来的不适感的交易者而言会有很大帮助。哈佛医学院教授约翰·瑞迪把这个过程和运动锻炼产生的其他有益过程称为脑部的"奇迹肥"(Miracle Grow)。他表示,有氧运动锻炼会对身体和脑部产生多种积极影响。其中很重要的一点是,运动锻炼可以提升和平衡神经化学物质。记得吗?当我们承受压力,杏仁核会向脑部和身体分泌化学物质,让身体准备好逃跑或战斗。运动锻炼有助于恢复平衡,自然地提高血清素的水平。血清素是一种神经化学物质,能够让我们的心情平静下来,增强我们的安全感。

经常运动锻炼也可以增加GABA(γ-氨基丁酸)和ATP(三磷酸腺苷)。GABA是脑部一种主要的抑制性递质,在调节整个神经系统的兴奋性和唤醒水平方面起到重要作用。GABA和ATP都可以直接抑制神经系统的战斗或逃跑反应/应激反应。运动锻炼可以自然缓解我们对压力的正常反应。

生理方面,运动锻炼可以减轻整体肌肉绷紧,改善心血管系统,降低血压,降低大肌肉群在应激情境下自动激活的静止张力。运动锻炼有助于重新设定压力门槛。

通过运动锻炼，我们可以帮助身体和脑部更积极地应对压力。运动锻炼也会产生积极的心理效应，让我们总体感觉更好。心理上，我们会主动应对压力。我们采取行动，从而感觉到可以控制我们能够施加影响的方面。运动锻炼可以增加脑中令人平静和改善心情的神经化学物质，提升身体和心理的抗压能力，打破肌肉绷紧与恐惧之间的反馈环，增强自我效能[①]，所有这些因素结合起来，有助于我们在正常情况下会引起压力或恐惧的交易情境中采取建设性行动，而不是采取一贯的僵化、不灵活行动。这可以为受困于恐惧和焦虑的交易者带来有力帮助。

如果你每次建仓或加仓，都受到焦虑困扰，要成为胜任的交易者是非常困难的。你可能会紧张得无法控制自己的焦虑和交易。你的交易世界和交易操作方式变得狭小。你可能会一而再再而三地重复同样的僵化模式，无法摆脱。你可能开始怀疑自己作为交易者的能力，甚至怀疑自己做人太过失败。羞愧、悲伤，甚至绝望的感觉令焦虑变本加厉。养成定期运动锻炼的习惯，加上本书建议的其他方法，可以帮助你控制自己可以影响的方面，开始对交易采取主动（而非被动）的态度。情况并没有那么绝望。你可以开始降低对焦虑的敏感度，增加令人平静的神经化学物质和荷尔蒙，增强自己的抗压能力，从而可以运用后文很快就会介绍的其他技术和方法。你在交易中运用这些技术和方法的同时，持续的运动锻炼可以提供脑部需要的生长和其他因子，以增强交易行动的新通路，为过去引起压力的情境设立新的灵活模式。听起来不错吧？我们还需要多下功夫。

---

① 自我效能（self-efficacy）是指个体对自己的行为能力及行为能否产生预期结果所抱的信念。——译者注

第二部分
运用尖端心理学

T RADE
MINDFULY

第 5 章

交易者的心理优势
在于不同的思维模式

要进行高效交易，交易者需要面对重大心理挑战。面对和克服这些挑战殊非易事。困难之处在于，我们的心智、人体生物学功能乃至基因天生都不适合满足交易的心理要求。事实上，正如我们在前几章所讲，我们的心智、人体生物学功能和基因都不利于交易。我们也看到，许多交易者为了应对这些挑战而提出的解决方案（尤其是企图消除情绪），经常让自己陷入更大的困境。我们无法随心所欲地消除自己的情绪或想法，即使短时间能够做到，也是无法持续的。我们的心智较为复杂，若是采用过分简单化而又天真的手段处理，不仅徒劳无功，而且适得其反。我们需要对交易心理学有全新的理解。

▪ 心智、基因、情绪和人体生物学功能

我们面临的一个心理挑战，在于心智会自由运用心理捷径，在做出交易决策时，形成认知偏差。代价高昂的失误并非来自有意识、故意采取的行动，也未必是情绪作梗。许多代价高昂的失误都是来源于当时我们的心智觉得好像正

确的行动，但事后审慎思考，才知道是存在缺陷和错误的。当我们运用心理捷径，就忽略了基础概率，只考虑更明显和最近出现的信息，倾向于简单回答不充分的问题。若是运用心理捷径做出复杂的交易决策，会导致我们对市场的评估不足，交易构建欠佳。

在第1章，我们讨论了直觉思维和审慎思维的区别，并谈到我们在做出交易决策时，需要调动的是审慎思维。与直觉思维相反，审慎思维可以评估概率，考虑迥然不同的信息，合成数据，权衡选项，推翻我们对偏差的倾向。审慎思维虽然更适合市场交易，但通常愿意接受直觉思维给出的答案，无论这些答案有多大的缺陷。要调动审慎思维并与之保持联系，有一定的难度，需要付出努力和劝诱，才能调动审慎思维进行交易所需的评估演算。但交易者必须统率审慎思维参与分析思考，有意识地思索眼前的数据，确保没有忽略任何方面，对所有方面进行了适当的权衡。若是单纯依赖心理捷径去做交易，就会导致许多交易失误和交易亏损。

交易者面对的另一心理挑战，在于我们的基因和人体生物学功能在交易中扮演的角色。远古时代，我们的祖先在森林中遭遇猛兽，会调动身体，准备好逃跑或战斗，帮助人类生存繁衍至今。如今，很少有人会与饥饿的老虎狭路相逢，可是我们还是带着战斗或逃跑反应的基因编码，在面临平常的威胁之际，基因对我们发出强烈的呼唤，要我们立即采取行动，令我们自动做出反应，这包括在日常交易中，我们的心智所感知的威胁。在人类进化过程中，我们也学会了保住已有的东西通常是更好的选择。损失厌恶是与生俱来的，而我们每次建仓，都面临亏损的风险。

我们看到，情绪也会在交易中给我们带来重大心理挑战。强烈情绪（尤其是恐惧，还有其他情绪，例如生气、兴奋、无聊和悲伤）可能会造成非受迫性交易失误。受到情绪的影响，我们的情商可能荡然无存，把交易抛诸脑后。当我们的注意力转到内在状态，就无法客观评估市场或执行交易技巧。我们越是努力与内在状态对抗，想要控制内在状态，内在状态就会变得越强烈，交易表现就可能变得越差。与内在状态对抗会导致犯错和交易失败。当我们产生恐惧和其他强烈情绪，就会触发特定脑区，自动向身体其他部位发出化学信号。尤其是前面提到，在产生恐惧时，杏仁核和海马体会参与进来，一旦激活了之后，我们将无法直接控制这些部位。

难怪交易是这么困难的一件事。可以肯定的是，我们的人体生物学功能、基因、心智和情绪都可能不利于我们做交易。除非我们有意识地付出很大努力，否则，天性和基因组成会一直损害我们高效交易的能力。

■ 回　避

我们的想法、情绪和身体感受总会在交易中扮演一定角色。大多数交易者在交易时，感受最突出的通常是自己的情绪，或许紧随其后的是身体感受。由于这种体验可能令人不舒服、不愉快，我们直觉的反应就是回避或逃避。回避或逃避是很自然的反应，在许多日常情境下，都行之有效。但正如交易心理学中的许多方面一样，自然而然的反应未必符合交易者的最佳利益。回避不愉快的情绪几乎总是对我们的交易不利的。在第3章的练习3.1和练习3.2中，你列出的控制策略很可能都是为了逃避、回避或减轻内在的不适感。其中许多策略是自然反应，当时好像也是合理的。然而，当你权衡付出的代价和获得的好处，就很可能会发现，这些回避策略为交易带来的好处微乎其微，甚至完全没有，对你内在状态的影响不会持久，而且会让你付出高昂代价，包括蒙受实际亏损、错失交易机会和错失利润。回避策略会阻碍你发展和提升交易技巧。

在所有交易情境中，每当产生不愉快的身体感受、不想要的想法和不适的情绪，基本上都可以看到回避策略的影子。例如，交易者在建仓后，看到行情朝着对自己不利的方向运行了一点，就可能会产生恐惧。如果恐惧足够强烈，她可能就会过早平仓，以逃避不愉快的感觉。再举一个不那么明显的例子，交易者看到市场开始回升，便产生了没赶上行情的不适感，于是即兴交易。这个例子不那么明显，但他之所以建仓，是为了逃避对于错失行情的不适感。还有一个例子更加隐蔽，交易者看到有效的进场模式，于是重仓进场。其实，这位交易者很可能是之前蒙受了亏损，心里的声音告诉他要做一单大的，把前面的亏损全赚回来；或者想要比做交易的朋友赚得更多；或者是出于根本不相干的其他理由，令交易者觉得恼火。由于消除不愉快的感觉是通过某个交易行动产生的，两者可以轻易联系起来，我们简直可能把自己训练成糟糕的交易者，永远陷入通过拙劣的交易行动逃避不适感的恶性循环。在心理学上，这种现象被称为"负强化"。这个概念原本是行为心理学家斯金纳（B. F. Skinner）提出的，是他极具影响力的"操作条件反射"理论的一部分。所谓操作条件反射，是指人类通过行动的后果进行学习。了解负强化可以为交易者带来启发。

■ 负强化直接影响到交易表现

一般来说，我们会觉得强化是一件正面的事情。例如，某位交易者在自营交易部门操盘，由于交易业绩出色，而获得一笔奖金。她的行为得到了正强化。由于获得这笔奖金（她的行为产生的良好结果），她日后很可能会努力保持良好的业绩。这种强化可以鼓励和加强良好的行为。每个人都明白这一点。而负强化的概念略有不同。负强化不是惩罚，而是采取行动消除或回避不愉快的东西。我们一起来看一下一个日常生活中的例子，来理解这个概念。

一位母亲带着孩子，在杂货店排队结账，当时是下午5点，母亲刚为当晚的晚餐买完菜。孩子看到展示架上放着糖果，想要买一块糖。母亲说："不行，都快到晚餐时间了。"孩子哭了起来。母亲不想管他，但孩子开始尖叫："我想要一块糖！"母亲觉得排队的人都看着他们，想让孩子安静下来，但孩子还是不管不顾地哭闹。最后，母亲默许了这样的行为，给孩子买了糖。拿到糖以后，孩子马上停止了哭闹，破涕而笑。

母亲给孩子买糖，是为了消除孩子不愉快的行为，她的行动有效消除了厌恶刺激。由于孩子停止哭闹，母亲的行为受到负强化。当然，下次孩子想要一块糖，你觉得会发生什么事？

在交易中，当我们采取行动消除、回避或逃避不愉快的内在体验，就等于在奖励消除这种体验的行动。这就是负强化。给孩子买糖（行动）终止了孩子的哭闹（不愉快的体验）。即兴交易（行动）消除了错失行情的恼人想法和感觉（不愉快的体验）。这样说可能还不太容易理解，我们一起来看一下图5.1，仔细分析这个过早获利平仓的例子，从中理解负强化和这种强化产生的不良后果。

我们从上往下看，交易者发现进场模式形成，进场条件成立，于是建仓了。建仓后不久，交易者开始感觉到压力。亏损的威胁似乎真实存在，由于他想起了过去蒙受的亏损，或者对损失厌恶比较敏感，或者两者皆有，他产生了应激反应，开始注意到不适感。

不适感似乎证实了亏损的威胁。担忧的感觉可能快速升级为惴惴不安，再升级为惊慌和恐惧。心智开始说话，表达出忧虑，告诉交易者若是蒙受亏损，就太糟糕了，那是不可忍受的。情绪和身体感受似乎印证了心里的声音，加大了不适感。交易者才刚建仓，心里的声音就像哭闹着要糖果的孩子，变得咄咄逼人，催促交易者赶紧平仓。

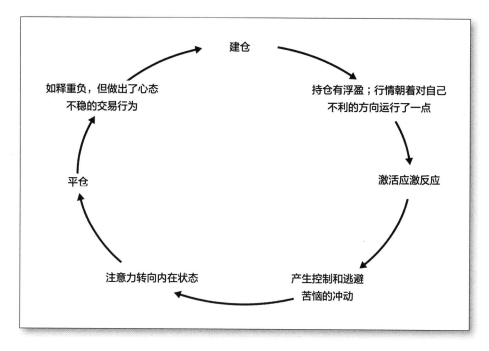

图5.1 低效交易的恶性循环：过早获利平仓

　　注意力改变了方向，也变得狭窄。才不久前，交易者正在认真解读市场，评估当下的市场指标，与进场模式的条件相比较。但现在，思维角度发生了重大变化。现在，交易者对外关注的全是微不足道的价格波动。行情朝着对自己不利的方向每跳动一点，交易者心里都会警铃大作。但他主要关注的对象转到了内在状态。交易者敏锐地觉察到自己的身体感受和内在的苦恼，包括他的情绪以及心里的自我对话。

　　当交易者把注意力转向自己的内在状态，他不仅不再关注交易，而且更加需要逃避苦恼的感觉。交易者起初可能会努力压制不适感，但这只让他更加分心，无暇顾及交易本身。交易者越是与自己不想要的想法和感觉对抗，就越能强烈感受到这些想法和感觉。随着内在感觉放大，交易管理被抛诸脑后。交易者一心只想逃避内在状态的不安和不适感。

要缓解内在的不适感，一个简单有效的方式是平仓，于是交易者平仓了。请仔细留意，在这里，平仓的行动只是为了缓解苦恼的状态，而不是因为这是正确的交易管理决策，或者符合交易的最佳利益。交易者平仓的理由与交易本身无关。交易者做出的行动只是为了调节内在状态。这是至关重要的一点。这不是交易，而是与情绪对抗。

当交易者消除了苦恼的感觉，就产生了强化效果。平仓之后，交易者马上开始放松下来，身体的不适感消退了，心智平静下来，情绪烟消云散，危机结束了。如释重负的感觉强化了平仓的行动。由于行动是为了消除不愉快的体验，所以这是负强化。消除苦恼感觉是对平仓的奖励。由于如释重负的感觉是直接而又即时产生的，这是很强大的强化物。就像母亲安抚孩子一样，平仓立即带来如释重负的感觉，几乎可以保证日后交易者遇到类似的应激情境时，会采取同一种方法应对。

还记得吗？我们在第2章谈到，战斗或逃跑反应会激活海马体，回忆起威胁和应对威胁的方式。海马体会记录和记住平仓的行动成功消除了苦恼的感觉。就这样，脑部的记忆中心把这种低效交易的反应模式编码：在交易中感觉不适→平仓→如释重负。海马体才不关心获利较少的问题。由于我们的基因遗传，海马体主要关心的是消除威胁，而它知道平仓可以有效消除威胁，缓解苦恼的感觉。海马体（脑部的记忆中心）把这个模式存储下来，以供日后出现类似的情境时使用。这样一来，交易者等于在训练自己通过过早获利平仓，逃避交易中的不适感。由于平仓可以有效消除苦恼的感觉，我们的脑部在记忆中编码，下次基本上也肯定会做出同样的事情。如此反复几次之后，交易者就会产生非常强烈的条件反射，每逢面对压力就会平仓。在交易中回避不愉快的内在状态，通常会导致适得其反的交易行为。一旦通过几次负强化交易之后，我们适得其反的行为受到强化，就很难改变这种行为。从这个例子可以清楚看到，交易者需要了解交易心理学。想要回避不适感是很自然的反应，但我们的自然反应在交易中会适得其反。

一旦交易者陷入了这种情绪化交易模式，一个明显的后果在于妨碍自己学会做好交易。交易者为了逃避不想要的感觉、想法和身体感受，牺牲了提升交易管理技巧的机会。这就是与强烈情绪抗争的交易者通常所说的，自己为了想要控制和压制不适情绪所付出的代价：消除苦恼的情绪成为自己最关注的事情，交易表现受到拖累。他们过早获利平仓，错失了大量利润空间，永远也学不会交易技巧，深陷于低效交易的恶性循环，最终觉得自己交易太过失败。这是一个真正的恶性循环，一次又一次地发生。除非能打破这个恶性循环，不然，交易者最终很容易就会心灰意懒，放弃交易，不再寻求以此实现想要的生活方式和财务独立。

从上述例子可见，恐惧可能令交易者过早获利平仓，但同一个循环也适用于强烈情绪引发的其他心态不稳的交易行为。例如，交易者看见行情启动，会由于自己没有进场，想象自己错失了利润，而感觉到类似的压力。在此情况下，建仓是为了安抚自己空仓观望而感觉到的内在压力。同样，这样的行动是为情绪服务，消除了不想要的内在状态，因此，下一次交易者看到行情启动时，几乎肯定会冲动行事。无论是什么情境引发心态不稳的行动，如果交易者是为情绪服务而做交易，为了消除不想要的内在状态而做出心态不稳的交易行动，就会陷入负强化的恶性循环，等于在教导自己成为糟糕的交易者。他们不是培养良好的交易行为，提升自己的交易技巧，而是学会了逃避情绪的技巧。这就是那么多交易者交易失败的主要原因之一。

■ 不同的思维模式

爱因斯坦曾经说过，要解决问题，不能用制造问题的头脑想办法。这句话也适用于我们的内在状态。企图控制情绪是不管用的。你现在会明白，这种思维方式不仅无法解决问题，还会十分不利于你的交易，也不利于你作为交易者的成长。交易者需要采用不同的思维模式，明白感觉到不想要的情绪不等于预测到交易会蒙受亏损。交易者也需要明白，心智所说的话未必反映了现实。我们需要学会与自己的想法拉开距离，而不是完全听信。此外，我们需要采取不同的思维模式，来调动审慎思维。绝大多数人常用的思维模式对于直觉思维过于放任自流：我们通常会戴着启发法和其他认知偏差的模糊眼镜，来看待图表和我们的交易。

要采取不同的思维模式，很重要也很关键的一步，是发展"正念"这种心理技巧。正念让我们能够观察自己的想法和感觉，同时让心智保持在当下，让注意力集中在重要的事情上。正念技巧可以让我们免受棘手想法和感觉的支配，避免由于这些想法和感觉而把交易技巧抛诸脑后、令交易脱离正轨。正念可以帮助交易者更灵活地因应市场动态积极作出回应，同时能够增强专注能力，调动审慎思维。

■ 正　念

我认为，交易者要应对在交易中面临的众多心理挑战，正念是需要学习掌握的最重要心理技巧。在本节中，我们会介绍正念的概览，再进一步介绍其中某些方面，辅以科学研究，说明这为什么对交易者来说是如此重要的心理技巧。在下一章，你会学到如何练习正念，通过几个正念脚本，发展自己的正念例行程序和技巧。

正念是一种意识的质素，经常被称为"以一种特殊的方式集中注意力：有意识地、不予评判地专注当下"。[①]你会看到，正念是一种通过练习，提升注意力和专注力的心智状态。正念让你能够与自己的想法和感觉分离开来，帮助你专注当下，而非飘到过去或未来。

正念起源于东方传统的瑜伽和佛教，历史十分悠久。早在公元前2世纪，瑜伽之祖帕坦伽利（Patanjali）就在《瑜伽经》（Yoga Sutra）中谈及正念练习的方法［例如，请参阅奇普·哈特拉夫特（Chip Hartranft）的《帕坦伽利的瑜伽经》（The Yoga Sutra of Patanjali）］。在帕坦伽利的手稿之前，冥想和正念的口头和其他书面材料已然在流传，但他的著作成为瑜伽学派的根本经典，至今仍在使用。正念练习，自古有之。

正念是东方的古老传统，但在西方却是相对新颖的概念。虽然引进时间不长，但是正念已经在快速改变西方心理学的格局，受到了广泛的研究，在过去几年，科学家记录了正念的重要特征和重大裨益。多项重要的研究成果对交易者有重大意义，我在下文会一一讨论。

练习正念（有时称为正念冥想）有多个特征对交易者有宝贵价值。通过正念，交易者可以更好地管理自己的注意力，更清晰地观察环境的各个方面。正念交易者可以更清晰、更客观地看待市场发出的交易信号。当交易者保持正念，注意力可以更轻松地在价格柱状图右侧与市场环境的整体架构之间切换。正念可以帮助交易者把图表右侧与整体市况相结合，更清晰地洞悉交易条件成熟的契机。

正念冥想是注意力管理的一部分，也可以帮助交易者专注当下。心智经常

---

① Jon Kabat - Zinn. Wherever You Go, There You Are: Mindfulness Meditation in Everyday Life（New York: Hyperion, 1994）, 92.

会飘到过去或未来。例如，你可以留意，在阅读这本书的过程中，你的心智游移了多少次。例如，你看到过早平仓，可能会回想起最近做的交易中，你也做过类似的事情。接着，你的心智或许会开始回忆过去的经历。接着，你可能会想起自己想要研究一个新的指标，这或许会帮助你拿住持仓，你开始想这个指标。你的心智可能会开始想这个新指标的组成部分，与你正在使用的指标进行比较，想象新指标在日后交易中可能发挥的作用。在某个时候，你可能注意到自己饿了，心智开始去想拿个零食来吃。你在想，橱柜里有零食吗？"有！有一包薯片。"但你可能又会想，你想要减肥，薯片热量太高了。你想："减肥太难了。"或许又接着想："或许我应该去健身房报个班。""那应该比较健康。"接着，你的心智开始制订计划："我可以周一、周三和周五收市后去做运动……"如此等等，直到你的注意力回到这本书为止（记得吗？你在看这本书呢）。

心智的这方面通常不会引人注意。我们的思绪会轻易飘到对过去的回忆或对未来的畅想，自己却浑然不觉。当你开始运用正念，开始观察心智，你会发现，心智专注当下的时间很少。心智游移是我们正常、默认的认知模式。我们产生的联想一个接一个，正如上一段所描述的情况，经常是随机、随意的。如果你是第一次知道，也无须惊慌。这只是心智自然的运作方式。

当我们迷失在思绪中，这也通常会引发情绪。我们倾向于更多地活在自我构造的心理世界里，里面充斥着相应的情绪，而不是活在现实世界中。正念可以帮助我们更好地注意到自己心智的游移，让我们把注意力转回当下的重要任务。正念帮助我们扎根于现实，而不是心智的唠唠叨叨。当交易者在交易中保持正念，就能够更好地觉察自身，觉察到自己何时离开了当下。这样一来，交易者不仅更加关注市场行为，而且更加觉察到自己注意力的所在。所有交易者都会有分心的时候。当注意力离开了市场，我们会错失交易机会，或者错过市场发出的、需要我们采取行动的重要信号。当交易者保持正念，就可以更好地注意到心智游移，把注意力转回与交易相关的重要任务。这是一项至关重要的心理技巧，有助于提升交易表现。

或许正念带来的最大好处，在于它在"认知解离"中扮演的角色。（我们在这里介绍了认知解离这个概念，但这个概念非常重要，所以我们在后文中花了整整一章来讨论。见第7章。）正念教导交易者如何做到认知解离：如何把自己的想法和感觉单纯看作来来去去的事件，不必回应。记得吗？若是企图压制、控制或消除自己的感觉和想法，通常只会适得其反。正念教导练习者，想法和感觉自来自去，未必会带来助益，未必准确反映了现实。当我们没有以正念看待自己的想法和感觉，很容易就会受到这些想法和感觉的牵引，就像上文所述的，你读这本书时心智游移的例子一样。一旦受到牵引，我们的心理和情绪历程就会完全由心智决定。正念可以帮助我们正确认识想法和感觉——它们只是内在事件。由于我们的想法和感觉通常关系到过往经历、回忆意象、对未来的预估和预测，心智告诉我们的未必为真，只不过，心智总是把预测当成真实正确的告诉我们。

心智通常会评估觉察到的几乎一切。我们会做比较和对比，评估我们所见，预测这可能对我们未来想要的结果产生什么影响。例如，当交易者盯着价格柱状图展开，很容易就会错误解读一两条K线，以此预测未来走势。如果我们不加鉴别地假设心智告诉我们的话在所有时候、所有情况下都是真的，这就可能引起情绪躁动，令我们表现欠佳。正念可以拉开我们所见和回应方式之间的距离，帮助我们观察自己的想法和感觉，而不是透过想法和感觉的面纱观察外界。由此，正念可以帮助交易者趁心智还没来得及评估事件和做出冲动反应，就观察和体验事件。我们在第2章讨论过，了解内在体验如何影响到我们的行动，是情商的一个元素。正念可以直接提升情商。困难的想法和感觉仍会产生，但我们会认识到它们的本质——这只是暂时的想法和感觉，不是永久性的，也未必是现实。这就是认知解离。正念可以打破我们对想法和感觉的错误观念，让我们认识到想法和感觉并非总是正确和确定的，我们并非总是无可避免地必须为之采取行动。通过练习正念，我们有机会更娴熟地理解和回应自己的内在世界。

正念这三大特征——更清明地洞悉市场环境；专注当下；了解想法和感觉只是暂时的事件，未必是现实——可以帮助交易者朝着对特定交易最重要的方向采取行动，以及对自己作为交易者最重要的方向采取行动。保持正念，我们可以拉开浮现想法或感觉与对此作出反应之间的距离。培养出这个心理空间之后，交易者可以在这里放下对交易兴风作浪的内在事件。与此同时，交易者可以拓展有效回应市场的能力。过去，交易者可能拘泥于僵化的模式化反应，为自己的内在状态服务，例如过早平仓，即兴交易，或者不敢进场；但学会保持正念之后，交易者可以选择采取高价值交易行动，满足交易的需要。正念提升了觉察水平，可以帮助交易者在浮现不想要的想法和感觉时，仍然专注于交易。这一点在萨伦伯格机长的例子中可见一斑，他感觉到强烈的恐惧和压力，但并未与之对抗或者受其驱使，而是能够把注意力集中在高价值行动上，成功在哈德逊河河面安全迫降1549号班机。

■ 忘我状态

在没有迫降受损飞机那么戏剧化的情境中，例如体育运动和交易，正念状态的意识与所谓"忘我状态"（being in the zone）有类似的特征，积极心理学家、芝加哥大学心理学系前主任米哈里·契克森米哈赖（Mihaly Csikszentmihalyi）称之为"心流"（flow）。据契克森米哈赖表示，心流是指我们在做某项活动或任务时，那种全神贯注、全情投入的状态。技巧与任务相匹配，得到充分运用。时间飞逝，内在心理对话的重要性大为降低。注意力敏锐集中，所以能够带来清明。例如，网球运动员表示，他们处于"忘我状态"时，可以更清楚地"看到球"，更容易针对场上状况予以回应，全情投入比赛，体验到心流。同样，在此状态下，交易者与市场有着清明、专注当下的接触。正常情况下会带来干扰的心理和情绪影响或许依然存在，可是有所减弱，仿佛是收音机播放的轻柔背景音。出现情绪劫持的可能性下降。交易者明白不必听任想法和情绪主宰自己的行动，可以遵循自己的交易计划，充分发挥交易技巧和能力，从而提升交易表现，保持稳定的交易绩效，作为交易者取得成长。图5.2展示了"高效交易的正念循环"，与图5.1"低效交易的恶性循环：过早获利平仓"形成鲜明对比。通过练习正念，我们不必再像机器人一样行动受限，俯首帖耳地回应变幻无常的内在状态。正念可以帮助我们进入"忘我状态"或心流状态。

在第6章，我们会学到保持和练习正念的多种不同方法。在此之前，交易者

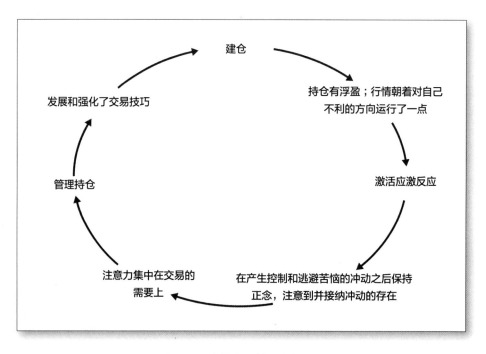

图5.2 高效交易的正念循环

需要了解一下正念背后的科学原理。由于正念需要练习，需要你投入时间和精力，你应该对练习正念的效果心中有数。

■ 正念冥想的科学原理

正念冥想在对精神疾病患者的临床治疗中得到了广泛应用，且卓有成效。事实证明，正念冥想可以有效降低压力、焦虑，以及慢性恐慌发作的频率和强度。研究证明，正念有助于减轻抑郁，防止抑郁复发，减少物质滥用，增强注意力缺失症患者的注意力控制，提高免疫功能、改善整体身体健康，减轻慢性疼痛相关症状，促进适应性情绪调节。不过，我们在这里假设大多数交易者都并未患精神疾病。这就牵涉到一个问题：正念对一般健康人士和交易者有帮助吗？答案绝对是肯定的。

正念的一般好处

在德国开姆尼茨工业大学（Chemnitz University of Technology），彼得·赛德尔迈（Peter Sedlmeier）连同心理学研究人员团队，评估了在163项高质量实证研究中，正念对一般健康人士产生的心理效应。通过对科学研究成果的全面评估，证实了正念会对健康人士产生清晰而又重大的积极效应。研究人员在这些研究中洞悉到21项心理指标，发现正念冥想会对其中大多数指标产生正面影响。最大的作用在于减少焦虑和负面情绪。人际关系指标也得到了大幅提升。知觉、压力和注意力这几项指标提升幅度略小，但均有改善。

赛德尔迈及其同事表示，这些研究发现的积极效应与精神疾病患者接受的久经验证的心理治疗效果相仿。由此可见，正念对健康人士也有着多么强大的效果。赛德尔迈的团队也把冥想与放松疗法相比较。过去，由于冥想往往会让人进入深度放松和平静状态，冥想及其效果被认为与标准放松疗法相近。事实上，在20世纪70年代，哈佛医学院教授赫伯特·本森（Herbert Benson）把冥想称为"放松反应"，这种说法也广为流传。但赛德尔迈及其同事有不同的发现。他们表示："按分析的心理变量来看，冥想产生的效果远大于放松疗法引起的放松反应。"另外值得留意的是，研究发现，所有成年男女都可以从冥想中受益匪浅。

这项研究对交易者来说是一大好消息。研究证实，正念对与交易最为相关的心理指标有积极影响，可以提升注意力、专注力和知觉，保护交易者免受压力、焦虑和负面情绪的左右。这是很棒的，但我想更深入挖掘研究，因为我相信，正念还可以为交易者及其交易带来更多方面的巨大裨益。了解这方面的具体元素，以及正念冥想与交易有何关系，本身不仅有帮助，而且还能帮助你放下与不想要的想法和情绪之间的挣扎：当我们剖析正念的细节，这个过程同时也会让你更好地觉察到自己的想法和情绪。我们会一起来看一下近期的研究，通过正念的清晰视角，剖析想法和情绪的本质。这样做的目的是帮助你了解到，我们真的可以采取截然不同的思维方式对待压力、不想要的想法和不舒服的情绪，配合高价值行动（本书第三部分将会讨论到），可以帮助你在市场交易的过程中，以灵活应变而又高效的方式看待想法和感觉，助力你实现交易盈利。

正念、恐惧、损失厌恶和思维角度

记得吗？我们在第2章讨论强烈情绪和恐惧时谈到，杏仁核（脑部的恐慌按钮）与交易相关恐惧有重大牵连，是战斗或逃跑反应的一大行动者。难怪这个脑区也与损失厌恶有着强烈联系。由于损失厌恶是恐惧引起的偏差，这也是合情合理的。

认知神经科学家贝内德托·德·马蒂诺（Benedetto De Martino）在一项研究中，让受试者做出涉及认知框架效应下损失厌恶的决策，并使用功能性磁共振成像（fMRI）扫描仪，测量受试者的脑部活动。框架效应是一种认知偏差，是指对信息的表述方式或"提法"会影响到我们的决策。在这项研究中，研究人员给予受试者50英镑，再以两种不同的表述方式，叫他们在一个"确定"选项和一个"赌博"选项之间进行选择。关键在于选项的提法。"确定"选项可以表述为"保留"钱（例如，保留30英镑）或者从原本的50英镑中"损失"钱（例如，损失20英镑）。赌博选项也分为这两种提法。面对"保留"提法，受试者更愿意选择"确定"选项；而面对"损失"提法，受试者更愿意选择"赌博"选项。敏锐的读者会发现，这也就是损失厌恶和处置效应：我们在面对盈利时（"保留"提法），更倾向于采取保守和避险的态度，落袋为安；而在面对亏损时（"损失"提法），更倾向于寻求风险，持有亏损头寸。光是"保留"或"损失"的提法，就引起了损失厌恶。

在受试者做出选择时，德·马蒂诺的研究团队使用fMRI扫描仪，观察受试者的脑部活动。当受试者给出损失厌恶的回答，杏仁核很快就变得活跃，由此可见，情绪在很大程度上左右了选择。丹尼尔·卡尼曼回顾了德·马蒂诺这项研究，表示由这种脑部反应可见，直觉思维（也就是他所说的"系统1"）参与了决策。然而，从fMRI扫描仪可以看到，当受试者推翻了正常的损失厌恶反应，承担适当的风险获取收益、快速止损，另一个脑区（前扣带回皮层）会活跃起来。前扣带回皮层是脑部前额叶皮层的一个区域，参与决策和抑制不适当的冲动反应。我们在第4章中，讨论费尼斯·盖吉和其他前额叶皮层损伤患者的案例时，已经讨论过前额叶皮层以及这个脑区在决策中是如何调节情绪信息的。在下文中，我们很快就会进一步讨论前额叶皮层的重要性，以及这对交易者意味着什么。

这项研究固然有趣，但德·马蒂诺更进一步。他找到了两位患有十分罕见的杏仁核组织损伤的患者。他们的智力和认知能力正常，但处理恐惧的中心受损。为了有效比较，对照组是年龄、教育程度、社会经济地位和其他相关特征相仿、杏仁核正常的人士。接着，德·马蒂诺研究他们的损失厌恶情况。与对照组一样，杏仁核组织损伤患者能够评估涉及潜在损益的决策的预期价值。与对照组不同的是，这些杏仁核组织损伤患者并未表现出损失厌恶，而是持有盈利头寸，平掉亏损头寸。值得留意的是，杏仁核组织损伤患者跟对照组一样，也不喜欢亏损和亏损风险；他们并不是对承担风险满不在乎。然而，他们为了获得更大潜在收益而承担适当风险、快速止损而降低风险的意愿远比杏仁核完好的对照组更强。这个理性的思维角度与损失厌恶恰恰相反，只有在那些在面对风险时做出选择、杏仁核却不会激活的人的行动中有所体现。

我们在这里也可以看到，杏仁核对交易者来说是至关重要的脑区。它不仅是我们的内部恐慌按钮，会引起恐惧反应，还与损失厌恶密切相关，而损失厌恶是所有交易者长期面对的心理困境。我们来深入讨论吧。

还记得吗？当研究人员叫受试者站在交易者的角度思考问题，他们对损失的厌恶程度较低；相比之下，那些并未采取这个思维角度的受试者对损失的厌恶程度较高。彼得·索科尔-赫斯纳带领的同一支研究团队还使用了fMRI扫描仪，观察受试者站在交易者的角度思考问题时，脑区的活动状况。研究结果证明，损失厌恶行为与杏仁核活跃程度上升相关。此外，研究人员进一步发现，面对损失的威胁，杏仁核好像把威胁当成了结果，会向前额叶皮层（负责评估价值和处理情绪的脑区）发送情绪强烈的信号。杏仁核发送的这些信号会影响到前额叶皮层，推翻正常的理性反应，触发损失厌恶行为。然而，当受试者站在交易者的角度思考问题，只把每单交易的结果视为许多交易结果之一，就会产生多种积极的影响。正如上文所说的，这会导致受试者在实际做出选择时，损失厌恶程度有所下降：受试者持有盈利头寸的意愿上升，持有亏损头寸的意愿下降。站在交易者的角度思考问题，也可以大幅降低杏仁核对损失的唤醒反应。

此外，站在交易者的角度思考问题，也可以增加前额叶皮层（与计算价值和调节情绪相关）的基线活动。从脑功能成像可见，当受试者站在交易者的角度思考问题，他们对亏损的显著性也会改观。对于通常涉及情绪的事情，改变思维方式，可以让人内部调节情绪信号。从脑部扫描成像所示的决策通道可见，需要评估价值的所有决策（所有交易决策都需要评估价值）都涉及情绪元素。这项研究显示，采取不同的思维角度可以改善这些元素。

总而言之，从这些研究可见，杏仁核和前额叶皮层是交易者需要特别关注的两个脑区。杏仁核涉及恐惧、压力以及我们寻求规避亏损的强烈倾向。前额叶皮层涉及评估价值、决策以及解读和调节杏仁核的神经活动。正念冥想可以对这两个脑区结构产生重大影响。

正念冥想和脑部的物理变化

在法国图卢兹的脑与认知研究中心，认知神经科学家克莱尔·布拉博（Claire Braboszcz）、斯特法妮·哈胡索（Stephanie Hahusseau）和阿诺·德洛姆（Arnaud Delorme）回顾了对冥想及其对脑区和情绪所产生影响的科学研究。他们发现，正念冥想对杏仁核和前额叶皮层的脑回路都产生了积极影响。具体而言，他们留意到，正念练习者在产生负面情绪时，整体上身体唤醒水平较低，脑波激活较少。脑成像研究也显示，在实验引发负面情绪时，经验丰富的冥想者的杏仁核活动少于新手冥想者。此外，研究人员发现，冥想时间越长，杏仁核反应的减少幅度越大。科学家阿尔贝托·基耶萨（Alberto Chiesa）和亚历山德罗·塞里蒂（Alessandro Serritti）独立回顾了50多项正念冥想研究，得出了类似的结论，他们强调，正念练习对前额叶皮层和杏仁核产生了积极影响。他们进一步表示，正念冥想似乎有助于防范与年龄相关的认知减退。正念冥想是一种基本上每个人都可以学习的心理技巧。跟所有技巧一样，练习越多，就越是千锤百炼、技艺精通，练习者在实际情境中就越能够熟练运用，富有成效。

布拉博及其同事在回顾研究时也留意到，从脑成像可见，冥想练习有助于调节情绪，涉及神经科学家所称的"脑可塑性"，或者脑部结构和联系的实际物理和化学变化。一直到大约2000年，科学家都相信脑部是不会发生重大变化和生长的。他们认为青春期过后，脑部就停止了生长，基本上处于静态，不可改变。我们现在知道这不是真的。在整个成年阶段，脑部始终会发生变化，具有可塑性。我们现在也知道，正念冥想可以直接改变脑部。

只要30分钟的正念冥想，就可以改变脑部的物理状态

哈佛医学院/麻省总医院研究员布丽塔·赫尔策尔（Britta Hölzel）及其同事研究了25—55岁参与正念减压计划的男女受试者。在研究中，受试者每天参与平均27分钟的正念练习，为期8周。研究人员对每位受试者做了两次脑部扫描：一次在研究开始时，一次在研究结束时。他们也对特征与研究组类似，但在这段时间不做正念练习的人士（对照组）做了脑部扫描，以便得出有科学依据的结论。

研究团队发现，在各个脑区，脑部灰质（脑细胞）都有显著增长，包括涉及记忆形成、在应激状态下允许或阻止回想起其他记忆的脑区；对觉察和知觉至关重要的脑区；整合感觉信息、调节情绪、认知和行为的脑区；以及涉及调节唤醒和应激状态、令人能够对环境要求和注意力做出灵活反应的脑区。这是第一项证明通过正念冥想的积极训练可以改变，也确实改变了脑部结构的研究。研究人员表示，研究数据显示，正念反复激活脑部，可以令脑部灰质增加，而灰质的增加"代表脑部结构发生了持久的改变，为心理功能改善提供支持"。

布丽塔·赫尔策尔及其科学家团队还进行了另一项研究，对交易者有参考价值。这个研究项目的受试者是承受压力的健康成年人，他们在8周期间学习

正念冥想。研究人员扫描了他们的磁共振（MRI）脑成像，追踪他们的压力水平。8周结束时，受试者表示压力大幅下降。但更惊人的是他们脑部的变化。在8周期间开始和结束时扫描的脑成像显示，杏仁核的灰质大幅减少。对人类和实验动物进行的其他脑成像研究也显示，神经区反复激活会导致灰质增加，而停止激活会导致灰质减少。赫尔策尔在这项研究中证明，正念冥想让受试者的压力下降，也导致杏仁核结构发生变化。冥想者的杏仁核较少激活。受试者的压力越是下降，杏仁核的灰质就越少。我们之前提过，杏仁核是一个重要神经区，涉及压力、恐惧、战斗或逃跑反应和损失厌恶。这项研究展现出杏仁核的脑可塑性，证明了冥想练习有助于减轻压力，对交易者来说意义重大。

随着科技进步，科学家将能够更清晰、更明确地观察脑部。首尔大学医学院姜度莹（Do-Hyung Kang）及其同事运用复杂的弥散张量成像（DTI）（评估不同脑区之间的解剖联系）和脑皮层厚度测量（评估脑部结构），研究脑部结构及其沟通联系。他们招募了46位长期冥想者，与46位没有冥想经验的人士对照。科学家发现，冥想者与非冥想者多个脑区的结构存在重大差异，包括负责决策、做出涉及情绪的适应性反应，以及把想法和行动与内部目标相协调的脑区。在这些脑区，冥想者的白质完整性也更好，显示他们对信息的处理更加快速高效。研究组和对照组其他脑区也存在差异，包括处理感官知觉、情绪和长时记忆的脑区。这些心理功能都与交易高度相关，通过正念冥想可以加以提升。

执行控制

上文列举了许多心理功能，冥想者的脑部结构中，皮质厚度增加，传导性更强，这些功能统称为"执行脑功能"。执行功能涉及多个相关认知过程，全部都与交易息息相关。这些认知过程包括：注意相关信息，舍弃不相关信息，评估、计划、决策，推翻冲动和模式化行为，在寻求实现目标时，适应性回应环境信号。

其中大多数功能都涉及我们在第1章所说的审慎思维。还记得吗？审慎思维是难以调动的，我们需要认真努力地思考，才能够战胜冲动和自动自发的决策。

要持续调动审慎思维，涉及的过程跟维持执行控制一样：我们需要持续监控心智和心理过程，推翻自动自发的冲动。为此，我们需要保持专注当下，专注每时每刻，一旦脱离当下，脱离对当下的专注，心智游移到对未来的关注或者对过去的记忆，就要觉察到这一点，重拾对当下的专注。本质上，这就是正念冥想过程。

以正念接纳情绪，提升执行功能

据多伦多大学心理学家丽玛·泰珀（Rimma Teper）和迈克尔·因斯利特（Michal Inzlicht）表示，正念冥想是培养执行控制的理想心理工具。泰珀和因斯利特研究了正念的两大方面：觉察当下和接纳情绪，也研究了这两个方面之间有何关系，对执行控制会产生什么影响。他们研究了有一年冥想经验的冥想者，与非冥想者对照，厘清两者的区别。研究人员发现，情绪接纳和执行控制之间有明显的关系。在研究任务中，冥想者与非冥想者专注当下的能力相类似，因此，这并非决定性因素。冥想者表现出色的，是接纳情绪的能力。那些接纳情绪，而不是与情绪对抗的受试者有更强的执行控制能力。正念练习可以帮助人们接纳情绪，也就是说，正念有助于增强执行控制能力。研究人员在前扣带回皮层发现了这一项能力（记得吗？这个脑区与杏仁核和前额叶皮层有联系，参与处理信息、决策，尤其是评估情绪信息的重要性）。

正念冥想可提升人们接纳情绪的能力。研究结果显示，这也是冥想有助于增强执行功能的关键原因。冥想者对自己的情绪状态具有高度觉察力，能够正确识别情绪，明白这些情绪只是暂时的感觉状态——这是情商的关键要素。最重要的是，冥想者不会与情绪抗争。他们知道，情绪只是暂时的内在事件，不必对此采取行动。经验丰富的冥想者能够放开情绪，而不是与之纠缠不清。根据这项研究，执行控制（调动审慎思维）与高情商人士应对感觉的能力有着清晰的联系。

心智游移

我们最后讨论的一项研究关系到心智游移和正念冥想。不管是谁，只要花一点时间观察自己的想法，就知道我们的注意力是游荡不定的。我们的心智会从一个想法游移到另一个想法，看到了什么东西就会产生联想，引起另一个想法，接着让我们进入白日梦、幻想和其他迂回曲折的思维模式。基本上每个人看书时，都试过看了几页，却发现根本不知道自己刚看了什么。这就是心智游移的一个很好的例子。我们的心智不是始终关注某个特定的事物，例如某项任务，或者专注于其他目标导向的事情，而是活跃地、漫无目的地四处游荡，浮现出各种不同的想法，经常连自己也没觉察到。在通常情况下，我们的心智游移时，想法会转向内部。我们对信息的处理开始产生自我参照效应，倾向于回想过去事件，预估自己的未来，想得更多的是自己，而不是他人的视角和判断。当我们的注意力不是专注于当下的任务，不是专注于自身之外，我们的心智自然而然地就会非常活跃地从一个飞逝的想法跳到另一个飞逝的想法，关注的焦点放在了过去和未来的自我上。事实上，这是司空见惯的现象，神经科学家认为，这是我们主要的思维方式，称之为我们的"默认网络"。

这确实好像是我们默认的思维方式。心理学研究生马修·基林斯沃思（Matthew Killingsworth）及其导师、哈佛大学心理学家丹尼尔·吉尔伯特（Daniel Gilbert）研发出一个智能手机应用，评估心智游移和幸福感。在一天内的随机时间，数以千计的受访者在智能手机上回答三个问题：（1）自己当时在做什么；（2）自己想的和做的事情是否不一样（心智游移）；（3）评价自己当时的幸福度。

基林斯沃思收集了大量的实时数据，结果是有点惊人的。无论受访者在做什么，在47%的时候，他们的心智都在漫无目的地游移，许多时候浮现出了愉快的想法，但这并不会让人的幸福感增强。事实上，无论在做什么，在心智游移的状态下，人的幸福感都会减弱。在研究的每项活动中（休息、放松、工作、通勤、旅游、梳洗打扮、听收音机、看电视、读书、照料孩子、购物、处理日常杂务、吃东西、祈祷、听音乐、玩耍、聊天、运动锻炼、走路、做爱），心智游移至少占用了30%的时间，只有做爱除外。研究人员总结道："……人的心智是游移的心智，游移的心智是不幸福的心智。"

不列颠哥伦比亚大学认知科学家卡琳娜·克里斯托夫（Kalina Christoff）及其在思绪认知神经科学实验室的研究团队证明，心智游移是自发产生的——不需要任何刺激，只要心智游移到任务之外，就可以在特定脑区观察到这种现象。心智游移所激活的部分脑区是默认网络，但克里斯托夫发现，心智游移也会激活执行功能脑区。心智游移是一个主动的心理过程，会调动通常与执行功能相关的部分脑区，占用了正常情况下用于解决问题和决策的脑部资源，也难怪心智游移会影响到我们的表现。心智游移与我们的理性思维中心相竞争，可能干扰到认知负荷高的任务（例如交易）。此外，克里斯托夫发现，当我们没有觉察到心智游移，它对我们任务表现的干扰是最大的。或许正因如此，直觉思维倾向于凌驾于审慎思维之上。这是我们默认的运作模式，占用了审慎思维共用的脑区。或许审慎思维其实不是懒惰，只是资源短缺罢了。

举一个日常生活的例子，你开车到达了目的地，却不太记得旅途的情况了。你的心智显然在游移。更重要的是，你人在开车，心智在游移，却完全没有觉察到，所以，你在到达目的地之后，难以回想起旅途的细节。

由此很容易理解，我们在交易时，心智游移会让我们分心，损害到正常交易表现。一位基金经理的例子很能说明问题。她在度假期间，决定看一眼市场，注意到在某个外汇期货市场，某个进场模式的条件正在形成。她从来不在度假期间做交易，本来也没打算去建仓。但几分钟后，她不知怎么就建仓了，而且是重仓买入期货合约，远超正常仓位。她违反了自己不在上班时间之外做交易的个人表现规则，也违反了有关仓位的资金管理规则。后来，她表示："我注意到这个进场机会，但本来没打算建仓的。现在回想起来，我的心思转到了上个月的交易（自我参照效应），只是当时没觉察到。我当时在想，上个月的表现未达标，我想弥补自己欠佳的表现。突然间，我想，我只要买入××手合约，就可以改变月度业绩了。"

心智游移也可能会影响到日常交易。我们一旦建仓，心智就可能游移到亏损的想法，在常见的自我参照效应下，心智想到亏损对我们有多么糟糕。这可能（也经常）是在无意识状态下发生的，甚至只有短短几秒。突然之间，我们会身体绷紧，感到不适，害怕亏损。这仿佛是突如其来的，但其实跟我们放下一本书，却不知道自己刚刚看了什么是同一个道理。我们的心智在游移，在随处转悠的过程中，编造出了一个故事，里面包含我们的情绪和身体感受，于是，这感觉就像真的似的。迄今为止还没有研究把直觉思维与心智游移直接联系起来，不过，心智游移的心理环境似乎十分适合直觉思维运作。

耶鲁大学医学院精神病学系副教授贾德森·布鲁尔（Judson Brewer）带领一支研究团队，研究了经验丰富的冥想者和非冥想者心智游移的脑活动。脑部扫描发现，冥想者在与心智游移相关的默认网络脑区活动相对较少。反之，非冥想者在心智游移过程中，同一个脑区更为活跃。布鲁尔的团队还发现，与自我监控和认知控制相关的脑区之间有较强的联系，无论是否正在冥想都是如此。研究显示，冥想与心智游移减少之间高度相关，而冥想者与非冥想者在默认网络脑区的激活和联系方面也有所不同。研究人员进一步发现，在负责自控的脑区内，经验丰富的冥想者的整体脑部联系更强。冥想者在浮现与手头任务无关的想法时（心理冲突），会觉察到这一点，也更能够主动让注意力回到手头的任务上（认知控制）。显而易见，这样的心理技巧对交易者来说是大有好处的。

正念练习是一种训练，可以帮助我们从正常的心智游移和自我聚焦的认知之中抽离出来。埃默里大学神经科学家、美国心灵与生命研究所（Mind and Life Institute）研究专员温迪·哈森坎普（Wendy Hasenkamp）提出了一个正念注意模型，描绘出我们的心智游移默认状态与保持正念注意之间的波动。她发现，在这个动态思维模型的不同状态下，与注意控制相关的不同脑区会被激活。当我们出现心智游移，我们的注意力变得涣散。当我们觉察到心智在游移，开始把注意力转回手头的任务时，特定的脑区会被激活。当我们处于专注状态，其他脑区（包括前额叶皮层）会被调动起来。哈森坎普还发现，经验丰富的冥想者在意识到自己的心智在游移后，能够更快速地把注意力转回手头的任务上，也就是说，越是练习正念，就越能够保持专注力，并且在分心之后找回专注力。

像布鲁尔的研究一样，哈森坎普的研究发现，冥想者有更强的认知控制能力。她的研究也显示，冥想者练习正念的经验越是丰富，就越能够觉察到和终止心智游移，从自我评估和负性自我评价之中抽身。还记得吗？我们在第1章谈到，直觉思维主宰了我们的思维方式；更有逻辑的审慎思维对交易来说至关重要，却难以调动起来。虽然并没有研究直接把正念与审慎思维、避免认知偏差和失误联系起来，但哈森坎普的研究显示，正念在这方面应该可以为交易者带来帮助。交易者越是练习正念，就应该越是能够在注意力离开了手头的任务时觉察到这一点，让注意力回到手头的任务上，重新调动审慎思维。

加利福尼亚大学洛杉矶分校（UCLA）心理学研究人员珍娜·迪肯森（Janna Dickenson）以从未冥想过的人为研究对象，招募了种族多元化、年龄介乎28岁至69岁的人士，简单培训他们进行正念冥想。受试者虽然是新手，但也跟经验丰富的冥想者一样，调动了与注意力和觉察相关的重要脑区。与之对比的是控

人员要求他们按平时那样注意自己的想法。研究发现，控制组调动

制组，研究人员要求他们按平时那样注意自己的想法。研究发现，控制组调动了默认网络或心智游移状态下的相同脑区。然而，在正念练习中扫描的脑成像显示，才刚接受正念培训的新手已经能够压制心智游移模式。研究发现，只要经过一点培训，正念练习者就能够立即控制心智游移。这对于交易者来说是很好的消息。

■ 改变我们的基因表达

最近，巴塞罗那生物医学研究院研究人员珀拉·卡里曼（Perla Kaliman）连同她的同事一起［包括神经科学家、威斯康星大学健康心智研究中心（Center for Investigating Healthy Minds）创始人兼主席约翰·戴维森（John Davidson）］对正念做了研究，研究结果十分惊人。经过一天的正念冥想练习，经验丰富的冥想者的基因表达发生了改变。研究人员进行了分子分析，发现经验丰富的冥想者在练习正念之后，发生了表观遗传变化，这在非冥想者组成的控制组中并未出现。基因变化包括涉及炎症的基因水平下降，以及调控其他基因活动的基因水平发生变化。这些变化导致在应激体验后，皮质醇会更快恢复，由此可见，在分子、基因水平上，正念练习会直接影响练习者的基因表达，从而帮助他们更好地应对压力。

研究结果证明，正念对交易心理学的许多方面都有帮助。交易者若想提升交易表现，发展个人交易心理优势，应该考虑把正念冥想练习纳入日常例行程序。简而言之，发展正念技巧可以帮助交易者：

- 减轻压力
- 缓解恐惧反应

- 抗衡损失厌恶的强烈倾向

- 改善决策

- 增强内部情绪调节

- 改善和发展情商

- 减少受到直觉决策和认知失误的支配

- 加强审慎注意

- 更好地看清市场及其交易机会

- 专注于手头的任务

- 克服低效交易带来的负强化

- 提升整体心理幸福感

在下一章，我们会介绍正念机制，教你如何做到。我们会详细介绍几个可供选择的正念程序。要成为正念交易者，你首先要开始练习正念，遵循这些程序，锻炼自己的正念"肌肉"。

T RADE
MINDFULY

第 6 章

正念练习和正念交易

在第5章可以看到，正念可以为交易者带来许多好处。我们讨论了正念可以为你带来什么帮助，还谈到了交易者面对的一些思维和心理障碍，以及与交易相关的一些可靠研究。接下来，我们会谈到正念是什么，以及怎样保持正念。我们会解释练习正念的不同方式，介绍多个正念指导脚本，供你自己练习。为了帮助你练习，作者网站提供了许多脚本音频，请访问www.tradingpsychologyedge.com下载。我们也会讨论交易者在交易中可以如何运用这些重要的正念心理技巧。

正念就是对当下的觉察。我们保持正念时，注意力集中在当下。大多数人都可以短时间做到保持正念，可是我们很少会长时间专注当下。我们的心智经常会游移不定，从对过去的回忆转到对未来的期盼或忧虑。当我们的心思转到过去或未来，就离开了当下。我们失去正念（失念），不再全然觉察到当下所发生的一切；我们的心智忙于过去的回忆或未来的预估。在交易中，当我们的心智离开了当下，也就是离开了市场和我们的交易，我们的交易表现就会受到损害。

如果我们抽取一天里浮现的想法，客观地评估，就会发现，在许多时候，自己所想和所做的是两码事（还记得第5章提到心智游移的研究吗）。除非经过练习，否则对于大多数人来说，正念状态是随机出现而又稍纵即逝的。由于我们很少会长时间专注当下，我们未必能觉察到当下所发生的一切，而是活在了心智构造的现实版本之中，这个版本跟实际情况并不相同。在交易中，这一点影响深远。如果我们正准备建仓，或者正管理持仓，我们的心智完全专注于当下交易的概率大约是五成。这相当于抛个硬币，不是好事。例如，如果我们正准备建仓，我们可能在想所有进场条件是否成立，但也可能在想上次蒙受的损失，我们"必须把亏掉的补回来"（或者其他不相关的想法），这两种情况出现的概率是大致相同的。如果我们在管理持仓，我们的心智可能在担忧被止损出局的后果，而不是当下市场行为与我们持仓的关系。如果我们的注意力纠缠于对亏损的担忧，我们又怎么可能专注于管理持仓或建仓呢？又怎么可能做好交易呢？在我们最需要它的时候，我们的心智却在忙别的。或许最可悲的是，我们甚至没有意识到这一点！我们已经习惯了相信心智告诉我们的话，甚至没有意识到由此引起的失误！对于这个心理失调的现象，下面是一个详细的例子：

苏尼尔是一位技巧纯熟的商品交易者。他在等待大豆油跌破前一天的最低价，恢复数周以来较长期的下行趋势。正如图6.1所示，大豆油跌破支撑位后，他卖空了。市场下跌，苏尼尔的空单有浮盈。他明知价格明显跌破较大交易区间，持续下行的概率很大，但开始忧虑市场并未录得更大跌幅。他把C点的下跌与此前A点和B点的下跌相比较，觉得C点的下跌比不上A点和B点。他开始担忧价格可能会在不久后返回交易区间。他想，如果出现了这样的情况，他肯定会蒙受亏损。他决定收紧止损位，把止损位从S-1移到S-2，比他的进场位置高一个跳动点（tick）。由于大豆油先测试突破，再恢复大幅下跌，他很快就被止损出局了。

由于C点的下跌与此前A点和B点的下跌不一样，苏尼尔的心智专注于对未来价格运动的预估，而忽略了这些事实：（a）大豆油市场正处于较大的下行趋势，市场会继续下跌的概率较大；（b）价格未能达到昨日高位，却跌破了昨日低点，显示目前卖盘主导市场；（c）今天的跌幅大于昨日最低价上十分疲软的反弹；（d）市场明显跌破交易区间（并非空头陷阱）。

苏尼尔的心智待在了未来，所以他无法评估当下的市场。这部分是由于他只是专注于市场行为的一小部分（他对C点下跌的看法）。这给他的直觉思维留下了十分显著的印象。于是，苏尼尔抓住了跌势枯竭的看法，

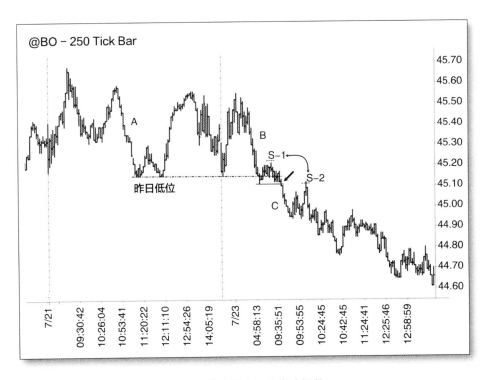

图6.1　失去正念，改变止损位

资料来源：TradeStation Technologies, Inc.

开始去想未来会蒙受亏损。由于他的心智游移到了对未来这单交易会由盈转亏的预估，他失去了对当下的专注。他的心智迷失在担忧之中，无法调动自己的审慎思维。

由于对未来的预估令他感到不适，他下调了止损位。苏尼尔甚至没有意识到自己犯下了重大的交易失误，因为他的预估似乎是正确的，在他看来是正确的，但只是在他心智构造的未来里正确，而不是在市场的当下现实里正确。

我们通常不会意识到自己离开了当下，因为我们对自己的每个想法、感觉和身体感受都有强烈的认同感。我们相信心智告诉我们的一切。在苏尼尔的案例中，心智讲了一个市场快要反弹的故事。这个故事似乎是真实的，仿佛也有一点道理，只是道理十分牵强。由于他不加鉴别地相信了心智告诉他的话，不适的感觉变得过于强烈，他甚至没有质疑心智讲的故事是否合理或真实，就采取了行动。苏尼尔的直觉思维只专注于价格运动的一个方面，而忽略了其他所有市场信息。他预估未来会蒙受亏损，为此感到不安和担忧。苏尼尔失念了，相信了心智编造的未来的故事，把这个故事当作对现实的真实反映，据此采取行动。

正念的最大价值在于，它可以帮助我们与自己的想法拉开距离，不再认同这些想法。在交易等表现情境中，正念可以帮助我们维持注意力，专注于与交易相关的市场行为。正如人类表现/运动心理学家弗兰克·加德纳（Frank Gardner）和泽拉·穆尔（Zella Moore）指出，当我们失念，我们就倾向于把注意力转到内在过程，预估、判断和努力直接控制感觉和想法。失念会令心智游移到对未来的预估；而正念可以帮助我们坚定承诺，为实现交易目标做出选择和交易行动，而不是做出有损交易目标的选择和交易行动。

正念是觉察当下，专注当下，对出现的一切秉持开放、不带偏见和接纳的态度。这不等于对事情完全听而任之，抱着"什么都无所谓"的态度。正念意味着我们不带偏见，不受困于心智告诉我们的话。两者之间有很大的差别。

表6.1列出了更多的例子，说明了交易中的失念和正念。看一下你是否有过这样的行动。大多数读者都不止一次做过这样的事。

无论是受到强烈情绪的主宰，认知偏差或启发式偏差影响了我们的行动，还是直觉思维单凭不完整的数据，就贸然下结论，怂恿你去采取若干行动，这背后都是心智在讲一个故事，而我们把这个故事信以为真。盲目接纳心智告诉我们的话，信以为真，这是一种明显的失念，会令许多交易者失去高效交易的能力。由于我们的心智在许多不同情境中都运作良好，我们过于信任它了。但这很容易就会让我们在失念状态下做出反应，也就是毫无觉察地，对外在和内在环境做出反射性反应。我们没有意识到自己做出了这样的事，但确实意识到这样做的后果：交易绩效欠佳。我们没有发现，正是由于我们盲目信任心智告诉我们的话，给我们带来了困难。讽刺的是，若是抱着解决问题的态度去努力解决困难，并不会让交易表现变好。而正念恰恰相反。

正念是一种技巧，像所有其他技巧一样，必须通过练习学习掌握。练习越多，正念就越强。研究结果证明了这一点。长期冥想者有更好的自我控制能力，与自我控制相关的脑部结构发生了更大变化。正念也是直截了当的。下面是一个常见的基本正念练习，也是最好的正念练习之一。请认真看一两次说明，找一个无人打扰的安静场所，花10—15分钟，试着来做一下这个练习。

表6.1 交易中失念和正念选择的例子

失念	评论	正念	评论
回顾市场实际走势，始终坚信对市场有偏差的判断。逆势交易。这包括试图逆趋势摸顶抄底。	注意力放在市场应该如何运行。不接纳实际的市场行为。相信心智的说法：市场快要反转（市场正处于顶部或底部）。	市场走势与此前分析预期不同。重新审查关键指标。确认趋势改变，顺应新趋势的方向寻找交易机会。	不予评判，注意力集中在市场。接纳市场行为。专注当下，专注于适当的交易任务。
看到有效的进场模式，就出于不相关的理由重仓进场（例如弥补之前的亏损）。	注意力放在之前的亏损。交易者相信心智讲的故事；只要加仓，"很容易"就会挽回损失。	发现有效的进场模式，与其他交易一视同仁，遵照资金管理参数，确定适当仓位。	专注于按照交易计划操作。交易者可能想起之前的亏损，浮现加仓的想法，但接纳这些想法，但接纳这些与资金管理限制。
急于建仓，不去检查较长时间周期的趋势/支撑位和阻力位。	专注于避免错失交易机会的痛苦。交易者相信心智讲的故事：行情准备启动，有赚钱机会。	行情开始启动，但不即兴交易。包括较长时间周期。交易分析发现，这不是精选交易机会，于是继续在场外观望。	注意力放在市场结构，以及这究竟是不是合理的交易位置。交易者注意到错失交易机会的感觉，但保持正念，放下这些感觉，专注于高价值交易行动，而不是情绪。
持仓有浮亏。交易者决定平仓，但没有平掉，反而错误地翻倍加仓。	注意力放在亏损上，交易者受到情绪动摇。由于注意力涣散，交易者错误执行指令，对亏损头寸翻倍加仓。	需要平掉亏损的头寸，在交易平台上挂出平仓单，在执行指令之前再次核对。	保持正念，注意力集中在平仓的任务。
才刚建仓，就过早平仓。	注意力转到担内疚状态——对亏损的恐惧。这促使交易者采取交易行动。注意力收窄到每分钟的价格变动，视之为威胁。放弃潜在利润。	建仓后，行情朝着对自己不利的方向运行了一点。重新检查分析。进场理由并未改变，继续持仓。	注意力集中在价格运动，留意是否出现了对交易不利的重大信号。接纳行情可能朝着对自己不利的方向运行一点，甚至止损退出。

续表

失念	评论	正念	评论
未能注意到随着趋势进入后期，供求关系的细微变化。交易者一直在场外观望，错失了一波大行情，最后在趋势后期建仓，结果亏了。	专注于在市场趋势运行中错失的故事。交易者相信心智讲的故事机会：目前的回落是进场机会，可以弥补之前在场外观望里失的利润。其实市场回落只是趋势反转的开始。	在大趋势过后，交易者注意到供求关系改变，开始物色与当前趋势相反的逆势交易机会。	注意力集中在市场行为。接纳趋势很可能结束了。
即使行情突破了震荡区，尾盘坚挺，但交易者还是在健仓当日收盘前平掉了盈利头寸。交易者对持仓过夜感到恐惧。	专注于持仓过夜可能令利润回吐的想法带来的不适感。相信心智对隔夜行情可能对持仓不利的恐惧。	交易者把握住趋势日的行情。由于尾盘坚挺，交易者持仓过夜，预计次日价格会进一步上涨。	交易者确实浮现了市场可能回落，令利润回吐的想法，但还是继续持仓。交易者意识到次日上午价格进一步上涨的概率很高。
行情来到周阻力位，但交易者还是继续持有有日内交易。这种单十分强劲，开势表现十分强劲。交易者想："市场表现还有更大赚头。"	专注于近期显著的走势。交易者相信心智讲的故事：市场势头强劲，升势将继续。	交易者敏锐地觉察到较长时间周期的阻力位，这是这笔交易的目标阻力位。当行情达到这个阻力位，交易者平仓。	交易者留意到，市场升势强劲，想过升势可能持续，但交易者也知道，概率偏向于在阻力位平仓。
持仓出现浮亏，但交易者并未止损，而是撤销了止损单，交易者指望等待行情反弹等以避免离场。	专注于避免亏损。交易者感觉亏损是不可接受的，相信心智讲的故事：等待行情反弹可以扭亏为盈。交易者死守亏损头寸，情绪一发不可收拾，所有精力都投入到指望扭亏为盈。	市场证明你的分析是错误的。在止损位平仓，接受亏损。交易者把注意力转向重新评估市场。	交易者不喜欢亏损，感觉到亏损带来的痛苦，但还是接受这本来就是交易模式概率的一部分。由于交易者快速处理了亏损，就可以把注意力转向市场和新的交易机会。

首先，坐在一张椅子上（你不必摆出特别的瑜伽姿势，但如果你想摆出这样的姿势，也可以）。舒服地坐正，坐姿放松、挺拔，仿佛有一根线拴在你头顶上，轻轻往上拉。双腿分开，双脚平放在地面上。可以把手放在大腿上，也可以放在椅子的扶手上，选择自己觉得最舒适的方式。确保坐姿舒适。

深吸一口气，屏息片刻，缓缓呼出。同时，轻轻闭上眼睛。再深吸一口气，屏息片刻，缓缓呼出。再深吸一口气，缓缓呼出。顺其自然就好，不需要刻意去控制。

把注意力转到呼吸上。心智跟随着一呼一吸。专注于你呼吸的气息是怎样从鼻尖进入鼻孔的，努力留意呼吸引起的身体感受。例如，你可能会注意到，吸入的气息感觉较清凉，呼出的气息感觉较温暖。你要做的只是观察自己的呼吸，仅此而已。尽量在更长的时间里，把注意力集中在呼吸上。

你会注意到，你的心智会从呼吸上游移开来。突然之间，你觉察到自己的心智不是停留在呼吸上，而是想到了别的。或许是晚餐要吃什么，或许是你想要试用的新指标。无论是什么，那都不是呼吸。注意到这一点。也要注意到，心智是自行游移开来。你没有邀请其他想法进入。你本来专注于自己的呼吸，但心智自行游移开来。轻轻地把注意力带回呼吸上，试着让注意力停留在呼吸上。

你会一次又一次地注意到，心智从呼吸上游移开来。它可能告诉你，这太无聊了，不如想点别的吧，那比注意呼吸更加惬意。你只要抱着不予评判的态度，接纳这些游移的想法。注意到这些只是想法。不必为此感到难过，也不必为出现了这么多的心智游移而感到困扰。这是自然而然的事。我们的心智就是这样的。只要轻轻地把注意力带回呼吸上。你可能需要反复做几次，这是正常的。只要把注意力带回呼吸上。这就是正念：观察自己的呼吸，当你注意到心智游移，轻轻地把注意力带回呼吸上。

大约10分钟后，开始把注意力转回你所在的房间。深吸几口气，活动手脚，轻轻伸展身体，同时张开眼睛。

一言以蔽之，这就是正念。我们把注意力放在一个恒定的东西上，例如我们的呼吸，当心智游移（这绝对是会出现的），我们的任务是注意到这一点，并轻轻地把注意力带回聚焦点（例如呼吸）上。在这个过程中，我们成为想法和感觉的观察者，而不是把想法和感觉当作与自己不可分割的一部分。我们不是我们的想法；我们只是有这些想法。在学习掌握观察想法和感觉的技巧之前，我们只是这些想法和感觉的奴隶。这就是这种正念练习的目标所在：观察自己的想法，而不是被想法束缚，在心智游移时注意到这一点，重新集中注意力。当我们被自己的想法和感觉束缚，我们就失去了与现实的接触。这种事情一再发生。当我们的心智游移，我们完全失去了与呼吸这个当下现实的接触。心智把我们困在给我们讲的故事之中，无论是回忆起愉快的记忆这种美好的故事，还是害怕交易亏损这种令人苦恼的故事。这两种心理事件都会让我们脱离当下，脱离实际上正在发生的事情。如果我们体验和回应的对象都来源于脑中，我们就严重脱离了实际发生的事情，无法做好交易。

由于我们一辈子都在被自己的想法束缚，要学会保持正念，观察这些想法，需要专门练习。经过正念练习，我们可以学会与想法和感觉拉开距离，把全部注意力放在市场上，让交易技巧和能力免受干扰，尽情释放，从而发挥最大潜力，尽量提升交易表现。

在练习正念的过程中，你会开始注意到，我们的想法、感觉和身体感受是非常短暂的，会自来自去。这一刻，你会感觉到心智拉扯着你去听它讲述的某个故事；下一刻，心智又会去想别的。片刻之前仿佛还那么重要的事情，它已经完全抛开，想到了别的事，又来告诉你新说的这件事才更重要，更需要你注意。这个过程永无休止，心智会让我们一直忙于其中，无暇他顾。正念让我们脱离这个徒劳无功的游戏，让我们全然处于当下，觉察实际发生的事情，而不是心智预估的事情。

通过正念练习，我们会开始看到想法的本质——想法经常只是一些随机而又不重要的东西。通过正念练习，我们也会开始看到，在许多时候，心智给我们讲述的现实版本根本是不真实的。此外，我们还会了解到，我们其实没有办法控制自己的想法，它们是自来自去的。情绪也是一样。但我们可以控制的，是怎样去回应这些想法和情绪。这就是正念练习帮助我们做到的：与我们的想法和感觉建立更有用的关系，让我们可以更好地管理自己的行为，重新掌握对自己行动的控制。

那么，观察呼吸对交易有什么帮助呢？乍看，两者好像风马牛不相及，但其实，观察呼吸与交易确实有关。你可以把手头的交易任务比喻为观察呼吸。举个例子，你的交易任务是管理持仓。这项交易任务涉及观察价格运动，或许还要观察你的指标，留意市场即将反转的清晰信号。这项交易管理任务就像观察呼吸一样，需要专注当下。你会发现自己的心智游移，给你讲了一个吓人的故事，说市场可能会反转，朝着对你不利的方向发展，让你由盈转亏，所以你最好赶快获利平仓，落袋为安；这时候，正念练习可以帮助你明白这些想法和随之而来的情绪只是想法和感觉而已，未必反映了当下真实的市场行为，你不必将其当作现实加以回应。而我们保持正念去管理交易时，可以把注意力带回手头的交易任务上。这就像把注意力带回呼吸上。我们可能会重新检查进场条件是否还成立，刻意确保进场条件没有改变。如果进场条件还成立，无论心智在说些什么，我们都继续持仓。关键在于，由于正念练习，我们提升了心理技巧，可以认清想法的本质——这只是想法——可以把注意力带回交易上，而不是被想法束缚，信以为真，脱离现实，让心智编造的故事指挥我们的交易行动。

通过正念练习，你可以锻炼心理"肌肉"，学会把注意力集中在交易上。然而，只是看一下有关正念的阅读材料，在智力层面理解什么是正念，是不够的。

正念是一项真正的技巧，需要练习才能掌握。你需要坚持定期、持续地练习正念，才能锻炼出正念的"肌肉"。同时还要记住，练习正念会改善你的脑部结构，让你提升持续专注于重要任务的内在能力，减轻压力的负面效应。正念练习可以给予你真正的交易心理学优势。

■ 开始正念练习

那么，我们要如何练习正念呢？从小做起，点滴积累。找一个无人打扰的时间和地点。必要时，叫人不要在这段时间打扰你。你无须大费周折地布置场所。你可以买一些冥想垫和其他装饰，但没有的话也没关系，只要一张椅子就足够了。首先，坐10分钟。如果你嫌10分钟太长了，那么5分钟也可以。你可能会觉得一大早开市之前，正适合做正念练习。也有的人会觉得，做正念练习的最佳时段是一天交易结束后，或者在一天中间某个时候，找个空当调整状态。还有许多人喜欢每天练习两次。你也可能是这样。用心体会自己的体验，找到最适合自己的方式。随着你取得进步，逐渐增加练习时间。请记住，研究显示，每天大约30分钟的正念练习已经可以令人获益匪浅。这是一个不错的目标。有的人可能会每天做45分钟或1小时。请根据自己的体验来决定。你会知道什么最适合自己。

观察呼吸是专注冥想的一个经典方法，但要提升正念技巧，还有许多其他正式和非正式的方法。心理学家、正念专家克里斯托弗·杰默（Christopher Germer）把正念分为三大类：专注力、正念觉察和慈悲冥想。每一类都是有用的。在这里，我们会再介绍几个正念练习，涵盖前两大类。每个练习都试一下，找到你喜欢的。心理学家苏珊·波拉克（Susan Pollak）是剑桥健康联盟（Cambridge Health Alliance）/哈佛医学院临床讲师，也是冥想和心理治疗协会（Institute for

Meditation and Psychotherapy）会长，她表示，不同的人会偏好不同的正念冥想方式。有的人可能喜欢观察呼吸；有的人可能喜欢本章介绍的其他练习。由于提升正念技巧就像学习乐器、锻炼身体或学习交易一样，需要你具备一定程度的动力和许下承诺，你最好选择自己喜欢的正念练习。因此，选择适合自己的一项或多项就好。这些练习都可以帮助你提升至关重要的正念技巧。

波拉克还发现，专注于呼吸可能会令患有哮喘、呼吸系统疾病和焦虑症的人士感到不适。在此情况下，她建议用聆听环境声音来代替观察呼吸。第一个正念训练"正念聆听"就是根据波拉克设计的一项练习改编的。这不仅对难以观察呼吸的人士有帮助，对于初次尝试正念冥想的人士来说，也是很好的入门练习。[1]

■ 正念练习

首先，舒服地坐下，双腿分开，双脚平放在地面上，双手自然垂放身侧。你可以闭上眼睛，也可以张开眼睛，目光轻轻放在离你几英尺远的地面上。

坐好和安顿下来以后，让自己来到当下。在椅子上找到自己的中心，感觉自己坐在椅子上。你可能会注意到双腿后侧与椅面接触的压力，背部与椅背接触的压力。注意到这些身体感受，体会一会儿。

轻轻地把注意力转向房间里的声音。你可能会听到自己所在房间以外或身边环境传来的声音。随着你的心智安静下来，你会听到平常不会注意到的声音。全神贯注地聆听每一个声音。只要聆听就好。

全身心投入聆听。无须为听到的声音贴标签，也无须评判。只要注

---

[1] Susan M. Pollack, "Teaching Mindfulness in Therapy," in Mindfulness and Psychotherapy, ed. Christopher K. Germer et al. (New York: Guilford Press, 2013), 140.

意这些声音，就可以了。

注意到这些声音的同时，也注意到你无须对这些声音做任何回应。你无须把音量调大或调小，改变音调，或者做出任何改动。同时也注意到，这些声音自来自去，自生自灭。你无须做出任何回应。只要注意这些声音，就可以了。

让自己聆听当下的所有声音。有些声音可能从上方传来，有些声音可能从下方传来，有些声音可能从前方传来，有些声音可能从后方传来，有些声音可能从左方传来，有些声音可能从右方传来。你的任务只是注意它们本身——这本质上只是出现了、被你觉察到、随后又消失了的声音。

如果你的心智游移，开始去想别的，只要注意到这一点，轻轻地把注意力带回正念聆听你所在房间里的声音。如果你听不见任何声音，那么就聆听寂静。

如果你是第一次做这个练习，最好别一下子做太久。设个5分钟的计时器。大多数智能手机都有计时器，还有些正念冥想的手机应用，可以发出柔和的声音，例如柔和的铃声或铜锣声，让你知道时间到了。这比尖锐的蜂鸣器更好。积累了经验之后，你可以延长时间。本章中介绍的所有练习都是如此。

你也可以把这个练习拓展到正式的静坐练习之外。无论是坐在汽车的乘客座位上或公园的长凳上，还是沿着街道或小道步行，你都可以把注意力带到周围的声音。跟正式练习一样，你可以在日常生活中，保持正念，去注意和聆听周围的声音。无论是排队等候结账，在餐厅里用餐，还是把碗筷放进洗碗机里，你都可以做这样的练习。随时随地都可以。

在下面的所有练习中，都可以用正念注意和聆听声音来代替呼吸。此外，如果你在使用呼吸作为聚焦点，发现自己难以集中注意力，就可以改为聆听声音，而不是观察呼吸。如果你发现自己的心智游移比平常更加活跃，似乎无法专注于呼吸，可以把聚焦点改为聆听声音，这往往可以起到作用。请记住，在这种情况下，若是与正念对抗，努力强迫自己专注于呼吸，这并不是正念，而是挣扎。如果你发现自己陷入了与心智之间的挣扎，可以改为聆听声音，或许会有所帮助。

宁静之语

这个练习是观察呼吸的修改版。你在观察自己的呼吸时，可以重复几个简单的词语（如下所述）。这些词语被称为"咒语"（mantra），可以帮助你在练习正念时，保持专注。如果你感觉到疲倦或懈怠、不安或焦虑，这种练习可以帮助你保持专注，平静下来。默默地对自己念着这些咒语，可以给你带来额外的帮助，让心智保持专注力。佛教禅宗僧侣一行禅师在正念冥想中，也是使用类似的短语。

你的注意力还是放在呼吸上。就像在第一个练习中一样，你可能会在鼻尖上注意到呼吸，或者你可能更喜欢注意腹部随着每次呼吸一起一伏。体验一下，选择你自己喜欢的方式。你也可以把手放在腹部上，帮助自己从身体这个部位与呼吸连接。此外，下腹部吸气是有帮助的，但不要勉强。只要在吸气时，气体进入肺部下方，横膈膜扩张，气体进入肺部中间，最后充盈肺部上方。轻轻地，无须用力或强迫呼吸。同时也要记住，不要控制呼吸，只要感受就可以了。

在做前几下呼吸时，注意到呼吸会让你平静下来。一行禅师强调说，身体放松有助于让心智平静，所以在练习正念冥想时，身体必须平静下来。有意识地呼吸可以让身体平静下来，是这个简单有效的练习的基础。视乎你究竟是从鼻尖观察呼吸，还是从腹部观察呼吸，跟随着你的一呼一吸，默默地向自己重复适当的短语。这个练习与一行禅师设计的许多正念练习相似［例如，请参阅他的书《莲花的绽开》（*Blooming of a Lotus*）］。过了一段时间，如果你喜欢的话，你可以只默念右边的单个词语，而不是整个短语：

吸气，气息清凉，	吸气
呼气，气息温暖。	呼气
吸气，身体放松，	放松
呼气，心智平静。	平静
吸气，腹部鼓起，	鼓起
呼气，腹部内收。	内收
吸气，气息滋养身体，	滋养
呼气，心智平静。	平静

如果你的心智游移，开始去想别的，只要注意到这一点，轻轻地把注意力带回手头的任务，也就是观察呼吸，默念这些字句。你要意识到自己的呼吸，也意识到这些字句。死记硬背是没有用的。专注于你自己默念的话。如果你喜欢这种风格的正念冥想，你可以发挥创意，编造自己的短语，或者参考一行禅师的著作。

溪上之叶

许多与我合作过的交易者，都最喜欢下面这个例子。这个练习可以帮助你从透过想法的面纱看世界，转变成观察自己的想法。我最初是从心理学家约翰·福赛思（John Forsyth）和格奥尔格·艾弗特（Georg Eifert）那里学会的。[1]

---

[1] John P. Forsyth and Georg H. Eifert, The Mindfulness and Acceptance Workbook for Anxiety: A Guide to Breaking Free from Anxiety, Phobias and Worry Using Acceptance and Commitment Therapy (Oakland, CA: New Harbinger, 2007), 242.

这是心理学正念接纳承诺疗法中的一个标准正念练习。下面是我对"溪上之叶"的改编。

　　跟之前的练习一样，首先找到自己的中心，专注于呼吸。只要注意腹部随着呼吸一起一伏，或者只要注意气息进入你的鼻孔，再呼出来。吸气清凉；呼气温暖。不要控制呼吸。准备好以后，轻轻闭上眼睛。

　　想象在一个温暖的秋日，你在树林里，坐在一条小溪旁边。你注视着溪流，注意到溪上有许多叶子，颜色、形状、大小各异，顺着溪流而下，流动的速度各不相同，一片又一片，缓缓地顺流而下。让自己只是待在这个环境下，沐浴在温暖的秋日阳光中，观察叶子在溪流中流过。

　　逐渐觉察到自己的心智和身体。注意和标记每个心理和身体体验——想法、感觉、身体感受、意象、欲望、记忆和冲动。注意和标记心智和身体发生的事情。你可能注意到自己感到兴奋。标记这个感觉，默默地对自己说："感觉。"或许你在想："我没有时间做这种事。"注意和标记这个想法："想法。"

　　觉察和注意到每一个想法、感觉、记忆和身体感受，把你的心智之眼，轻轻地放到流过的每一片叶子上。慢慢来，不用着急。观察流过的每一片叶子。当叶子靠近，在心里把你的想法、感觉或记忆放到叶子上。让叶子成为承载想法、感觉和身体感受的小船。看着叶子缓缓流走，承载着你的心智和身体的产物，顺流而下，最后不见踪影。

　　如果你的心智卡在某个想法或感觉上，注意到这一点，仿佛这只是一片叶子陷于某个旋涡之中。最终，这片承载你执着的想法或感觉的叶子会离开这个旋涡，顺流而下。

　　继续把每个想法、感觉、记忆或冲动放在自己的叶子上。观察每一片叶子流走。

准备好以后，扩大注意力范围，注意你所在的房间、周围的声音，以及你在房间里的身体。张开眼睛，打算在当天余下的时间里，都觉察和接纳自己的想法和感觉。

谁在注意你的注意

下一个练习把专注力与你对当下体验的整体觉察力结合起来。这是基于澳大利亚治疗师路斯·哈里斯（Russ Harris）医生的研究成果。[①]这个练习不仅能帮助你更广泛地提升正念觉察，还能帮你发展成为正念观察者。以下是我对哈里斯医生"谁在注意"练习的改编。

跟之前的练习一样，首先找到自己的中心。正如之前的练习所述，最容易的方法是专注于呼吸。找到自己的中心之后，把注意力转到平放在地面上的双脚。注意到你的双脚，鞋底是怎样轻轻地与地面接触。注意到双腿后侧与椅面接触的压力。注意到背部与椅背接触的身体感受。注意到双手放在大腿上。觉察到你的注意。注意到谁在注意。

现在，把注意力转到能听到的声音上。你能听到什么？保持正念去聆听，同时注意到你无须对这些声音做任何反应——它们自来自去。有些声音可能非常安静柔和，几乎微不可闻；有些声音可能较大。注意所有声音。觉察你的注意。注意谁在注意这些声音。

接下来，把注意力转到能闻到的气味上。你注意到什么气味？同时也注意口中能尝到的味道。有什么味道？觉察自己对气味和味道的注意。

---

① Russ Harris, ACT made Simple: An Easy-to-Read Primer on Acceptance and Commitment Therapy (Oakland, CA: New Harbinger, 2009), 177 - 180.

注意谁在注意。

轻轻地把注意力转到你的想法上。你的心智在跟你说些什么话？给你讲了什么故事？只要注意心智告诉你的话。无须努力控制或改变你的想法。任由这些想法按原样浮现，只要注意这些想法，就可以了。觉察自己对这些想法的注意。注意谁在注意你的想法。

现在，注意你当下的感觉。你浮现了什么情绪？是强烈情绪还是淡淡的情绪？只要注意这些感觉，然后觉察到你在注意自己的感觉。注意谁在注意。

深吸一口气，觉察你自己的存在。是你觉察到体验中的一切，留意到你可以触碰到、听到、闻到、尝到、想到和感觉到的一切。这个注意的你，是"观察的你"，是无时不在的，总是在那里，你总是可以把它呼唤出来，帮助你走出自己的想法和感觉，朝着对自己真正重要的目标前进。

正念行走

下一个练习是行走冥想。练习正念也不必总是坐着。无论是站立、坐着还是行走，我们随时随地都可以练习正念。行走冥想是许多人都喜欢的觉察练习。

首先，划定一个你可以舒适行走，不会受到打扰的区域。冥想花园是专为行走冥想打造的，但只要你可以行走10—15英尺的无障碍空间，其实都可以。从房间的一头走到另一头，转身再走回来，这样做行走冥想也完全可以。

其次，站定不动，呼吸，找到自己的中心。做这个冥想最好张开眼睛，但你可以垂下视线，目光轻轻放在离你几英尺远的地面上。先是缓慢地行走，注意自己的脚离开地面，缓慢地前移，再注意到你的脚跟，接着是脚掌，接着是脚趾触及和压到地面。注意另一只脚抬起、前移、放下的同一个过程。

你的注意力主要集中在你的脚和脚的运动上，但同时也要注意你的呼吸。你可能会发现自己的注意力在双脚和呼吸之间来回。没关系。当你注意到自己的心智游移，把注意力带回脚和呼吸上。你甚至可以停下来，站一会儿，重新找到自己的中心。这是"站立冥想"，是练习正念冥想的一个很好的方式。请记住，不要和自己的心智对抗和挣扎。当你注意到自己的心智又游移了，生气或沮丧是于事无补的。心智就是这样，这是自然而然的事。跟所有正念冥想练习一样，你只要注意到心智游移，轻轻地把注意力带回手头的正念任务上——在这里就是注意自己的行走和呼吸。

一般来说，在行走冥想中，缓慢移动是最好的，但跟其他练习一样，你还是要找到最适合你的方法。我见过有些行走冥想者走得很快。选择适合你的行走速度，只要你可以维持专注力就可以。此外，如果你的空间有限，每当走到墙边或遇到障碍物，只要保持正念，转身往反方向走就可以了。保持正念，来回步行；其他人可能会觉得你有点奇怪，但那也没关系。你在提升至关重要的心理技巧，这才是最重要的。

我第一次尝试行走冥想，是在马萨诸塞州斯托克布里奇Kripalu瑜伽与健康中心（Kripalu Center for Yoga and Health）。Kripalu在一片田地里设了一个广阔的冥想花园，建成螺旋形状，你可以在外面开始行走冥想，沿着一条环形的步道，行走到中心位置，这里有一个小花园，你可以在长凳上坐下来。休息完毕以后，你可以离开花园中心，沿着一个与进来的步道反方向的环形步道，走出花园。这里的环境宁静优美。当你保持正念，缓缓地走进来，你会看见人们缓缓地走出去。当你走出去，你会看见其他人走进来。我的注意力常常游移到与我反方向行走的人身上，为此感到沮丧。我觉得很难不去注意他们、他们的穿着打扮、他们的行走方式，等等。我的心智开始想："这个冥想花园也太差劲了。这些人真叫人分心。"后来，我才意识到，这个花园的设计真是神来之笔。反方向行走的人们正是我的想法。他们从拐角处出现，我注意到他们，他们越走越近，占据了我的意识，随后又离开，消失在背景之中。接着，另一个人又出现了，周而复始。想法也是一样的。它们自来自去，有开始、中间和结束。在花园里，我沮丧地看着其他冥想者，这是在透过想法的面纱看待他们。我没有保持正念。我听信了自己的想法，以为其他人的存在是负面的。我的注意力被这样的想法所占据："唉！又有人走过来了。真叫人分心！"我活在自己的头脑中，完全失去了对手头任务的专注力，也就是注意自己的步伐和呼吸。我完全失去了与正念的接触，不再有意识地、不予评判地专注当下。我们在交易中不就是这样做的吗？我们的心智转向了想法，这可能包括对亏损的恐惧，对错失交易机会的恐惧，或者想着要重仓交易以弥补最近的亏损。无论是什么想法，当我们活在这些想法之中，我们就脱离了当下。我们完全失去了对交易以及手头的相关交易任务的专注力。由于听信了不相关的想法，导致我们犯下许多交易失误，正因如此，正念对交易者来说是一项至关重要的心理技巧。

非正式的正念练习机会

非正式的正念练习随时随地都可以做。例如，无论你是在洗澡、刷牙还是洗碗，都可以保持正念。在这些例子中，你的正念任务是注意水冲刷在身上的身体感受，肥皂拿在手中、抹在身上的感觉（洗澡）；或者牙膏的味道，牙刷刷在牙齿上的感觉（刷牙）；以及碗碟拿在手上的感觉，水及其温度带来的身体感受，以及洗洁精带来的滑溜感（洗碗）。在这些平凡单调的琐事中，我们经常没有意识到当下，而是活在自己的头脑中。所以，拿这些活动来练习正念是不错的选择。你在刷牙或往身上抹肥皂时，每当心智开始去想别的，就注意到这一点，轻轻地把注意力带回手头的任务上。

在所有日常活动中，你都可以保持正念。例如，喝咖啡时，你可以保持正念，注意空着的手往前移，拿起杯子，注意你拿着杯子的身体感受——杯子的重量、质感和温度；注意喝咖啡的身体感受——味道、质感和温度；注意把咖啡杯放回桌上、放开杯子的身体感受。基本上每项活动都是保持正念的机会：吃东西、穿衣服、拨打电话、上网搜索、在电脑上打字、开车、跟别人聊天、研究图表、建仓、管理持仓和平仓。

通过观察呼吸、念咒语或行走冥想的正式练习，可以帮助你训练自己在正式练习以外的时候（包括在交易期间），注意到心智脱离任务的情况，注意到透过想法的面纱看待外界、听信了这些想法的情况。正式冥想练习可以为你做交易培养多项能力，包括：（a）注意到心智告诉你的是与任务无关的故事；（b）把你的注意力带回交易任务；（c）执行适当的高价值交易行动（有待在第三部分讨论）。请记住，正念技巧需要练习才能学习掌握。你看到这里，可能会想："好吧，听起来挺有道理，我只要在心智游移的时候，觉察到这一点就好了。"但这只是你的心智告诉你的故事（多半是你的直觉思维未经研究，就快速做出不准确的判断）。你需要反复练习，才能做出需要的改变，改善前面提到的注意力技巧和脑部结构。在智力层面理解只是纸上谈兵，对你的交易帮助甚微。正念是一种技巧，跟其他值得学习掌握的技巧一样，需要练习。这就像网球运动员想要打一个高压扣杀一样。她在赛场上打出这一记球之前，已经在练习场上扣杀了无数次。你可以把正式正念练习看作心理运动锻炼。把这项练习纳入日常例行程序，可以帮助你锻炼出强壮的心理肌肉。不然，你就会听任未经训练、准备不足的心智摆布。

■ 在交易中运用正念

正念虽然简单，但要持之以恒却并不容易。由于正念本身并不复杂，很容易就会被人忽视。有的人可能会想："正念这么基本的东西，怎么可能奏效呢？"其实不是非得是复杂的东西，才能带来很大好处。正念表面上看来简单，但背后有许多奥妙之处，值得交易者深入了解。正念涉及多个相互关联的过程。弗兰克·加德纳和泽拉·穆尔从人类表现的角度回顾了这些过程，而布丽塔·赫尔策尔、萨拉·拉萨尔（Sara Lazar）及其研究团队从心理学和神经成像的科学角度评估了这些过程。由此，你可以全面透彻地理解正念，明白虽然正念是一个简单的练习，但还是一项强大的工具，可以改变你的交易，改变作为交易者的你。在这一章最后，我们简单讨论这些过程，以及这些过程与交易的关联。表6.2概括了这些过程，以及这些过程是怎样提升交易表现的。

表6.2　正念是怎样运作和提升交易表现的

正念过程	描述	交易表现
调节注意力	每当心智游移，就把注意力带回聚焦点上（例如呼吸），提升冲突监测的心理技巧	保持注意力集中在与交易相关的信号上，从而提升交易表现；减少受到内在和外在干扰而分心
更好地觉察到身体感受和情绪；减少控制内在体验的努力	把注意力集中在身体感受和对情绪的觉察上，提升情商	把身体感受和情绪视为暂时的事件，减少控制身体感受和情绪的努力，腾出额外的资源投入交易任务
提升情绪调节能力	对情绪抱有开放的态度，不予评判，以全新方式理解和回应情绪。改变过往情绪化的记忆	由于对情绪的体验改变，交易者能够针对市场信号及交易任务，采取更灵活的交易行动，而不是为了逃避或控制内在状态而采取行动
改变思维角度	更加认同"观察的我"，"观察的我"不只是体验之和	提升元认知觉察水平后，交易者可以减少受规则制约的行为，对交易信号更为敏感，更灵活应对交易需要

调节注意力

正如本章中的正念练习所讲，在做正念练习时，人的注意力是放在单一点上的（例如呼吸），每当出现心智游移（这是必定会出现的），可以把注意力带回聚焦点上。赫尔策尔和拉萨尔表示，这项练习提升了脑部的冲突监测能力，这项执行脑功能可以让我们保持注意力，同时识别令人分心的内在和外在干扰，并置之不理。由于提升了专注力和冲突监测能力，可以直接促进表现提升。加德纳和穆尔发现，当注意力离开表现性任务，转移到内在想法和感觉，表现会快速脱离正轨。虽然电脑具备多任务处理能力，可以有效地同时运行多个程序，但人做不到有效地一心多用。注意力真的是一项不全则无的资产。当我们的注意力离开了交易任务，转向处理内在感觉、想法和身体感受，注意力就完全离开了交易。由于注意力已经集中在内在状态，交易者采取的行动是为内在状态服务，而不是为交易服务。由于你根本没去注意交易，除非你是瞎猫碰到死耗子，不然交易表现是一定会变差的。交易表现和交易绩效会恶化。而正念冥想可以帮助你更好地调节注意力，提升冲突监测能力这项重要的心理技巧，让我们可以识别不相关的想法和感觉，置之不理，继续专注当下，保持注意力集中在支持交易的行动和行为上。

更好地觉察到身体感受和情绪，减少控制内在体验的努力

科学研究证明，正念可以增强人们注意身体感受和生理状态的能力。由于身体感受和情绪息息相关，当我们更好地觉察到身体感受，也就能更有意识地觉察到自己的情绪世界。在正念练习中，经常会把身体感受（例如肌肉绷紧、轻微疼痛、身体靠着椅子的压力、呼吸带来的身体感受）当作聚焦点（本章中描述的一些练习专注于身体感受）。通过正念训练，我们开始把身体感受与情绪

联系起来，从而提高情商。正念有助于我们在情绪出现时加以识别，明白这些情绪意味着什么，这正是情商的一个重要方面。对许多人来说，在情绪出现时，他们首先会注意到自己的身体感受。同样重要的是，通过正念练习，我们意识到身体感受和情绪都只是暂时的内在事件。当我们增强了这种意识，我们自然会开始减少控制内在体验的努力，减少控制身体感受、情绪和想法的努力，从而更好地专注于表现性任务。在所有其他条件等同的情况下，这自然会改善表现。这包括在表现情境中体验到强烈情绪。虽然我们可能会体验到强烈情绪，但正念可以提升我们专注于真正重要事务的能力，坚持对高价值交易行动的承诺，为交易带来支持，而不是纠缠于与情绪状态对抗，脱离交易的正轨。

提升情绪调节能力

我们需要认识到，虽然正念练习可以改善情绪控制能力，但要做到这一点，并不是靠以正念努力控制你的情绪。事实上，恰恰相反。通过正念练习，你可以学会抱着开放的态度接纳你的情绪，不予评判，从而提升内在情绪调节能力。在这里，"内在"指的是培养和促进情绪管理的脑部和心理结构。这里存在一个悖论：你不能直接控制你的情绪，不然就失去了正念；但如果你保持正念，抱着开放的态度接纳你的情绪，接纳这只是暂时的、来来去去的事件，反而可以提升情绪控制能力。

科学研究证明，经验丰富的冥想者的前额叶皮层对杏仁核有更强的控制作用，而正念可以激活负责情绪调节的脑区。科学研究也开始证明，正念练习为情绪带来的好处十有八九来源于"认知重评"，也就是我们给应激事件和体验赋予新的含义。还记得吗？我们在第2章提到，脑部无法通过做减法改变记忆；脑部只会做加法。如果我们以一贯的方式回应应激情境，这只会继续强化我们的模式化反应；而正念提供了一种截然不同的反应方式。通过正念练习，我们为心智和脑部提供训练，让它们了解到面对应激，我们不必努力去控制或者消除，而是可以抱着更开放的态度加以接纳。这样一来，我们为应激做了加法，加上了不同的反应、体验和结果。如果我们主动与之对抗，努力消除应激，只会陷入无益的循环。史蒂文·海斯经常说："你不想要的，你偏会拥有。"通过正念练习，我们可以学会不再逃避不愉快的内在体验，而是"加以接纳"。通过保持正念，抱着开放的态度接纳我们不想要的东西，可以改变我们脑部的反应模式。在开始阶段，这自然需要我们投入更多注意力。随着练习者积累经验，会提升能力，不需要那么多的心理资源，也能够维持情绪调节。在这方面，正念是一项强大的心理技术，根据迄今为止的研究，还没有其他心理程序可以达到同样的效果。

练习者很快会发现，就像心智总会游移一样，他们的想法和感觉虽然有时候看似强烈、令人难以承受，但其实都会消退的。所有想法和感觉（包括非常强烈的那些）都只是暂时的心理事件。正念交易者很快就会明白，不想要的内在体验很快就会被愉快的想法和感觉所取代。我们越是练习正念，就越能体会到困难的情绪只是一只纸老虎，其实是没有牙的。

为了更好地说明这个过程，我们经常会打一个比方，我最初是从心理学家兼焦虑专家格奥尔格·艾弗特和约翰·福赛思那里学会的。[1]这个比喻称为"喂养老虎幼崽"，以下是我的改编版。

想象一下，你家里住着一只老虎幼崽。老虎很小，但还是挺吓人的，你怕它会咬你。每当它咆哮起来，你都会给它一些食物，希望能够让它满

---

[1] Georg H. Eifert and John P. Forsyth, Acceptance and Commitment Therapy for Anxiety Disorders: A Practitioner's Guide to Using Mindfulness, Acceptance and Values-Based Behavior Change Strategies (Oakland, CA: New Harbinger, 2005), 138 - 139.

足。这确实满足了它。它忙着吃东西，暂时不来找你。但它也长大了一点。下次它饿了，咆哮起来，你看到它长大了一点，于是给它更多的食物。这样的场景反复上演了无数次。每次老虎咆哮起来，你都会喂给它更多的食物。它长得越大，你就越害怕它，于是喂给它越来越多的食物，希望它别再来找你。但当然它会一直来找你，因为你一直在喂它。

在这个比喻中，老虎代表了不愉快的内在状态。就像老虎会咆哮，你不想要这样不愉快的内在状态，采取行动努力去控制。在老虎的例子中，控制是通过喂养实现的——这是一种负强化。但控制只是暂时的，只要你一直喂养它，它永远不会离开。它干吗要离开呢？你一直在供养它。你越是喂养这只老虎，它就会越大，越可怕。你越是喂养自己的负面内在状态，把它当成准确真实的，必须加以回应（并努力控制、压制、减少或改变它，仿佛它是实质性的、重要的、必须回应的），它在你看来就越是真实，变得越大、越可怕。

正念可以帮助你停止喂养这只老虎，抱着开放的态度，看清楚它的本质——这只是一只纸老虎，是几个吓人的字词或意象引起的暂时的感觉，很快就会消失，仅此而已。你不再企图采取行动摆脱或避免不想要的体验，而是接触到这只老虎，看清楚它其实并不是自己声称的那样。这只老虎没有牙。正念也能促进平静放松的状态。当你接触到这只老虎，而你的身体是平静而又放松的，这就给你的脑部发出了不同的信息：无须惊慌。当我们做了足够的练习之后，我们就开始给自己对类似体验的记忆做加法，开始改变这些记忆。这个过程被称为对现有记忆的"再巩固"（econsolidation）。换言之，通过正念接触，我们打破了喂养老虎的习惯，在此过程中，了解到没有什么可害怕或逃避的。这样一来，当我们日后听见老虎咆哮，就只是承认它的存在："哦，那只纸老虎又在叫了。"把注意力转回到重要的事情，也就是手头的交易任务。我们不再以僵化的方式回应内在状态，而是可以灵活地采取行动，做出当下对我们的交易最有利的行动。

改变思维角度

正念帮助我们不再透过想法的面纱看待外界，而是提升内在觉察力，让心理过程变得清明。我们开始与想法拉开距离，包括关于自己的想法。我们开始认识到，意识的内容是短暂的，是不断变化的。这包括我们对自己身份有意识的反思。我们不再把自己视为静止不变的，而是开始认识到，我们其实随时随地都在变化，我们所谓的"自我"是心智的另一种建构。"我"不是我们倾向于相信的那样固定和永久不变的。我们不再习惯性地把自己放在世界的中心，而是开始采纳"观察的我"（Observing I），这样的自我有着不断变化的体验，可以与其体验相分离。这样的自我不是由任何一个或一组体验所界定的，也不是由任何一个标签所界定的（例如"我是好人"，或"我是坏人"，或"我是交易者"，或"我是心理学家"）。我们不只是自己的体验、角色、标签和职衔——远远不止这些。正念练习可以帮助我们明白这一切。

在这方面做过的科学研究还是有限的，但赫尔策尔和拉萨尔做的早期研究发现，正念可以让人更加接纳自己，有更强的自尊感。我们还在上一章谈到，我们心智游移的默认模式有自我参照的一大成分，这通常会引起负面体验。正念可以帮助我们脱离过度的自我参照，让我们更充盈地体验生命，放下自我中心。正念可以帮助我们发展整体上的"元认知觉察"，这个看似深奥的词是指把想法和感觉看作与自己相分离的心理事件。当我们以自我参照的方式看待想法和感觉，视之为绝对的，我们就倾向于采取受规则制约的思维和行为模式。我们通常会给自己订立一些潜规则，例如"如果X发生了，那么Y也会发生"。这些规则通常会得到强化，导致行为僵化。例如，"如果我又亏了一单，那就太糟糕了"，这个想法很容易引起自我参照的思维方式（例如，"如果亏了，这对我来说就太糟糕了"或者"如果我又亏了一单，我永远也做不好交易"），这会进一步导致我们采取不灵活的行动，例如止损位距离进场价太近，跌破止损位还不止损，为了避免潜规则带来的负面感受而过早获利平仓。受规则制约的思维和僵化的行为会降低交易者与市场有效打交道的能力。

当正念交易者浮现这样一个想法："如果我又亏了一单，那就太糟糕了"，她会注意到这只是一个想法。这种元认知觉察可以帮助交易者改变思维角度，更灵活地对市场做出回应。她不再听信"如果X发生了，那么Y也会发生"。因此，不再固执地一心要阻止X发生。因此，她不是相信自己的想法，把止损位改到距离进场价太近的位置，或者过早平仓，而是把注意力转回价格运动上。这样一来，她对市场发出的信号更加敏感，处于良好的心理状态，可以灵活地回应市场，而不是僵化地回应自己的内在状态。在这个例子中，灵活可能意味着：拿住持仓；分批减仓；调整止损位（但不是改到距离进场价太近的位置）；对冲头寸；加仓——一切视乎交易的客观需要而定。

■ 把正念运用到重要的交易活动中

现在，你已经了解到正念的好处，也做过了本章前面提到的一个或多个正念练习，那么，是时候把正念运用到你的交易之中了。你会发现，正念会开始改善交易的心理层面。经过日积月累的练习，你应该可以更清晰地观察市场，开始觉察到之前忽略的市场信号，在交易时保持更加放松和专注的心理状态，从而更灵活地与市场打交道。你不再以有限的方式采取僵化的行动，为自己未能更高明地进行交易感到苦恼，而是发现自己的整体交易行动具有更强的适应能力，你可以选择做出更多高价值行动。保持正念，你的心智会变得适应交易的要求。

然而，你最好不要一开始就运用正念应对十分棘手的情境。例如，如果你难以拿住盈利头寸，尝试在建仓以后保持正念多半效果有限，至少一开始是如此。你需要在一段时间内坚持练习正念，才能对十分棘手的交易情境产生良好的效果。我们在开始运用正念时，最好选择难度较低的情境入手。后面在第8章里，我们会详细介绍一个有效的程序，帮助你应对更重大的困难。暂时来说，我们先从心理难度没那么大的事务入手，循序渐进地学习在交易中运用正念。就连美国职棒大联盟的球员也得先花一段时间在小联盟练手，磨炼球技，准备好之后才能在大联盟大展拳脚。交易也是同样的道理。

要在交易中运用正念，一开始，选择你在每天交易开始前或结束后做的一两件事情。在这两段时间里，有许多活动是你可以保持正念去做的，对你会有很大好处。在一天结束后，许多交易者会回顾当日交易，评估当天的市场交易状况。我们可以敷衍了事地去做这些事情，也可以选择保持正念去做这些事情。在你研究自己的交易时，每当有想法让你的注意力离开这项活动，都要留意到这一点。什么想法都可能出现——从某单交易的表现未如理想因此不想评估这单交易，到晚餐要吃点什么，林林总总，不一而足。每当有想法让你的注意力离开评估交易这项活动，都要留意到这一点。观察这个想法及其相关的感觉，例如紧张、尴尬、悲伤或生气。也留意到这些想法和感觉让你离开了当下，把你带到了过去或未来。你可以在心里标记想法，例如"想到晚餐"，标记感觉，例如"饥饿"。然后提醒自己，当下对你最重要的是什么，让注意力回到评估交易。如果飘忽不定的想法和感觉持续，注意到这一点。你甚至可以在心里记下"持续"。呼吸几下，在这几个呼吸循环里，保持正念去观察自己的呼吸，找到自己的中心，再把注意力带回当下重要的任务——你的交易评估。

你在把正念运用到实际交易之前，最好先运用到实际交易以外、与交易相关的重要活动，例如制订第二天的操作计划，写交易日志，评估隔夜数据，根据隔夜变动修订当日操作计划。

在这些难度较小的情境中运用正念，体会到运用正念的好处之后，你可以迈出下一步，开始在建仓之前核对清单的过程中练习保持正念。有些交易者在建仓之后会感到兴奋，进入过度唤醒状态。慢下来，找到自己的中心。呼吸几下，保持正念去观察当下市场，比较是否符合你的进场模式的条件。如果你的心智游移到未来或过去，留意到这一点，把你的注意力带回当下的重要任务——确定进场条件是否成立：保持正念，拿当下市况与进场条件相比较。运用正念去确定潜在进场模式的条件是否成立，就为把正念运用到你的实际交易之中迈出了第一步。

把正念运用到各种难度较低的交易活动时，请务必留意正念会为你带来什么好处。看一下令人分心的想法和感觉是否消退到背景之中。看一下你是否更加注意到和觉察到正在进行的任务。看一下你是否开始注意到自己通常会忽略的事情。看一下你是否调动了自己的审慎思维，而不是匆匆下了简单的结论。同时也记住，在进行这些活动时保持正念，可以发展正念技巧，以便日后应对更棘手的情境。请记住，正念是一项心理技巧，跟其他技巧一样，我们练习越多，就越能够熟练运用，富有成效。你也很可能会发现，你在保持正念去履行这些重要交易任务时，会变得更加高效，观察力更强。

TRADE
MINDFULY

第 7 章

认知解离：
先进的正念技巧

首先，我们来看一下下面这个场景：

深夜里，你在一条荒无人烟的路上开着车，距离最近的城镇还有几英里，路上看不到其他车辆的踪影。突然间，你的车失去了动力，引擎熄火了，汽车安静地向前滑行了一点，停了下来。你注意到油箱是半满的，意识到肯定是引擎出了问题。你从手套箱里取出手电筒，打开引擎盖，检查发现，油管上有一个小洞，漏油了，导致引擎熄火。你想拨打道路紧急救援服务热线，但手机没电了，于是你在车里找工具，想要修理油管上的小孔。你只能找到一支圆珠笔和一个水杯。你要怎样利用手头的工具，解决问题，到达下一个城镇呢？接下来几分钟，请试着解答这个问题，再继续往下读。

过了一两分钟，如果你还没有解决这个问题，请考虑一下，玻璃碎片可以切割塑料油管；从圆珠笔上取下笔芯，可以得到一条空的塑料管。有了这个提示，请再想一两分钟，试着解答这个问题，再继续往下读。

大多数人解决这个半夜汽车熄火的难题，给出的答案都是在路上打破玻璃杯，拿一块玻璃碎片，仔细地割掉油管穿孔那一段，然后把空的笔筒塞进两边油管切口，临时对接一下，让汽油可以再度顺利流入化油器，为引擎提供燃料。

心理学家史蒂文·海斯和查德·申克（Chad Shenk）描述了一个类似的心理挑战，以说明"认知融合"（fusion）的概念，以及与之相反的重要心理技巧："认知解离"（defusion）。所谓认知融合，指的是我们把想法和心理意象当成真的，并以此方式加以回应。解决油管问题就是认知融合的一个例子。我们在阅读上述场景时，仿佛可以看见深夜里荒无人烟的道路，油管破裂，使得汽车熄火。但这在现实中是不存在的，只是在我们的心智里活灵活现。在当下的现实里，也没有手电筒、水杯或圆珠笔。这些物品是通过纸面上印刷的文字，在我们心智里创造出来的。然而，大多数人都可以想象这个场景，想象这些特定的物品。在解决这个问题时，我们体验到心智极具价值的能力。我们可以——在心智里——自由地操纵这些物品。我们可以"看见"自己打破玻璃杯，切割油管，把空的笔筒塞进两边油管切口，对接一下，而事实上，这些物品在现实中都不存在。我们逐步解决这个问题时，会对照修理汽车的目标，评估自己的计划和行动。如果我们的心智起初制定了一个行不通的解决方案，大多数人都会尝试另一个方法。在我们在心里设想、计划和评估解决方案的过程中，可以相当肯定地确定我们确实可以用玻璃碎片切割油管，把空的笔筒塞进两边油管切口，临时对接一下。这一切都仿佛我们真的在直接操纵一块玻璃碎片和一支圆珠笔，但其实并没有。这就是史蒂文·海斯及其同事所说的认知融合：把心智产生的想法、意象和感觉当成是真的对待。认知融合有时被描述为两块加热后的塑料拼接到一起，融合成一块。在心理上，我们把想法和意象与现实"融合"到一起。我们就是这样有效地解答汽车的问题的。我们可以在心智里，把拼图的每一块

（玻璃、油管、圆珠笔）当成真的加以操纵，从而得出解决方案。

在这方面，我们的心智是一项绝佳的工具。正是这些心理能力，帮助我们成功在天空翱翔，登陆月球，剖开身体修补甚至替换病变器官，创造出互联网，让人可以即时在全球各地发送信息。这些和许多其他奇迹之所以能出现，是因为我们的心智独特而又宝贵的能力。这是进化的礼物，让人类兴旺发展。

但正如海斯和申克指出的，心智也有黑暗的一面。它不知道何时要停下来。你从正念练习中可以体会到，让心智安静下来是非常困难的。心智一天到晚不停地浮现想法，甚至在睡梦中也是如此，也不停地解决问题。你在认真观察自己的心智时会发现，它会持续不断地比较、对比、评估、计划，努力解决问题。基本上所有一切都会变成需要解决的问题。实际上，由于我们的心智进化成高明的问题解决机器，解决问题成为我们偏好的思维方式。在这个过程中，我们与心智的内容产生了认知融合，把心智告诉我们的话当成真的。认知融合并非在所有情况下都有用。你可以把它当成一位只有一把锤子的木匠。虽然木匠的锤子做工精良、出色，但并不是所有问题都应该被视为钉子、应该用锤子去敲打。或许你已经猜到，认知融合和毫无节制地一味采取解决问题的态度，经常是交易中造成问题的根源。

试想一下，你建仓之后，浮现出一个想法："我这单可能要亏了。"这时，你的心智会作何反应？当然，它会抱着解决问题的态度，努力赶走这个想法。但这多半是行不通的，反而会鼓励我们的心智像对待一条破裂的油管一样，对待想法和感觉这些内在体验，把正常的内在事件（想法和感觉）当作真实存在的问题，非要解决不可。如此一来，我们每次建仓，都像在徒劳无功地敲打钉子。海斯和申克告诉我们，解决问题应该产生正面的结果，而不是为我们制造更大的困扰。从第3章的练习可见，如果我们抱着解决问题的心态，努力消除恐惧和其他不想要的内在体验，结果通常会不尽如人意。这些练习得出的结果证明，如果我们与这些想法和感觉相融合，把它们当作真实存在的问题，努力去解决，经常会适得其反，令交易表现变差，给自己造成更大打击。

事实上，交易者面临的最大心理障碍在于，我们的心智会把不想要的内在事件（想法、感觉和身体感受）当作需要解决的问题。遗憾的是，那些在日常生活中常用的解决问题方法，一旦套用到我们的内在状态——所谓的"两耳之间"——不仅毫无用处，而且许多交易者发现，这些方法还经常会导致交易表现变差，带来更大的痛苦。明白这一点，对交易者来说是至关重要的。为了说明若是放任心智以解决问题的方法对待内在事件，会造成什么后果，我们一起来看一下一个受到心理作用影响的交易例子：过早获利平仓。每个交易者都有过这样的经历。斯蒂芬妮是一位经验丰富的日内交易者，她讲述了自己过早获利平仓的典型例子。

我又重蹈覆辙了，我到现在还搞不懂是为什么。当时，我在交易日元，盯着1小时图，看到日元汇率逼近长期阻力线，连日以来的升势衰竭，卖盘涌入，市场掉头跌至昨日高位以下。我非常耐心——这一点要给自己点个赞——先按兵不动，等待一个信号：市场缩量回落后上探，测试昨日高位。这个信号也出现了，于是我知道市场正处于拐点，上升趋势结束了，我预计会出现大幅回跌。我在距离回调高位几点的位置进场了，时机把握得很好。当时我感到非常自豪。我知道这单交易很有赚头。

图7.1是斯蒂芬妮看到的日元汇率走势60分钟图和5分钟图。在60分钟图上，她看到升势进入后期，在逼近阻力线的位置出现疲软迹象。而在5分钟图（右）上，标示出了昨日高位，以及行情测试这个重要阻力位之际，斯蒂芬妮开空仓的位置。

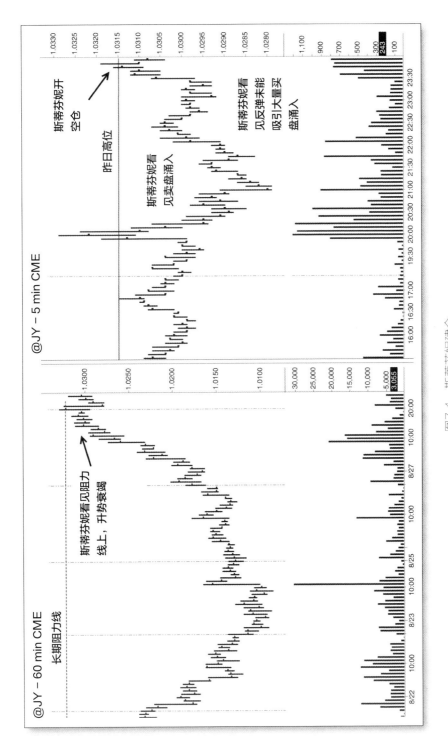

图7.1 斯蒂芬妮建仓

资料来源：TradeStation Technologies, Inc.

斯蒂芬妮继续说道：

　　一切看起来都很好。我知道自己在按照交易计划操作，实际上还蛮平静的。我感觉很好。市场开始下跌，符合我的预估。但那种感觉又来了。我最先注意到的是紧张，身体僵硬，肌肉绷紧。我双腿开始抽搐，像缝纫机的踏板似的，不由自主地上下抖动。我感觉非常难受，真的很害怕。我不想再亏损了。现在单子有浮盈，我开始想："如果接下来的行情对我不利怎么办？我已经错了多少次，亏了多少次了？这单都有浮盈了，不如获利平仓，落袋为安？"我就是这么告诉自己的。到现在，我还记得当时心里的声音是怎么说的："斯蒂芬妮，你可得小心点儿，不然会蒙受亏损的。做正确的事，获利平仓吧。别傻傻地让赚到的钱溜走。"这就是我当时的想法。

　　接下来，情况变得更加糟糕，糟糕极了。日元出现了轻微的反弹。我眼中只看到汇价走势对我不利。我胃里翻山倒海，想要呕吐。我真的很害怕，怕到了极点。心里的声音在朝我大嚷大叫："赶快平仓！你已经盈利了，见好就收吧！赶紧呀，趁现在还不太晚，不然就来不及了！"于是我平仓了。

　　日元上涨了几点，我感觉好多了。事实上，我如释重负，庆幸自己保住了盈利。心里的声音告诉我："做得好！"所有紧张情绪都消失了。我双腿不再抽搐，胃里也舒服了一些，不再害怕。我感觉挺好的。但接下来，情况急转直下。市场开始下跌，而且是报复性下跌。我计划的交易本来可以大赚一笔，但我已经平仓了。市场下跌，下跌，再下跌，最终收报当日最低点，第二天又继续下跌。我感到沮丧，感觉非常糟糕。我开始批评自己，心里的声音在告诉我："我永远也做不好交易。"它还说，我"平仓的操作太蠢了，我明明已经制订好交易计划，为什么还会做出这种蠢事"？它还告诉我："难道我永远也学不会按照交易计划操作吗？我交易太失败了，还不如放弃交易，重操旧业算了。"这些都是心里的声音。

图7.2显示了斯蒂芬妮平掉空仓之后，日元持续下跌。

由于斯蒂芬妮的心智自动自发地浮现了亏损的想法，她与这些想法相融合，所以完全抛弃了自己的交易计划，没等到市场出现更大幅度的回跌。就像第1章中内森的情况，斯蒂芬妮的心智只关注即时的市场走势。她没能与自己的想法拉开距离，只凭直觉思维行动。正如我们之前所说，直觉思维是非常冲动的，容易受情绪左右，会忽视某种情况发生的概率，单凭有限的信息就匆匆下结论。直觉思维的所有这些特征在斯蒂芬妮的例子中表现得非常明显。此外，斯蒂芬妮把心智告诉她的话当真了，相信市场走势对她不利，会令她蒙受亏损。换言之，她与心智告诉她的话相融合了。这种认知融合加剧了她的情绪反应，她的情商荡然无存。由于她对心智的说法深信不疑，斯蒂芬妮被自己的心智所劫持。她与蒙受亏损的想法和感觉相融合，因此，做出的行为是为心智和情绪服务，是为了消除害怕亏损的感觉，而不是为了妥善执行周详的交易计划。

就像在类似交易情境中的许多交易者一样，斯蒂芬妮的心智快速找到了一个显而易见的解决方案：平仓。表面上看来，落袋为安的决定似乎合情合理。但其实背后真正的动机是逃避苦恼的感觉。这正是认知融合对交易造成的损害。认知融合通常会令交易者为了满足内在状态而采取行动，而不是为了满足交易的需要而采取行动，从而导致拙劣的交易行为和欠佳的交易结果。从第5章"低效交易的恶性循环"可见，当我们的注意力转向内在状态，我们与心智所讲的关于亏损的故事相融合，对交易的专注力就会烟消云散。当我们听从了直觉思维的指挥，抱着解决问题的态度，采取平仓的行动，我们会感到如释重负。这

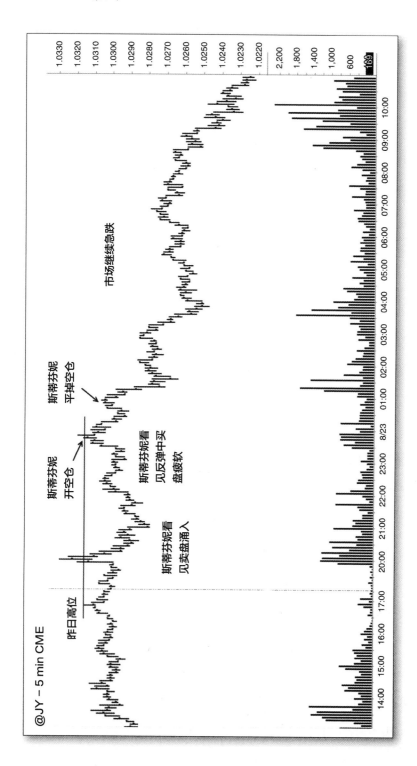

图7.2 斯蒂芬妮平掉空仓，而市场下跌

资料来源：TradeStation Technologies, Inc.

种做法产生了负强化效应，强化了逃避行为，基本上保证了在日后出现类似的情境时，我们会优先采取同样的行动。正因如此，对交易成功构成的最大危险，莫过于无条件信任我们的心智。

认知融合的概念同样也适用于其他常见的交易问题。交易者之所以即兴交易，通常是由于与心智的说法相融合，相信了行情准备启动，你不应该错过这波行情，你应该拿这单交易弥补之前的亏损，诸如此类。如果你犹豫着不敢进场，你的心智很可能在给你讲亏损的故事，怀疑这个进场模式的质量。如果你超过了预期持仓时间还迟迟不愿平仓，看一下你是否相信了心智告诉你的话：这单交易会一飞冲天，不要错失利润空间，价格会突破阻力线，市场表现异常强劲……我们并不是说心智是你的敌人，在许多情况下，心智是十分有用的，但我们需要明白，心智未必是我们的朋友。我们需要学会认知解离，与心智说的话拉开距离，以区分心智在哪些时候可以带来帮助，又在哪些时候很可能为我们和交易带来损害。

我们可以用斯蒂芬妮的例子，进一步讨论几个重要的地方。接下来讨论的要素为认知融合提供了背景，也是海斯和申克最先提出的认知融合特征。检视这些要素，可以帮助我们后退一步，开始与想法和感觉拉开距离。借助这种心理技巧，我们可以在适当时候把想法和感觉看作短暂的心理事件，我们无须与之纠缠不清，以为这些想法和感觉真实可信地代表了现实状况，或者需要我们立即回应。

1. 想法和感觉都是心智自动自发产生的，我们对想法和感觉的出现没有多大的掌控力。你在正念练习中很可能会亲身体会到这一点。想法、感觉和身体感受都会自行产生，这是自然而然的，我们对其没有多少掌控力。回顾斯蒂芬妮的经历，看一下她的想法和感觉改变了多少次。刚开始交易时，她感觉平静，相对自信。接着，她的心智开始自动自发地想到亏损，身体变得绷紧。平仓后，她对自己说："做得好！"但庆幸的心情没持续多久，她很快就感到沮丧，产生大肆批评自己的想法。我们看到，斯蒂芬妮的心智在短短的时间内，自动自发地产生了许多不同的想法和情绪。由于她与想法相融合，斯蒂芬妮听从了心智的指挥，变得这也不是、那也不是。

2. 我们所处的环境和情境会对心智告诉我们的话产生重大影响。 或许你在正念练习中也注意到了这一点。我们看到、听到、嗅到、尝到和感觉到的东西可能会触发记忆、意象、想法和情绪。当心智努力理解事情，把来自环境的刺激与某个记忆（或许是意象）联系起来，一个想法就引起了另一个想法，更多想法会随之而来。很快，心智就给我们讲述了一个故事。需要留意的是，我们对此并没有掌控力。这只是我们心智的运作方式。如果我们与心智告诉我们的话相融合，就会迷失在这个故事之中。聊举日常生活中的一个例子：你走在市中心的人行道上，经过一个面包房，闻到面包新鲜出炉的香味。这股香味触发了你对母亲烘焙的记忆。你的心智之眼几乎立即看到了母亲在厨房里，忙着烤曲奇饼。啊，她烤的曲奇饼真香！你记得弟弟也爱吃她烤的曲奇饼。现在，你可以看到在小时候的厨房里，弟弟吃着曲奇饼的样子。在你遐想出来的场景中，你注意到他戴着你儿时最喜欢的棒球帽。突然间，你感到生气，也想起有一次，他未经你允许，就拿了你的帽子去戴，你对他说了一些难听的话，现在想来有点内疚。这已经是20多年前的事了，但你现在还是会产生这样的感觉。你与自己的心智相融合，把这些想法和意象当成真的对待，即使记忆中的事件不是现实，只是内在事件，只存在于你的心智之中，但你还是当成真的，产生了实际的情绪反应。现在你明白了吧，交易也是同样的道理。在斯蒂芬妮的例子中，她跟基本上所有交易者一样，之前都有过亏损，其中有些亏损令她感到痛苦。她建仓之后，心智自动自发地浮现了亏损的想法。这就像面包房的香味触发了儿时的记忆一样。当价格运动朝着对她不利的方向运行了一点，就激起了更尖锐、更强硬的想法。她的心智告诉她，她会蒙受亏损，要求她平仓——这是去解决在环境和交易情境的刺激下，由她的心智制造出来的问题。

3. 在认知融合的状态下，我们不加鉴别地相信心智讲的故事，与之纠缠不清，因而失去了与当下的接触。 在面包房的故事中可以看到这一点。虽然我们是走在城里的街道上，但心智让我们活在了过去，由于心智极具说服力，我们甚至产生了强烈情绪。正如海斯和申克所说的，我们的心智创造出一个"另类世界"。回到本章开头，你要解答的油管问题。由于我们在解答这个问题时，处于认知融合的状态，所以脱离了当下。你在解答这个问题时，是否注意到双脚接触到地面，注意到空气的温度，注意到所在房间里周围的声音？多半没有吧？你的心智与修理油管相融合，让你脱离了当下。当斯蒂芬妮与心智所讲的她将会蒙受亏损的故事相融合，她不是专注当下、为交易服务，而是活在了对未来的预估之中。当我们处于认知融合的状态，我们会完全听信心智所讲的故事，受到这个故事的束缚，活在这个故事之中，信以为真，错失了当下和当下的所有机会。斯蒂芬妮与心智给她讲的故事相融合了，所以无法看到市场出现了正常的缩量回落，随后继续下跌。她无法解读市场行情的展开。她脱离了当下，处于心智构建的一个预估未来亏损的心理空间。同理，如果交易者为上一单交易蒙受的亏损感到焦虑和恐惧，她可能不会注意到高质量、高胜算的交易机会正在形成，而是一味关注焦虑和恐惧引起的不适感觉和想法（见第2章）。由于交易者脱离当下，与内在心理内容相融合，把心理内容当成问题，努力去解决，因此，很可能会跟斯蒂芬妮一样，做出欠佳的交易决策，错失良好的交易机会。

4. 当我们与想法和感觉相融合，就不再专注于手头的交易任务。 当我们专注于内在体验，就会从交易中分心，表现能力大打折扣。注意力是有限的心理资源。当我们与心智所讲的引人入胜的故事相融合，又要同时管理持仓，基本上是不可能的任务。这就是认知融合给交易带来的真正灾难。我们分心了，忘记了真正重要的事情：交易！注意力转向了甚至不真实的东西。在交易中，我们应该专注于任务，而不是专注于自我。对斯蒂芬妮来说，这意味着专注于交易管理的任务，包括解读买卖盘的强弱。像许多交易者一样，她与自己的想法和感觉相融合，相信了心智告诉她的故事。心智就像一位魔术师，把她的注意力引导到错误的方向。遗憾的是，现在重要的不是看魔术表演，而是认真做好交易。如果你想要做好交易，就必须保持注意力集中在手头的交易任务上，而不是被心智的唠唠叨叨引导到错误的方向。

5. 心智讲的故事可能非常厚颜无耻。当我们处于认知融合的状态，我们无法区分什么是真正有用的，什么是毫无用处的。斯蒂芬妮的心智坚持叫她平仓，告诉她再也受不了亏损了。她与心智相融合，平掉了空仓。过了一阵子，市场下跌。她的心智有没有跟她说："天啊，斯蒂芬妮，我错了，真不该劝你平仓，我很抱歉"？没有，它厚颜无耻地告诉她，她有多差劲，没有按照交易计划操作，她永远也无法成为胜任的交易者。由于处于认知融合的状态，斯蒂芬妮相信了心智告诉她的话：先是相信她会蒙受亏损，所以过早获利平仓，随后又相信自己居然会平仓，实在太无能了，因此感到沮丧，而其实就是在不久之前，心智叫她去平仓的。显而易见，在这两种情况下，心智都是错误的，但由于我们处于认知融合的状态，我们无法分辨。在认知融合的状态下，我们在心理和情绪上都很容易变得这也不是、那也不是。基本上所有交易者都有过这样的经历。在本章接下来的部分，我们将会讨论认知解离的心理技巧，帮助你更有效地与心智打交道。认知解离可以保护你免受这种心理折磨，帮助你开始取得理想的交易表现。

但在讨论这种心理技巧之前，你可能会想，好吧，我明白这个认知融合的概念。我们可能会过于认同自己的想法。但或许问题在于想法本身。如果想法更准确，我们就不会犯下这么多错误，交易心理学就会更加容易。例如，你现在可能会想，斯蒂芬妮以为她快要蒙受亏损，结果证明这不是真的。但如果她浮现了不同的想法，想法更准确，那不就万事大吉了吗？毕竟，如果斯蒂芬妮的想法更清晰、更准确，她就不会过早平仓，而是会获利甚丰。或许亏损的感觉以及这种感觉引起的恐惧是由于想法错了。于是，你可能会试着提出理性、合乎逻辑的反驳论点，来质疑自己快要蒙受亏损的想法，觉得这就能解决问题了。或许这听起来是不错的主意（又一个解决问题的例子？），但我们的经验和心理学研究清楚证明，这是行不通的。

开创性的心理学家凯利·威尔逊表示，人们很容易就会把我们讨论的这些心理难题解释成是错误的想法引起的。由于我们的想法和行动绝对是有关联的，所以我们很容易就会以为，只要提高了思维能力，交易表现就会改善，我们只要弄清楚哪些想法是不准确的，把这些想法改成准确的就好了。如果你是这样想的，也难怪，这样想的不止你一个。这是西方文化的标准处事方式，一直以来，心理学界就是这样应对苦恼的想法和感觉的，在很多方面仍在沿用。

永久性地改变想法绝非易事。凯利·威尔逊指出，我们都有一些深信不疑的想法和感觉，后来才发现预测是错误的。斯蒂芬妮预计市场反弹会令她的空仓蒙受亏损，就是一个很好的例子。即兴交易、向下摊平、不敢进场，这些都是交易者当时相信心智告诉自己的话是真的，因而采取的行动。此外，不只是交易者有这样的经历。每个人（包括非交易者）都有这样的经历。在重要会议上迟到、做公开演示、发出约会邀请，这些都是常见的非交易情境，人们在心里可能会小题大做，但结果通常会证明，预计的问题并没有出现。我们可以提出更准确的想法，与这些想法和感觉对抗，例如告诉自己："演示真的没什么大不了的"，但这很少会改变我们心底的忧虑，也很少会改变我们的行为方式。

记住，你已经从第3章的练习体会到（见练习3.2：我的控制策略的短期和长期代价和裨益），努力压制或消除自己的想法和感觉是行不通的。想要改变自己的想法，让想法变得更加准确，本质上是同一个做法，也同样会误入歧途。许多读者也会在这个练习中记录自己是怎样努力改变自己的想法，使之变得更加精准、正确和真实，却发现并没有纠正自己的问题。

可靠的心理学研究印证了你的经历，证明努力改变、纠正和控制自己的想法和感觉，并不是行之有效的做法。华盛顿大学心理学家尼尔·雅各布森（Neil Jacobson）和卡尔加里大学的基斯·多布森（Keith Dobson）联合带领一支研究团队，就这个问题展开了一项发人深省的研究。雅各布森（已故）和多布森向临床抑郁症患者传授改变自动产生的想法（正如亏损的想法）的技巧，以抵御消极思维。为了公平地评估改变想法的成效和价值，他们让对照组只是从事对自己有意义、具有挑战性及/或令人愉悦的活动。拿住持仓（而不是过早平仓）的挑战就属于这类活动。研究结果完全出乎雅各布森和多布森的意料。由于他们实践和测试的这类疗法主要作用就是改变失调的想法，他们原以为改变消极想法的效果远远胜过只是参与活动。但其实不然。可贵的是，雅各布森和多布森在权威的心理学期刊上刊登了研究成果，结论是："或许比起直接尝试改变想法，参与有意义的活动能够更有效地改变人们的思维方式。"

10年后，英国心理学家理查德·朗莫尔（Richard Longmore）和迈克尔·沃雷尔（Michael Worrell）回顾了评估改变思维方式和让人参与有意义活动之间的差异的所有研究。他们发现，改变认知和参与活动的成效之间并无差异。有趣的是，朗莫尔和沃雷尔还回顾了双管齐下、同时改变想法和参与有意义活动的研究，看一下发展改变提法和改变想法的技巧能否"创造额外价值"。换言之，既然参与有意义活动是有效的，那么同时改变想法会不会有额外的好处呢？答案是没有。朗莫尔和沃雷尔得出结论，努力改变想法是没有必要的。

尽管上述研究涉及临床患者，但研究成果也适用于更广泛的人群。例如，在体育界，泽拉·穆尔回顾了对传统心理学技巧策略的研究，这些传统策略旨在改变和控制消极想法、情绪状态和生理上的身体感受，有许多是交易者表示试过的：设定目标、控制唤醒水平、意象训练和积极的自我对话。穆尔未能找到充分的研究证据，证明这些方法能够有效干预运动员为提升表现而做出的选择。就像改变想法的研究一样，这些策略未能有效控制或改变一个人的内在状态。前瞻性的运动心理学家明白这一点，包括芬兰于韦斯屈莱奥林匹克运动项目研究所（Research Institute for Olympic Sports）的尤里·汉宁（Yuri Hanin）。汉宁提出了剖析运动员顶尖表现心理成分的模型，在模型中纳入了消极感觉状态和消极认知。例如，他的个人最佳表现状态模型（Individual Zones of Optimal Performance model）允许焦虑和生气等消极状态与喜悦和自信等积极状态共存。我们的内在状态无须单方面倾向于积极状态，也能取得良好的交易表现。正如萨伦伯格机长在哈德逊河河面进行迫降，要取得成功，有赖于持续专注于手头的任务，并采取行动；而不是对内在想法和感觉的自我聚焦，努力纠正这些想法和感觉，与之抗争，因而分心。

在离开这个话题之前，对于积极的自我对话，还有个重要的地方是交易者应该注意的。世人普遍相信，重复"我每一天都在成为更好的交易者"等积极肯定的话，可以改变一个人的消极思维方式，让心情变好，增强自尊感。但其实不然。加拿大安大略省滑铁卢大学的心理学家乔安妮·伍德（Joanne Wood）带领一支研究团队，研究了积极的自我陈述与自尊感之间的关系。她和她的团队发现，自尊感低的人在重复了积极的自我陈述，或者考虑这些陈述是否正确之后，反而会感觉更加糟糕。研究发现，积极的自我陈述的帮助对象不能从中得益，反受其害。自尊感高的人在重复了积极的自我陈述之后，确实感觉好了一点，但改善幅度并不大。归根结底，积极的自我陈述不是适当的做法，不该使用，尤其是对于自尊感低的人来说。

凯利·威尔逊指出，除了研究证明努力改变想法行不通之外，还有一个实际方面应该留意。设想一下，一位交易者每次建仓之后，都会害怕亏损。像斯蒂芬妮一样，他在进场后会浮现面临危险的想法，因此不知所措，体验到上文所述的战斗或逃跑反应的所有症状。他可能觉得需要摆脱焦虑的想法和感觉，认为这是解决问题的方法，可是他跟其他建仓后的交易者一样，确实在承受风险。他过去曾经蒙受亏损，由于他的进场模式在任何特定交易上都有亏损的概率，他有过许多交易亏损的经历。因此，他的想法至少是部分准确的。他可能蒙受亏损，有时候也确实会蒙受亏损。若是努力去改变本来就准确的想法，是没有道理的。在任何特定交易情境下，无论他对亏损的想法是否准确，如果他与这些想法相融合，都会产生恐惧，做出拙劣的交易行为。因此，在大多数情况下，想法准确与否其实不是我们关心的问题，我们关心的点在于，要在心理上与这些想法拉开距离。

澄清一下，解决问题的技巧在日常生活中是很有价值的，在我们研发新产品、管理项目和应对每个人都会面临的日常挑战时至关重要，但前提条件是这些问题是位于我们的皮肤之外（套用史蒂文·海斯及其同事经常提到的说法）。在交易中，解决问题的技巧在许多交易活动中是很有价值的，也是需要的，例如研发、测试和完善新的进场模式，制订交易计划，评估我们的交易表现，设定切实可行的交易目标，以及其他类似的活动。但这些技巧并不适用于应对我们的想法、感觉和身体感受。

我们已经讨论过认知融合，以及认知融合会对我们的交易产生什么影响。当我们轻率地听信了心智告诉我们的话是真的，准确反映了现实，我们就陷入了认知融合状态。这就是麻烦的开始。运动心理学家明白这一点。一位网球运动员在练习中，打出了一记完美的反手抽球。这一球打得非常好。可是在下一球，她想打出一模一样的同一记球，却打丢了。为什么？研究人员问起这个问题，球手回答道："哦，我以为自己可以打得更好。"她本来已经打出了完美的一记球，怎么还可能把这记球打得更好呢？这是不可能的，但她的心智有不同的说法，而她相信了。她陷入了认知融合。

我们无法阻止自己的心智浮现出想法，无法控制心智告诉我们的话。运动心理学家泽拉·穆尔和弗兰克·加德纳解释道，当我们在打网球或做其他运动的过程中，陷入努力控制心智的挣扎，或者过于认真听取和相信心智告诉我们的话，我们的头脑就脱离了比赛本身。无论你是出庭辩护的诉讼律师，在音乐会上演出的音乐家，还是管理交易的交易者，同样的原则都适用。当你与心智告诉你的话相融合，你就脱离了当下的任务。如果律师过度担忧案件的审判结果，专注于陪审员及其反应，以及心智告诉他陪审员的所思所想（例如，"这个陪审员不喜欢我""那个陪审员不喜欢原告"，等等），她的结案陈词就不会非常有效。如果音乐家专注于观众对自己的演奏有何反应，她就没有把注意力放在音乐上，演出效果就会大打折扣。交易也是完全一样的。如果交易者担心交易结果，专注力就没有放在市场上。当我们的注意力没有集中在市场或交易上，只是一味听信心智编造的随机评论，我们又怎么可能取得强劲的交易表现呢？

要取得良好的交易表现，正如其他表现性活动一样，关键的心理任务是与自己的想法和感觉拉开距离。其中的关键技巧是保持正念的认知解离。所谓认知解离，是指接纳想法本质上只是词语和感觉，并不是想法所表述的东西（例如事实）。认知解离让我们避免听信想法和感觉并据此采取行动。我们不是努力改变或消除这些想法和感觉，只是放下。学习掌握认知解离技巧，我们就可以放下想法。接下来介绍的认知解离方法和技术，可以帮助你发展这项至关重要的交易心理学技巧。下点功夫，学习和练习这些技术，这些高价值心理技巧会成为你可以依赖的助力。

■ 认知解离策略和技术

追踪你的感觉

练习7.1是一项有用的练习，让你在一两个星期内，追踪你的感觉。无须弄得过于复杂，只要每天上午、下午、晚上三次，分别记录你的心情，就可以了。除了心情以外，还要记录你当时主要的想法。看一下你能否找到环境中有什么东西激发了你的感觉和想法。同时也要分辨一下，究竟是你选择有这些想法，还是这些想法自行浮现。

练习7.1　追踪我的想法和感觉

使用这个表格，在一两个星期内，追踪你的感觉和想法。我们希望开始更好地觉察到自己的想法和感觉，尤其是这些想法和感觉是怎样浮现、怎样改变的。只要每天三次，记录下你的心情、身体感受、当时主要的想法，可能激起了你的感觉和想法的具体事物，究竟你是选择有这些想法，还是这些想法自行浮现。

时间	我的感觉/心情	我注意到的身体感受	我的心智告诉我的话	情境/事件	我是选择有这些想法和感觉，还是这些想法和感觉自行浮现？
样本：上午8点	乐观、兴奋。我还觉得自信。	温暖；手臂和手痒痒麻麻的。	"今天会一切顺利的。我迫不及待地想要做交易了。"	开市前，评估我当天的操作计划。	这些想法和感觉是积极的，不过是自行浮现的，事实上，并不是我选择的。
下午3点	疲倦、无聊。	肩膀绷紧、身体沉重。	"市场走势无聊。"我注意到心智在怂恿我上网浏览，打电话给朋友。	行情呈窄幅横盘震荡整理。市场上没有发生什么事情。	自行浮现。我相信这是由于市场走势乏味所引起的。感觉无聊绝对不是我想要的。
晚上7点半	感觉良好，精力充沛。	身体感觉轻快，准备出发。	"明天会出现突破，走出一波大行情。我明天可以大赚一笔。"	回顾市场，制订明天的操作计划。	也是自行浮现的。我竟然对自己的想法或感觉毫无掌控力！

续表

时间	我的感觉/心情	我注意到的身体感受	我的心智告诉我的话	情境/事件	我是选择有这些想法和感觉，还是这些想法和感觉自行浮现？

上面的表格填入了一天的例子。请注意，填写这个例子的交易者上午感觉乐观和兴奋，注意到愉悦的身体感受，对当天交易产生了乐观的想法。他感觉自信。下午，他的心理状态发生了变化。下午3点，他无精打采，身体沉重，感觉无聊。他想到了交易以外的事情。到了晚上，他又对第二天的交易前景感到兴奋。他想着，如果第二天的行情符合他的操作计划，他很可能会在哪个位置建仓，身体感觉轻快。

这个例子是交易者的生活中相当典型的一天。心情、感觉和想法经常会发生变化。当然，你一天的经历很可能跟这个例子不同，但还是会发生很大变化。在某些时间段，你可能会感觉平静和放松；在其他时间段，你可能会充满了情绪，产生担忧或恐惧、生气、悲伤、喜悦、兴奋等其他各种感觉。同样，你的想法在不同时段很可能有所不同，不断发生变化。在这个练习中，你产生的想法和感觉是什么都无关紧要。应该注意到的是，想法和感觉是不断变化的。

如果你跟大多数人一样，在不同时段，你会浮现不同的感觉和想法。感觉和想法的改变可大可小。或许你不会在一天时间里，从喜悦转到悲伤，再回到狂喜。事实上，这个可能性比较低。但即使你的状态从一个时段到另一个时段没有发生剧烈变化，也总会有些改变的。练习的要点是留意到这些变化，即使是细微的变化。当你更好地觉察到自己的想法和感觉，就会开始注意到这些想法和感觉总是不断变化的，来来去去非常迅速，飞逝而过。我们通常并未选择产生这些想法，它们只是自行浮现了，通常是由我们所处的情境或环境所触发的。

许多人本来都没有意识到，原来自己的想法和感觉经常会发生变化，只会持续短短一会儿，自来自去，并不是我们选择的。除非我们去留意，否则我们根本不会注意到自己的想法和感觉是怎样改变的，消失得有多快，而我们对此也毫无掌控力。最初引发这些想法和感觉的甚至不是我们自己。但我们却信以为真，完全相信了，任由这些暂时的、有时是随机的心理事件控制我们的交易生活。这就是认知融合。当我们开始注意到想法和感觉在一天里是经常发生变化的，这就是认知解离的一部分。我们开始看清楚想法和感觉的本质：这些都是暂时的心理和情绪事件，会自行浮现，自来自去。我们也开始明白，想法和感觉未必反映了现实。当我们认识到想法和感觉是暂时的，未必反映了事实，我们就开始了认知解离，与想法和感觉拉开距离。如果我们保持正念，注意自己的想法——观察这些想法，而不是受到想法的束缚——我们就会开始看到，想法经常只是心理和情绪暂时的唠唠叨叨——其实就像是背景的噪声。它们有时候可能让我们感到不适，可能要求我们采取行动，但从来不会持续很长时间。选择权总是在我们手上。我们可以学会采取与平常不同的思维角度，发展正念技巧，观察想法和感觉的本质：它们只是暂时的内在事件，很快就会过去，我们无须受到想法和感觉的束缚，还有更重要的事情（例如管理交易）需要我们投入注意力。这项练习和后面的练习可以帮助我们学会与想法拉开距离，认清想法只是想法，别无其他。

与想法保持距离

接下来，我们抽一点时间，快速做一下这个很好的练习。这个练习是史蒂文·海斯和路斯·哈里斯设计的。把手掌举到眼前，手心朝内，对着你的眼睛。手指轻轻相扣，松散地相织，指缝之间留有空隙，让你可以往外看。现在想象一下，你的手指代表了你的想法，可能是亏损的想法，或者担忧、焦虑和忧虑——这些都是你不想要也无益的想法。缓缓地拉近你手指相织的手，到距离你鼻尖一两英寸的位置停下，你必须从指缝往外看。请注意这是什么感觉。你的手指越靠近脸庞，你就越是受到想法的束缚。认知融合就是这样的。

保持这样的手势，往左边看看，往右边看看，低头看看，抬头看看，然后水平地往前看。请注意，这时要往外看是多么困难，你错过了多少东西。由于手指遮挡了视线，你错过了大量的信息。与自己的想法相融合就是这样的，想法真的会遮挡大片的现实状况。想象一下，这样子去做交易会有什么结果。当你与自己的想法相融合，要有效执行交易会有多么困难？你的想法就挡在眼前，这时你去建仓和管理持仓，会有什么结果？当我们纠缠于想法之中，我们会错过市场提供的大量信息，要高效交易变得极其困难。

现在，缓缓地放下双手，注意一下会发生什么事：放下双手之后，你与想法拉开了距离。我们现在可以更清晰地看到周围的环境。由于想法不再挡在眼前，遮住我们的视线，我们要从事重要的活动变得容易得多。这就是认知解离。请注意，我们的手和手指还在，没有被我们砍掉、丢掉。手、手指和想法还是有用的，我们不想丢掉，只是与之拉开了距离。与想法拉开距离，可以让我们免受想法的束缚，不再让想法决定我们从环境中看到和吸收到的一切，不再让想法决定我们的回应方式。

现在，举起你的惯用手，五指张开，伸直手臂。你的手指还是代表你的想法，或许是吓人、烦人的想法，但这样伸直手臂，与想法拉开距离，让我们认清了它们的本质——想法只是想法，我们不必听信。我们可以检视一下，挥舞一下，或者只是放到大腿上，专注去做对我们有意义和重要的事情。

请注意，我们举起手，挡在面前时，我们有一个认知融合的视角，透过想法的面纱看待世界。当我们伸直手臂，或者把手放在大腿上，与手拉开距离时，请留意，我们并没有摆脱这些不适的想法，而是为自己创造了一个截然不同的视角。这就是认知解离的视角。我们改变了视角，就改变了与想法之间的关系。我们的手和想法还在，但我们与之拉开距离，改变了视角之后，对待想法的方式就发生了变化，认清这只是暂时的心理事件。通过认知解离，我们对外界和自己的想法都可以产生不同的视角。视角的改变是关键，因为这意味着我们与想法的关系发生了变化。我们不再是想法的奴隶，不再受到想法的束缚，而是可以自由地、更准确地看待外界，为了对自己重要的事情采取行动。现在，我们的行动可以与对我们作为交易者最重要的事情保持一致，如果我们已经建仓了，我们现在就具备了心理灵活性，可以为了对交易重要的方面而采取行动。

练习与想法保持距离。认知解离是一项技巧，跟所有技巧一样，熟能生巧，我们越是练习，就越是精通，可以在真正重要的时候有效发挥作用。你不能指望看过介绍的书面材料，或者试过一两次，就能够有效运用。你需要拥有这些技巧，而要拥有这些技巧，就需要勤加练习。练习有两种方式。第一种方式是非正式练习。为下个星期订立一个目标，每当你注意到自己浮现出想法，就在心里练习与想法保持一臂距离。无论你在从事什么活动，每当你注意到心智在跟你说话，或者注意到一个感觉，就停下来，观察这个想法或感觉。例如，你可能正在刷牙，注意到自己在想当天晚些时候要做些什么。停下来，观察这个想法。第二种方式是正式练习。每天抽出一点时间，特意留意自己的想法，与之保持距离。你只需要静静地坐几分钟，观察自己的想法，看自己能否注意到一个想法，与之保持一臂距离。同样，也练习观察自己的感觉，与之保持距离。

无论你是通过正式还是非正式的方式练习认知解离，请务必注意这对你的想法产生了什么影响，尤其是对你对想法的反应产生了什么影响。经过练习，你会变得越来越纯熟，会开始注意到，当你与带着温和情绪的想法保持距离，观察这些想法，想法的情绪负荷会有所减弱。可是，不要以此为目标。换言之，不要为了去除想法中的情绪，而与想法保持距离。这是不管用的。只要与想法保持距离，观察想法，就可以了。矛盾的是，当你不去努力改变想法，只是观察想法，反而不会受到想法的束缚。可是，当我们想要强行改变想法和感觉，我们就不是在观察，而是陷入了挣扎，反而会受到想法和感觉的束缚，陷入认知融合，在困境中不得脱身。

正 念

正念本身是强大的认知解离方法，可以促进你对心智行动的觉察力。练习正念，我们可以体会到，想法是自来自去的。正念可以在刺激（例如行情朝着对自己不利的方向运行了一点）与我们的反应方式之间，营造出一个平静的空间。这个平静的空间让我们可以注意到，想法只是暂时的心理事件。当我们与想法拉开距离，我们就可以自由选择采取对交易来说重要的行动。认知解离要求我们保持正念，与想法和感觉保持距离。认知解离是一种形式的正念。在这方面，第6章的"溪上之叶"正念练习是一个特别好的认知解离练习，可以帮助你注意到自己的想法，接下来，不是听信这些想法，而是在心里把想法放到一片叶子上，观察承载着想法的叶子自行顺流而下。

请注意，在所有认知解离技术中，我们并不是想要改变想法和感觉，使之变得更加准确、没有那么强烈，或者赶走它们。我们只是注意这些想法和感觉。只要我们努力想要改变或去除想法和感觉，就会受到自我聚焦的束缚。正念和认知解离并非用于去除不想要的想法。实际上，我们要做的是邀请它们进来，而不是与之对抗。一旦与之对抗，我们就脱离了当下，进入自我聚焦的另类世界，分身乏术，无暇顾及交易。由于这是一项技巧，它需要练习。看到第5章回顾的正念研究，以及正念为心理和解剖结构带来的改变，认真的读者应该产生了强烈的动力，想要练习正念和这里解释的认知解离技术。接下来，我们会多介绍几项认知解离技术，帮助你增强能力，避免被想法和感觉所劫持。

标记想法、感觉和身体感受

下一个认知解离技术是史蒂文·海斯及其同事提出的，他们设计了本章中介绍的多个认知解离方法。找一个在接下来10—15分钟里无人打扰的安静场所。只要观察你的想法、意象、记忆、情绪、冲动和身体感受。当一个想法浮现，只要安静地标记，"啊，一个想法"，让它过去。对感觉也一样——包括情绪和身体感受。例如，如果你感觉有点悲伤，只要在心里标记"悲伤"。如果你注意到身体某个部位发痒，就默默地标记"痒"。

你的心智可能会告诉你，这件事太傻了，不值得你浪费时间，但你做的其实是训练自己淡然看待想法、感觉和身体感受。当你注意到并标记自己的想法，你就是在与想法保持距离，以免与想法相融合。在正常情况下，当我们浮现一个想法，我们不仅很少注意到，而且会自动自发地信以为真。例如，如果我们发痒，我们会自动自发地去挠。在这里，我们会观察这种感受，并学习到不仅可以忍耐轻微的不适感，而且这种感受最终会自行消失。在练习这种技巧时，请注意可能产生的身体不适。你可能会注意到双脚有点绷紧，腿在抽筋，或者脸上有点痒。正常情况下，我们会采取行动消除这种轻微的不适感。但在这个练习中，试着只是注意到和标记它，静静坐着观察它。如果你从未试过这样做，或许你会惊讶地发现，轻微的不适感很快就会自行消失。想法和感觉状态也是一样。这样做不仅能帮助你与自己的内在状态拉开距离，还能帮助你提升忍耐力。我们会学到，我们无须为每一次发痒、轻微的不适、想法或感觉采取行动。它们会自行离开，我们完全可以与之共存。

这种技巧适用于交易情境，可以给你带来帮助。例如，你可能注意到某个进场模式的条件正在形成。心智可能会叫你翻倍加仓，以弥补当天早些时候蒙受的损失。如果你与这个想法相融合，违背了自己的资金管理参数和风险原则，你就会交易表现欠佳，承受相关后果。你若能注意到并标记这个想法，认清这只是想法，会过去的，就能够与想法拉开距离，不予理会，持续专注于手头的任务，也就是正确决定仓位。当你与这个想法拉开距离，你就处于有利的位置，按照自己的进场模式交易，而不是按照自己的心智交易。假如你与加仓的想法相融合，你就很可能会仓位过大，这样一来，你为这单交易承担的风险就会超过个人资金管理参数，你很可能会变得身体绷紧，心情紧张。加仓以后，你更不想蒙受亏损了。如果你与紧张情绪和加仓后不能忍受亏损的想法相融合，你的注意力就会离开管理交易，而转到管理自己的内在状态。这可能会导致你过早平仓，或者讽刺的是，导致你蒙受十分重大的亏损——这都是由于你采取行动的出发点是认知融合（记得吗？你想要弥补之前的亏损，这个想法看似很好，但结果如何？），随后又与其他避免亏损的想法和感觉相融合。所以，虽然标记想法看似简单，好像不值得浪费时间去多加练习，你可别与这个想法相融合！标记想法是很有用的认知解离技巧，值得你去学习掌握。请尽情享受其中的乐趣！

我浮现了这样的想法……

下面是史蒂文·海斯及其同事提出的另一项心理技术，是"标记"练习的延伸。当你在上面的练习中，注意到任何想法、感觉和身体感受，在你注意到的东西前面加上："我浮现了这样的想法……"例如，你注意到心智告诉你"我很无聊"。这时，你不要对自己说："我很无聊。"而是要说："我浮现了这样的想法：我很无聊。"你注意到两者的区别了吗？对自己说"我很无聊"就是认知融合。我们听信了这个想法。这个想法就挡在我们面前，遮住了我们的视线。对自己说"我浮现了这样的想法：我很无聊"就是认知解离，与这个想法拉开了一点距离，改变了我们对这个想法的视角，不再是"我X"，而是"我浮现了这样的想法：我X"。此外，你是否发现，当你处于认知融合的状态，简单地听信了"我X"的想法，你的行动将会受限？你会从X出发采取行动。如果你与X的想法拉开距离，对自己说"我浮现了这样的想法：我X"，那么，你就可以选择自己采取行动的方式。

如果你注意到自己感觉悲伤，不要对自己说："我很悲伤。"而要试着说："我浮现了悲伤的感觉。"在这里，你也是有了不同的视角。在第一种情况下，你就是悲伤，这是认知融合的状态。在第二种情况下，你根本不是悲伤，只是浮现了悲伤的感觉，但"你"是悲伤的观察者。两者是截然不同的。

试一下，对自己说："我会蒙受亏损。"体会一下，这个想法会引起怎样的感觉。花一点时间，体会"我会蒙受亏损"的想法引起的感觉，完了以后，改用认知解离的说法："我浮现了这样的想法：我会蒙受亏损。"你的体验会发生怎样的变化？在交易中，你的心智可能会说："我会蒙受亏损。"如果你与这个想法相融合，就会影响到你的行为，采取心态不稳的行为的可能性就会大大增加。做这个练习，可以帮助你与这个想法拉开距离，以免这个想法遮挡视线；可以帮助你去观察这个想法，留意到"我浮现了这样的想法：我会蒙受亏损"。当你处于认知解离的状态，你就更有可能采取更符合交易需要的行动，而不是做出心态不稳的行动，为认知融合的内在状态服务。

跟随弹跳球

旧电影有时会在影片中运用"弹跳球"道具，吸引观众的关注。卡拉OK也会使用相同的方法。伴奏播放时，屏幕上会出现歌词，还有一个弹跳球会随着音乐的韵律跳动，每个音节弹跳一下，方便人们跟唱。

在路斯·哈里斯设计的这个练习中，抽出大约5分钟时间，写下曾经令你感到苦恼的想法，尤其是曾经妨碍你的交易的想法。然后用你的心智之眼，想象这些想法成为电视、电脑或者卡拉OK的字幕，一字不差。为字幕添加弹跳球，看着这些令人难过的想法成为字幕，在屏幕上滚动而过，弹跳球随着每个音节弹跳一下。

请注意，在这个练习中，还有所有其他认知解离练习中，我们并不是要摆脱这些想法，只是要学会与想法拉开距离，认清它们的本质——想法只是心智屏幕上滚动而过的字句——不是真相，不是现实，不是我们必须予以回应的命令，不是我们必须应答的指挥官发出的指令。认知解离练习是很重要的，因为当我们与心智告诉我们的话相融合，而心智说出这样的话："我会蒙受亏损""我需要建仓，我可不想错过这波行情"或"我可以翻倍加仓，弥补之前的亏损"，我们的行为就会违背对我们和我们的交易重要的事情。如果对我们来说真正重要的，是成为胜任和高明的交易者，那么，我们需要以高明和胜任的方式采取行动。当我们处于认知融合的状态，我们就背离了想要实现的目标。这应该很容易理解。如果我们听信"这单交易会亏损的"这个想法，就会采取某种行动；如果我们与这个想法拉开距离，就可以摆脱这个想法的束缚，避免由于这个想法而采取拙劣的行动，而可以按照对我们作为交易者和交易本身来说重要的方面进行交易。

唱一首欢乐的歌

这个认知解离技术是缅因州临床心理学家乔尔·瓜尔纳（Joel Guarna）提出的巧妙方法，在你自怨自艾、产生了自我批评的想法时尤其有好处。花点时间，写下你通常会对自己说的、批评自己的消极话语。当我为了自己犯下的错误或鲁莽做出的交易感到沮丧，我可能会听到自己说："你真是个笨蛋""愚蠢"，甚至"你是个废柴"。这些都是尖酸刻薄的言辞。当我们与这种有害的标签相融合，我们就会自己打垮自己。这样的自我谴责向来是没有帮助的，甚至是毫无用处的，但我们都倾向于或多或少地做出这种事情。所以我们要介绍一种非常有效的认知解离技术。唱《他是一个快乐的好小伙》（*For He's a Jolly Good Fellow*），但把"小伙"替换成你觉得最伤人的标签。例如，我们在这里用"废柴"。

他是一个快乐的好废柴，

他是一个快乐的好废柴，

他是一个快乐的好废柴，

他是一个快乐的好废柴，我们大家都这么说！

要再次强调的是，唱起来是很重要的，不要光看不做。这样子唱起有害的自我批评，你有什么感觉？感觉没有那么伤人了。唱起这首歌，可以带来一点心理距离。我们可以更加淡然地看待"废柴"这个词。突然间，我们与一个通常会令自己感到失落的自我标签拉开了距离。每当你注意到自己的心智开始批评自己，就做这个练习。跟斯蒂芬妮一样，我们的心智可能会背叛我们，尖刻地谴责我们。我们已经讨论过，努力与之对抗、纠正、改变提法或者改变这些说法都是于事无补的。可是当我们唱起歌来，就可以改变视角。为了加深认知解离体验，你可以加入上文所述的"弹跳球"技术，用心智之眼看着"他是一个快乐的好……"在屏幕上滚动而过，一个弹跳球随着音乐的韵律跳动。如果出于某个原因，你不喜欢《他是一个快乐的好小伙》这首歌，换一个旋律好了。请尽情发挥你的创意吧。[①]

变成别人说的话

如果你不喜欢唱歌，那该怎么办？没关系，还有其他方法。下面是心理学家凯利·威尔逊设计的认知解离练习。在这个练习中，我们拿一个与之融合了的想法，想象一下这个想法是别人提出来的——不是你提出来的。只要你受到某个想法的束缚，就可以拿来做这个练习。下面是一些交易者经常会与之融合的想法：

- 亏了就惨了
- 我不是合格的交易者
- 我永远也做不好交易
- 现在不进场，行情就启动了，我就会错失了行情
- 我可以开仓买入××手合约，弥补之前的所有亏损
- 如果我现在建仓，行情会对我不利
- 我觉得还可以再拿久一点，多赚一点

选择一个你经常深陷其中的想法。你可以在交易日志中记录自己相信，并

---

① 《他是一个快乐的好小伙》是三首最流行的英文歌之一，另外两首分别是《祝你生日快乐》和《友谊地久天长》。鉴于这首歌的中文版传唱度不高，读者在练习时可考虑换成其他欢乐的儿歌，例如《两只老虎》《如果幸福大家一起拍拍手》等。——译者注

且令你做出拙劣的交易行动的想法。

选择了经常令你落入圈套的想法之后，花5—10分钟，玩一下下面这个游戏。例如，你受到"我可不能亏掉这单，不然就惨了"这个想法的束缚。现在想象一下，是别人或别的什么东西跟你说了这句话。例如，你可以想象一下，有个自以为是的训练营教官跟你说："你可不能亏掉这单，不然就惨了。"或者想象一下，有个你讨厌的喜剧演员或摇滚歌手跟你说了这句话，那会怎样？练习的要点不是拿这个想法嘲笑或谴责自己，或嘲笑这个想法及其内容。关键在于，要想象是别人跟你说了这个束缚着你的想法。我们在做的还是转变视角，从自动把这个想法看作自己的，转变为刻意而又有意识地在全新的背景下唤起这个想法。当我们转变视角，我们就改变了与这个想法的关系。把这个想法转移到其他人的视角，我们就与这个想法拉开了距离，这个想法就失去了它的威力。我们就进入了认知解离状态。

如果你喜欢反复琢磨，这是一个特别有用的练习。例如，在蒙受亏损之后，你可能倾向于在当天余下时间里翻来覆去地想："我永远也做不好交易。"如果你的目标是提升自己的交易水平，与这个想法相融合是完全行不通的，不仅会干扰到你的交易，还会让你心情低落、自怨自艾，毫无好处。如果是一只法国贵宾犬，操着法国口音跟你说了这个想法呢？明白我的意思了吧？我们要与这样破坏性的想法拉开距离，改变我们与这些想法的关系。我们并不是要摆脱这些想法，只是更加淡然地看待这些想法，与之拉开距离，从而改变我们的视角和看待这些想法的方式。你还可以更进一步。你可以想象唐老鸭用它独特的嗓音告诉你："你永远也做不好交易。"你可以尽情发挥创意，但不要努力去改变或消除想法，只是要改变想法呈现的方式。

这个练习的目的在于，让你体会到，心智告诉你的话只不过是言语而已，这包括那些要求我们加仓或过早平仓的情绪化想法。当我们与心智告诉我们的话相融合，我们的反应就受到了限制，这就会干扰到我们发挥交易技巧的能力。如果我们建仓后，浮现这样的想法："我可不能亏掉这单"，并且与这样的想法相融合，我们唯一采取的行动很可能是过早平仓。然而，如果我们建仓后，一只花栗鼠跟我们说："我可不能亏掉这单"，或许我们就可以更加淡然地看待这个想法，把盈利的单子拿久一点。记住这一点是至关重要的：我们不是要改变心智告诉我们的话，因为这样做会让我们继续与这个想法相融合，把这个想法当一回事。若是努力改变这个想法，我们就相当于在与心智抗争，这样做会干扰到我们的交易。若是努力避免或消除不想要的想法和想法产生的内在状态，我们就背离了想要的交易生涯。认知解离提供了一个更加可行的选择。我们继续有这个想法："我可不能亏掉这单"，但由于我们与这个想法拉开了距离，我们可以体会到视角的转变。我们还是有这个想法，但这个想法不再占据我们的注意力。这就像背景中的电台广播，或者我们的手（代表我们的想法）不再挡在面前，而是放在了大腿上。我们知道想法还在，但这个想法不再占据我们的注意力。在认知解离的状态下，我们的视角打开了，注意力可以放到更重要的事情上，例如解读市场走势和管理交易。我们不再在心理上给自己挖洞，越陷越深，纠缠于不可行的行动而不得脱身。

我在挖洞吗

下面是史蒂文·海斯及其同事编的一个故事，在这里借用一下，是为了帮助你记住与想法和感觉拉开距离，淡然看待，只是去观察。[①] 下面是我对"洞中人"故事的改编。

[①] Steven C. Hayes, Kirk D. Strosahl, and Kelly G. Wilson, Acceptance and Commitment Therapy: An Experiential Approach to Behavior Change (New York: Guilford Press, 1999), 101 - 104.

故事的主角是一个被蒙上了眼睛的男人，有人把他带上一架直升机，飞到一大片空地上，眼罩始终没有解开。下直升机之前，旁人递给他一个麻袋，告诉他："你可能会用得上。"

男人安全地下了直升机之后，直升机飞走了。男人还是蒙着眼睛，在地面四处走动。他不知道的是，地上有很多个深洞。他蒙着眼睛，什么也看不见，自然掉进了一个深洞里。

他掉到了洞里，没有受伤，摘下了眼罩，四处张望。他看见自己在一个深洞里，爬不出去。这时，他想起了麻袋，打开一看，里面有一把铲子。他想："啊，这有用，我可以挖出楼梯走出去。"但周围全是沙子，他想挖出楼梯，洞的墙壁却坍塌下来。看到这个方法不管用，他想从洞侧挖一条隧道，隧道延伸到地表，他就可以从隧道出去。可是周围全是沙子，坍塌下来，堵住了隧道。

他还试了其他办法，例如堆起沙子，弄一个沙丘，他可以爬到沙丘上，再爬出去，可是他爬上沙丘时，沙子松散开来，他滑到了洞底。他试了无数种方法，都失败了，但他还是不停地挖呀挖。

过了一会儿，我走过去，站在洞边，看见男人站在很深的洞里，汗流浃背，浑身肮脏，使劲地挖呀挖。我大声喊他，问道："嘿，你像是出不来的样子，需要帮忙吗？"他吃了一惊，抬起头看见我，大声喊道："哦，需要，你有一把好一点的铲子吗？"

花一些时间，品味一下这个故事。故事的含义不止一个。你自己从这个故事中总结出来的，对你来说是最相关、最有用的，所以，花一点时间，细细品味一下这个故事，再继续往下读。

这个故事其中一个含义，是我们要放下努力控制心智和情绪的挣扎，是多么困难的一件事。在这个故事中，挖洞代表了我们千方百计地努力遏制不想要和不适的想法和感觉。我们试过的各种方法都不管用，但还是不停地挖呀挖。这个含义在第3章的练习中有所体现——我们试过的所有方法都不管用。虽然经历了这些失败，我们还是徒劳无功地努力控制和改变不想要的内在状态，丝毫不顾这是不管用的，始终坚信在某个地方肯定会有一把更好的铲子。摆脱或控制不想要的内在状态是不可能的任务，但我们还是以为必须要这样去做，与这样的想法相融合。我们在挖洞。当交易者深切明白和接纳了这一点之后，就可以决定，其实在深陷洞中之际，铲子是没有什么用处的。他们会开始采取行动，更好地保持正念，接纳自己的内在体验，明白这只是暂时的，是纸老虎——是没有牙齿的事件。我们会开始放下需要控制的错觉。

第二个含义跟第一个有点关系，就是挖洞代表着与心智告诉我们的话相融合。我们忙于挖洞，错过了当下的丰盈和机会，例如洞外有人伸出援手。当我们处于认知融合的状态，我们就活在了心智构建的另类世界里。若非与自己的想法相融合，哪个神志清楚的人会在洞里挖呀挖，越陷越深？疯狂吧？但我们就是这样做的。这个故事告诉我们，我们需要放下铲子，与心智告诉我们的话拉开距离，清醒过来，回到当下。这时，我们就开始掀开心智垂在我们眼前的面纱，更清晰地看见现实。我们看得更清楚后，就能够采取具有真正价值的行动。当洞中人处于认知解离的状态，自然就会叫人从洞口垂下一根绳索。

我们可以有效运用这个故事，问一下自己：我在挖洞吗？我还在与内在状态挣扎，努力控制内在状态，逃避不想要的，明知这是不管用的，损害我的交易表现吗？我在挖洞吗？我是否与心智告诉我的话相融合，对此深信不疑，活在了对过去的回忆和对未来的预估之中，错过了当下的丰盈和机会？我在挖洞吗？

由于我们心智的运作方式，大多数读者都很难记得去问自己："我在挖洞吗？"我们需要一点帮助。我们可以借助多个方法提醒自己。在索引卡上写下"我在挖洞吗？"放在交易台附近。在便利贴上写下"我在挖洞吗？"贴在屏幕旁边，在一天里经常会看到。在交易日志中设一个栏目，名叫"我今天挖洞了吗？"。每天晚上回顾当天的交易时，用一两句话记录自己是否挖洞了。从文具店买一张圆点或方点不干胶贴纸，贴在你经常会看到的不同地方，提醒自己不要挖洞。你可以贴在咖啡杯上、浴室的镜子上、电脑屏幕上，这些都是很好的选择，总之要贴在你一天里很可能会看见的地方。如果你在一家交易公司里跟其他人共事，这个方法可以保护你的隐私，同时也能提醒自己。无论采取什么方式，都要养成习惯，多问问自己："我在挖洞吗？"过了一段时间以后，你会开始在陷入挣扎或者处于认知融合的状态时，意识到自己在挖洞，会听见自己说："哎呀，我在挖洞。"这是你自己给自己发出的信号，提醒你后退一步，与想法和感觉拉开更大距离，重新集中注意力，把注意力带回当下和手头的交易任务上。

第 8 章

运用接纳与承诺法
进行交易

　　所有交易者在交易生涯中，都经历过压力、不想要的情绪和想法，这是放诸天下皆准的真理，没有人可以完全免疫。交易总会有痛苦的时候，总会有犯错、错失机会、交易亏损的时候，总会有一些日子交易表现欠佳，甚至在很长一段时间交易表现萎靡不振。由于交易是概率游戏，交易中总会遇到逆境。任何特定的交易都有盈利的概率，也有亏损的概率。因此，亏损在交易中是必然存在的。

　　没有人喜欢亏损。亏损显然会造成经济损失，也会引起心理上的痛苦和压力。我们不喜欢亏损是自然而然的事。但值得留意的是，造成交易问题的并非痛苦和压力本身，而是我们与痛苦和压力之间的挣扎。明白这一点，对交易者来说是至关重要的。说白了：造成交易困难的并非压力本身，而是我们对压力的抗拒和抗争。我们之前已经看到，若是努力逃避、控制、管理或摆脱不想要的情绪和想法，只会让我们的专注力和注意力离开交易任务，从而造成交易问题。而且这不仅关系到交易问题，还关系到生活中的问题。心理学家史蒂文·海斯及其同事认为，心理困扰主要是由与不想要的想法和情绪抗争引起的。

　　人们经常会误把压力当作替罪羔羊，以为是压力对我们的生活、健康、工作和人际关系造成了负面影响。"如果我没有这样的压力，我的交易表现会更好""如果没有压力，我会更加健康"，这样的信念自然会让我们努力与压力抗争，努力摆脱压力。

但我们都知道，压力是生活自然的一部分。压力也是动力。我们在面对挑战时，可能为应对挑战的可能性感到兴奋。压力可以推动我们做到在毫无压力的状态下做不到的事情。压力绝对是交易生涯中正常而又必要的一部分。我们建仓后，就会让资金承受风险。我们当然会感觉到一定程度的压力。这是自然的反应，提醒我们要保持警惕。努力摆脱这种压力，就是对抗我们的自然反应。如果你在建仓后，一点压力都感觉不到，那肯定有什么问题，你就像费尼斯·盖吉一样。这并不是说，我们在感觉到压力之后，需要觉得开心和满不在乎，或者听天由命。压力也有不好的一面。肆意滋长的压力可能会引起危害健康的行为，例如吸烟、酗酒、暴饮暴食、略过运动锻炼等。我们之前看到，压力也可能导致我们即兴交易，管理持仓欠佳。请注意，在这些情况下，我们都在努力摆脱不想要的、充满压力的感觉。收市后喝上几杯，可以在一天的紧张过后放松放松。决定不做硬性止损，舒缓了感知潜在亏损引起的焦虑。重点在于，无论是酗酒还是心态不稳的交易行动，我们都是为了避免不适的感觉，而做出违反自己最佳利益的行动。当我们与压力对抗，我们就违反了自己的自然反应，从而制造出困难。接下来，我们会讨论近期出炉的一些开创性研究，进一步了解这个方面。

健康科学研究人员阿比奥拉·凯勒（Abiola Keller）及其在威斯康星大学的研究团队以美国28000名成年人为研究对象，在八年期间，追踪检验了压力大小、压力会影响健康的看法与死亡率之间的关系。研究人员询问受访者，他们在过去12个月有多大压力，压力对自己的健康产生了多大影响，以及他们是否采取了行动控制或减轻压力。结果是惊人的，值得我们留意。凯勒发现，压力大，并相信压力影响到自己健康的人过早死亡的概率增加43%。与此相反，压力大，但不认为压力对自己健康有害的人过早死亡的概率并没有增加。事实上，这个人群（压力大，但不认为压力对健康有害）死亡风险是最低的，甚至比压力小的人群更低。这个发现跟绝大多数人的观点（压力是有害的）大相径庭。研究显示，压力本身不是问题所在。把压力变成替罪羔羊的，是压力对你有害的看法——换言之，是我们与压力有害的想法相融合。研究人员估计，压力大并相信压力危害健康，平均每年导致大约2万人过早死亡，令"压力危害健康"的看法成为美国人过早死亡的最主要杀手之一。

哈佛大学心理学家杰瑞米·杰米森（Jeremy Jamieson）做了一个有趣的实验，直接研究压力，更加证明了我们看待压力的方式会产生重要影响。杰米森及其研究团队让受试者经历压力很大的情境。他们让受试者发表公开演讲，为了加大压力，还设置了额外的障碍。大多数人要做演讲，本来就够紧张的了。[①]想象一下，你要在两位评估人员面前发表5分钟演讲，整个过程有视频拍摄，题目是你自己的缺点。大多数人都会觉得这是很有压力的，而这就是这些受试者的任务。为了带来更大压力，在受试者发表演讲时，评估人员会以身体语言清楚地发出负面的反馈信号（例如交叉双臂，皱着眉头瞪着受试者，翻白眼，以及其他令人沮丧的类似身体语言）。演讲完毕以后，受试者接下来要做一道数学测试，从996开始倒数，每次减7（989、982、975……）。这时，评估人员会给出更多负面反馈。无论对谁，这都是充满压力的体验。

在受试者开始发表演讲和做数学测试之前，研究人员为部分受试者提供了指导，教他们如何看待压力，明确告诉他们，在应激情境下，人的唤醒水平会

---

① 对公开演讲的恐惧在美国人中十分常见。事实上，根据宾夕法尼亚大学心理学家艾莱·梅伦·拉什西奥（Ayelet Meron Ruscio）及其同事进行的全国调查研究，这是美国人一生中最普遍的社交恐惧。

上升，这不是坏事。此外，研究人员告诉他们，我们对应激情境的自然反应是进化的结果，是为了保护我们，帮助我们应对挑战。事实上，我们身体感受到的应激症状（心跳加速、上气不接下气等），都是为了帮助我们为采取行动做好准备，应对我们面临的挑战，实际上能够帮助我们取得更佳表现。换言之，研究人员告诉他们，应激症状是有益的、有帮助的——这与大多数人对压力的看法截然相反。因此，这些受试者面对评估人员的挑刺，可以更从容、更自信地完成充满压力的任务。更重要的是，研究人员测量了受试者在发表演讲和做数学题时的血流和血管扩张/缩窄。那些得知应激反应是有益的自然反应的受试者，血管缩窄较少，血流更加畅通；这是很重要的一点，因为通常在应激反应下，血管会缩窄。这是压力与心血管疾病相关、慢性压力可能不利于身体健康的主要原因之一。我们可不希望血管长期处于收缩状态。然而，只要接纳我们的应激症状是正面的、可以帮助我们准备应对挑战，血管就会保持扩张和放松，不仅让我们在应对挑战时有更好的生理反应，而且可以让我们整个心血管系统健康得多。

埃丽卡·英格兰（Erica England）（当时正在攻读德雷塞尔大学心理学研究生）及其研究团队进行了另一项涉及公开演讲的研究，招募了对公开演讲有严重恐惧、接受治疗的人士。这些受试者获临床诊断患有公众演讲焦虑。[1]这些人士在必须公开演讲时（有时甚至只是在商务会议中在熟悉的同事面前发言，或者是在教室里发言），感受到严重的焦虑，甚至是恐慌发作（感觉到强烈的焦虑，经常被误以为是心脏病发作）。他们的恐惧症十分严重，已经对正常的职业、人际

---

[1] 公众演讲焦虑是一种社交恐惧症（常称为社交焦虑障碍）。社交恐惧症患者害怕大多数涉及陌生人的社交情境，在其他人在场时可能会感觉到严重的焦虑。公众演讲焦虑患者通常不害怕其他社交情境（例如出席派对，参与团体运动，跟朋友聚餐，去听演讲或音乐会，以及涉及其他人的常见活动），但在其他人面前发表演讲时，则会产生临床显著焦虑。大多数社交焦虑障碍患者也害怕公开演讲。

关系和社交活动造成负面影响。许多人在公开演讲时都会感到不适，但这些人士有严重的恐惧症，已经影响到他们的生活。

对公众演讲焦虑和其他焦虑症的一线心理学疗法，是"暴露疗法"。常识告诉你，如果你总是避开那些令人不适或害怕的情境，你永远也学不会该如何应对。暴露疗法让你从治疗的角度面对令人害怕的情境，让你再度遇到这样的经历时，不会只是感到慌张和害怕，而是从疗法中学到，你可以克服恐惧，采取不同的回应方式。这种有效的临床疗法会用到丰富的治疗手段，但基本理念是让患者接触恐惧的对象或情境，通常是循序渐进的，接触并不会带来什么损害。这样一来，患者会练习在其他人面前说更多的话，例如跟陌生人打招呼，在会议上发言，发表备稿演讲等。通过指导下的暴露，患者了解到恐惧的对象并没有最初假设的那么可怕，发展和练习应对技巧。当疗法取得成功，患者在短时间内，就能够学会应对原本觉得害怕和带来妨碍的事情。

埃丽卡·英格兰及其研究团队在研究中运用暴露疗法，治疗患有公众演讲焦虑的成年患者。疗程并不长，分为六次治疗。除了标准的暴露疗法之外，研究人员还指示其中一半受试者在从事公开演讲活动时，接纳苦恼的想法和感觉。在前一项研究中，研究人员指导部分受试者把应激症状看作有益的，坦然接纳这些症状；而这一项研究与之相似，研究人员指导受试者接纳与公开演讲相关的苦恼想法和感觉。另外一半受试者也参与了公开演讲暴露练习，但没有接受接纳疗法的指导，而是要继续待在自己害怕的演讲情境中，直到苦恼的感觉减退为止。

两组都取得了积极的疗效（理应如此，暴露疗法确实是治疗焦虑症非常有效的疗法），但接受培训去接纳不想要的想法和感觉的那一组表现更好。在接受六次治疗之后，接纳组的所有人（100%）都有所改善，症状出现缓解，不再符合诊断标准。在标准暴露组中，17%的人仍然符合诊断标准。暴露疗法本来就是治疗焦虑症的有效疗法，但在加入接纳练习之后，效果变得更好。他们所做的接纳练习，跟前面章节中介绍的正念和认知解离技巧是一样的。

那么，交易者可以从这些研究中得到什么启发呢？首先，交易可能是一项充满压力的职业。许多交易者即使积累了多年的交易经验，还是会感觉到压力。大多数交易者承认，他们在交易时，会感觉到更大的压力，尤其是一单交易出现亏损，或者市场波动性加大之际。但压力不只是在不利的情况下发生。即使持仓有浮盈，交易者设定的止损位已经可以确保有盈利，许多交易者还是会小心翼翼，提防市场反转。他们称之为压力。压力是交易的一部分，我们要做的，是尽量降低其负面效应。从这项研究中，可以为交易者总结出一项清晰的结论，若是既有压力（尤其是经常性的压力），又认为压力是有害的，这会带来负面效应。

大多数人都相信压力是有害的，但研究结果证明，决定害处大小的不是压力本身，而是我们是否相信压力有害。只有在我们与压力有害这个想法相融合时，压力才是有害的。记得吗？那些压力大，但相信压力不是问题的人，死亡率是偏低的。你可以采取的一项积极行动，就是改变对压力的看法，为压力腾出空间，与压力有害的想法拉开距离。有压力是很自然的一件事，是身体功能的一部分，可以帮助你在面对潜在损失时，保持警觉、警惕，仅此而已。压力不是什么可怕、糟糕、吓人的事情，不会占据交易者的身心——除非你让它这样做。压力只是自然的反应。把压力看作自然的反应，而不是有害的事情。希望这项研究能改变你对压力的看法。

请注意，当人们面对恐惧，放下与恐惧抗争，让它自来自去，与此同时，做对自己重要的事情，这时，他们可以取得良好的表现。我们在对害怕公开演讲的临床研究中可以看到这一点。每个人都害怕公开演讲，但还是发表了演讲，在发表演讲时感觉到害怕。关键是，他们允许自己在公开演讲时感觉到恐惧，而不是与之抗争。更有效的方法是，即使感到害怕，还是去做我们需要做的事情，而不去抗拒不想要的想法和不愉快的感觉。在这个过程中，即使我们的想法和感觉让我们感到不适，但还是接纳这些想法和感觉，这可以起到重要的作用。当心智和感觉催促交易者避免亏损，交易者不再是过早获利平仓，而是克服处置效应，面对自己的恐惧，拿住持仓——即使只是拿久一点，而在这个过程中，尽量对自己的感觉和想法抱有开放的态度，了解这只是对亏损威胁的自然反应，无须与之抗争、控制或摆脱这些感觉和想法。

最后一点也是很重要的。想法和感觉无论有多么令人不适、你有多么不想要，都不是你应该努力去摆脱或控制的东西。这绝对是反直觉的，但要记住，当我们不去对想法和感觉（所有想法和感觉，包括困难的那些）抱有开放的态度，加以接纳，我们就等于让注意力离开了交易，专注于内在状态，这一点对我们的交易造成的损害是最大的。

▪ 接　纳

我们不可能靠着向压力的要求屈服，而摆脱压力。心理学家兼焦虑专家格奥尔格·艾弗特和约翰·福赛思称之为"喂养老虎幼崽"。我们在第7章讲了老虎幼崽的故事，但这是一个重要的比喻，我们在本章中会再提及几次，所以在这里简单回顾一下，令你更加记忆犹新。有人送给你一只老虎幼崽，它跟其他动物幼崽一样，小巧可爱，跟你嬉戏玩耍。饿了，它就会发出一声咆哮。起初，咆哮声很小，但你越是喂养幼崽，老虎慢慢长大，咆哮声也越大。你开始觉得如果不喂它，小老虎可能会袭击你。于是，你屈服了，给了它想要的东西。每一次它咆哮起来，你都会给它食物。老虎越长越大，不再可爱了，现在成了威胁。

这个故事是不是似曾相识？我们向自己的恐惧和压力屈服，进场模式的条件完全成立却犹豫着不敢进场，或者过早获利平仓，不就是这样吗？我们每次这样做，都是在喂养老虎。这就是认知融合的后果。压力和恐惧要求我们避免亏损，于是我们不敢进场，或者过早平仓，老虎得到了食物。我们不是对内在状态抱有开放的态度，认清这只是想法和感觉，会自行消失。想法和感觉只是纸老虎，但我们把它们当成了真的老虎，以为如果不去喂养，它们就会袭击我们。喂养它们就是向它们的要求屈服，这不是因为这样的行动符合交易的最佳利益，而是因为我们寻求安抚自己短暂而又冲动的感觉。我们努力控制自己的感觉，就是在不断地喂养这些感觉，反而陷入了低效交易的恶性循环，做出心态不稳的交易行动。我们陷入了与短暂的内在状态之间的挣扎，这并不是交易。我们在第3章谈及控制不愉快的感觉（见"我为了想要控制情绪而付出的代价"），建议你回顾一下这个章节。

我们可以换一个思路来思考这个问题。如果喂养老虎（竭力控制不想要的感觉和想法）那么有效的话，基本上所有去做交易的人都会成为交易赢家。我们知道实际情况并非如此。事实上，实际情况相去甚远。按照一般的估计，在所有踌躇满志的交易新手之中，80%以上会在较短的时间内蒙受亏损，放弃交易［例如，请参阅安·洛格（Ann Logue）的《完全傻瓜日内交易手册》(*Day Trading for Dummies*)］。我们知道，这些交易者下了很大的功夫，努力控制和消除自己的情绪。他们之所以以失败告终，不是由于努力去解决交易的情绪方面或者个人的不足之处。控制情绪本来就是不可能的。事实上，控制本身正是问题所在。我们在前文中讨论过，你不想要的，努力去控制和压制的，就是你会拥有的。

需要留意的是，读者不要误解了接纳的概念。这里和上文研究中提到的接纳，并不是向困难或痛苦的体验屈服，不是被动地忍受，不是容忍、喜欢或认可。这也不意味着我们必须欣然接受不利的情况，或者被动地听天由命。绝非如此。

这里所说的接纳，是指你有意识地采取行动，为不适的想法和感觉腾出空间，不去抗争或挣扎；是指你有意识地决定去体验棘手的想法和感觉，而不是与之抗争，以便去采取高价值的交易行动，实现你的交易抱负。对于接纳不愉快的内在体验，一个有用的态度是淡然看待这些想法和感觉，认清这些只是想法和感觉，会自来自去。这是一个更宽阔的心理视野，可以帮助你放下与不想要的想法和感觉之间的挣扎。要学习接纳我们的想法和感觉，正念和认知解离技巧可以带来很大帮助，我们在第7章已经讨论过。

如果我们后退一步，留意自己对不愉快的感觉和想法有何反应，就会发现，我们陷入了与这些感觉和想法之间的拔河。心理学家史蒂文·海斯、约翰·福赛思和格奥尔格·艾弗特表示，这是与怪兽之间的拔河。你站在冰川裂缝的一边，怪兽站在另一边，两边都在使劲拉扯拔河的绳索。你每次往自己这边拉了一点，与冰川裂缝拉开一点距离，怪兽就会加大力气，把你拉回去。如此来来回回，你陷入了持续不断的拉锯战，陷入了挣扎。大多数人就是这样对待苦恼的想法和感觉的。但如果我们拒绝挣扎呢？那会发生什么事情？如果你放下手中的绳索，会发生什么事情？怪兽可能会上蹿下跳，大吼大叫："拿起绳索！"但你不必拿起来。如果你不拿起来，怪兽能拿你怎么办呢？它不能拿你怎么办。这样一来，你就获得了自由，可以从事对你来说重要的活动，而不用枉费时间和精力去拔河。这就是接纳的含义所在。

为了明白我们所说的接纳是什么意思，做一下这个练习：在面前大约两英尺的地方，举起一只手，伸出食指，手指朝天。直接看着食指，把注意力集中在食指上。你可以清楚地看见食指的所有细节——皮肤的色调和颜色、指甲、皮肤上小小的皱褶和皱纹，还有其他细节。现在，把视线转向远处的其他物体，但还是要让伸出的食指停留在视线范围之内。当你专注于远处的物体，你会留意到那个物体很清晰，但你的食指怎么样了？它变得模模糊糊，不那么清晰了。

你只是改变了自己专注的对象。你的食指还在那里，没有离开，但你还是可以专注于别的东西。这就是接纳。我们不必摆脱自己的食指，也能看见其他物体。如果我们想的话，我们可以整天四处走动，把食指举在自己面前。或许看起来有点傻，但这不会对我们的视线构成多大障碍。在这样的一天里，我们还是可以看见想看的东西，做基本上任何活动。不想要的想法也是一样。我们可以淡然看待它们，带着它们四处走动，尤其是去做对我们来说重要的事情。我们可以放下绳索，停止喂养老虎，专注于对我们重要的事情：我们的交易。

我们要做的，是淡然看待自己的想法和感觉，允许它们自行出现，自行待一会儿，又自行消失，与此同时，我们专注于去做对交易来说重要的事情，要做到这一点，正念起到了关键的作用。正念教导我们，想法和感觉转瞬即逝，自来自去。当我们练习正念，我们了解到自己很容易就会受到想法和感觉的束缚，我们可以选择不去与这些想法和感觉抗争，纠缠不清，而是放下想法和感觉，转而采取高价值行动。正念帮助我们与内在想法和感觉拉开距离，认清这些只是来来去去的心理事件。

正念也可以帮助我们把注意力从外在事件转移到内在体验，再从内在体验转回到外部观察，而不会陷于想法和感觉之中。交易者需要掌握这项能力。我们看见某个市场事件，会转到内部处理，再回到屏幕上，采取适当的行动。很多时候，这是在无意识中发生的。正念把这个过程更多地带入我们的意识。通过正念练习——无论是正式的静坐练习，还是保持正念去从事交易活动——你都可以学会以前所未有的方式体验情绪和想法。你可以学会减少被动反应的倾向，每当想要避免不愉快的内在体验而采取情绪化行动，就能当即觉察到，保持正念去评估这项行动是否与具有真正交易价值的行动一致，据此做出决策。

运动和人类表现心理学家弗兰克·加德纳和泽拉·穆尔清楚区分了接纳和回避。回避几乎总是情绪化的行为，目的是逃避或躲开不愉快的东西。例如，交易者刚蒙受亏损，感觉不敢操作，虽然进场模式的条件完全成立，但还是决定不去建仓。她的行动是受到情绪的驱使，具体来说，是为了回避面临亏损威胁的感觉。她喂养了这只老虎，向情绪屈服，希望这些情绪会消失。这是拙劣的回应方式。这有助于回避不适的感觉，但也妨碍了我们采取对交易来说重要的行动，妨碍了我们提升所需的交易技巧。另外，接纳是一种高明的回应方式，为价值驱动的行为奠定基础，这种行为有时候会让我们感到不适，但我们知道考虑到当下的情况，必须这样去做。同一位交易者在抱着接纳的态度采取行动时，还是会感觉到此前蒙受亏损带来的痛苦，还是会感觉到进场交易后可能蒙受亏损的威胁，这些感觉并没有神奇地消失。然而，她保持正念，看见进场模式的所有条件都已经成立，也知道要成为胜任的交易者，有时候必须鼓足勇气采取行动。由于练习了正念，她能够与危险和亏损的想法拉开距离，把注意力投入到高价值行动，为自己的交易服务，而不是为情绪服务。这些高价值行动包括不把注意力放在内在的不适感上，而是去寻找进场触发条件、设定止损位、管理交易。她认清了这只老虎的本质——这只是一只纸老虎，不应该继续给它喂食。她没有向情绪屈服，也没有与情绪抗争，而是放下绳索，在进场模式的条件成立的情况下，专注于为交易服务的重要行动。接纳是应对棘手情绪的巧妙方式。这是我们刻意对交易采取的立场，专注去做对交易来说需要的事情，而不是喂养想法和感觉，与之抗争。

■ 承　诺

在练习正念的过程中，你会开始意识到，不仅困难的交易情境会引发不愉快的感觉和想法，让我们条件反射地想要加以回避，就连轻微的情境也会制造出轻微的心理障碍和不适感，可能会轻易让我们的交易脱离正轨。正念练习可以帮助我们更好地觉察到这些情况。正念、认知解离和接纳可以帮助我们克服障碍。

打个有用的比方，我们许多人都面临过锻炼身体的挑战。心理学家加德纳和穆尔表示，这个过程涉及一系列持续的决策，我们可以运用正念和接纳技巧，支持我们实现最初的目标。我们决定身体健康对我们的外表和幸福都是很重要的。做过一点研究，或许加入了健身房，或者购买了健身器材之后，我们制定了健身计划和时间表，改变了我们的饮食。这一切都是很好的，值得称道，但真正的考验才刚开始。我们不仅在运动锻炼时感到不适，而且要坚持遵循计划，每天都必须做出选择。有些日子里，我们感到十分疲惫，根本不想去健身房。这时，我们是会喂养老虎，向感觉屈服，还是会对自己说，我们要实现更远大的目标，所以即使感觉疲惫，还是选择坚持去健身呢？正念接纳在这个过程中扮演着很重要的角色。我们能否为疲惫的感觉腾出空间呢？能否为心智告诉我们的话腾出空间呢？这些话可能包括：今天不去健身房多好呀，今天本来就够辛苦的了，"休息一下也是理所当然""明天再去也一样"。如果我们不为这些想法腾出空间，与这些想法拉开距离，而是向这些想法屈服，我们就无法去做重要的事情。最后，我们会喂养老虎，不知不觉地，不去健身成了惯例，锻炼身体的目标也就被抛诸脑后。要实现运动健身的目标，必须在许多天、许多个星期、许多个月里做出许多选择。我们需要保持正念，持之以恒，不然，似乎总是存在的许多障碍就会妨碍我们实现目标。当我们思考怎样才能实现强健体魄的目标，我们很容易就可以看到，一时的舒适可能会（对许多人来说，经常会）盖过未来的好处，令我们采取的行动背离我们的目标。

交易也是一样的。要取得一定程度的交易成功，我们必须在许多天、许多个星期、许多个月，甚至许多年里做出许多决策。这个过程不会真正停止。我们需要克服的不只是困难的交易情境，还有日常情境。在每天的交易结束后，我们应该评估当天的图表，看一下怎样才能改善我们的交易，写交易日志，制订明天的操作计划，以及从事类似的活动。我们的心智可能会说，嘿，今天已经够辛苦的了，不如去跟朋友喝杯酒，看一会儿电视，或者去做些与交易无关的活动吧，这时，我们很容易就会去喂养老虎。就是在这样一点一滴的决策中，我们贪图一时的舒适，而不去做明知长远来说会带来好处的事情，但长远的好处似乎太遥远了，需要我们付出努力，好像感觉上不那么重要了。日积月累，我们很容易就会回避明知很重要的高价值活动，对我们的交易造成干扰。就像健身的例子一样，除非我们保持正念，愿意为这样的想法和感觉腾出空间，同时铭记对我们的交易、对我们作为交易者的成长来说真正重要的事情，不然，我们很容易就会贪图一时的舒适，而舍弃了长远的好处。归根结底，这就是我们讨论过的现象：我们在回避辛苦回顾图表带来的不愉快感觉，选择了轻松做点别的事带来的愉悦感，例如跟朋友一起喝杯酒。再想深一层，同样的事情在我们的交易中一再发生，例如过早获利平仓，不敢进场，即兴交易，还有许多交易者做出的其他非建设性交易行动。我们任由自己与心智告诉我们的话相融合，贪图一时的舒适，而舍弃了长远目标。日积月累，交易者很容易就会深陷于无益的恶性循环（见第5章）。学会应对情绪负荷较小的情境（例如在每天交易结束后，保持正念去写交易日志），可以锻炼心理肌肉，帮助你在面对更棘手的情境（例如克服交易恐惧）时保持正念，采取建设性行动。

我们在讨论锻炼身体的目标时提过，要实现交易等大目标，需要做出无数决策，采取行动去肯定和支持对交易而言、对你作为交易者的成长而言真正重要的目标。这需要你认真而又持之以恒地去做功课，而且有些时候，你可能不想去做，或许有其他不相关的活动似乎更具吸引力，或者你的情绪高涨，或者感到疲倦或无聊，在这些时候，你还是要坚持去做。这不是容易的事，许多人都难以做到。一个人若没有坚定承诺去做好交易，就经常想去走捷径。捷径是不存在的。世上不存在任何心理魔法杖，轻轻一挥，就可以让你无须去做所需的功课，无须忍受产生的不适感。我们都希望轻轻松松可以做好交易，但事实上是做不到的。俗语云，没有付出，就没有收获。对交易而言，这句话再适当不过了。要做好交易，需要付出很多。这包括付出所需的努力，形成心理优势。当你日复一日地去做很可能会带来良好高效的交易表现的活动，你才能走上正确的轨道，坚定对交易的承诺，致力促进你作为交易者的成长。这就是我们所说的有坚定承诺的交易。

要提升和改善你的交易表现，你可以保持正念去做许多活动。你可以保持正念去研究图表，评估所做交易，分析在交易日的表现，写交易日志，做模拟交易/纸上交易进行练习，为下一个交易日做准备，研究进场模式，等等。本书第三部分会详细介绍更多重要的交易任务和行动，你可以保持正念去做。

现在花一些时间，做一下练习8.1，识别与交易相关的常见情境——不是困难的交易情境，而是日常情境，但这些情境与交易相关，你在这些点上做出决策时，你的想法和感觉经常会令重要的交易相关活动脱离正轨。在第一栏，写下发生的情境；在第二栏，写下你的感觉；在第三栏，写下你的心智跟你说了什么令你印象深刻的话；在第四栏，写下由于你喂养了老虎，向想法和感觉屈服，让重要活动受到了干扰，造成了什么后果。表格里填写了两个例子，供你参考。

练习8.1　影响我的交易的细微决策

情境	感觉	想法	后果	√
例子1： 比平时更晚睡。	感觉疲倦	"我可以多睡一会儿，没什么大不了的。"	无法修订操作计划，纳入隔夜数据。错失交易良机。整个上午都感觉仓促。	
例子2： 略过模拟交易/纸上交易进行练习，而是去看电视。	无精打采、无聊	"不需要用真金白银买单的纸上交易不是真正的交易。我可以略过。"	不会立即产生后果，但长远而言，我没有尽力提升自己的技巧。	

你最好在两三个星期里，追踪自己由于与想法和感觉相融合，而回避交易相关重要活动的倾向。每次发生了这种情况，就在练习8.1表格的最后一栏里打一个钩。这可以帮助你更好地觉察到自己何时在小问题上喂养了老虎，以便采取行动，做出正确的决策。只要觉察到你的倾向，就可以产生积极的效果。养成习惯，每次想要回避时，就保持正念去觉察这种倾向；养成正念接纳的习惯，为这些想法和感觉腾出空间，不去信以为真，不向这些想法和感觉屈服，也不与之抗争，这是帮助你成长为心理技巧高超的交易者的重要一步。从小事入手保持正念，练习正念接纳的技巧，可以锻炼我们的心理肌肉，帮助我们更好地应对更棘手的交易事件。请特别留意你对自己说了哪些话，去说服自己不去做

重要的事情，从中可以特别洞察到，我们是怎样轻易而举、毫无戒心地相信心智告诉我们的话。

与"今天已经够辛苦的了，就别看图表了"的想法相融合，跟与"我最好赶紧获利平仓，避免亏损"的想法相融合，都是差不多的。要取得卓越的交易表现，我们需要保持清明的心智。我们不要进入自动驾驶模式，而要保持正念。我们要揪出自己在哪些情况下失去了正念，听信心智告诉我们的话，几乎无意识地损害了自己的最佳利益。要再次强调的是，我们不是要与心智拔河，只是要觉察到这些自我对话，回想起什么对我们来说才是最重要的，为不愉快的想法和感觉腾出空间，把注意力转到长远而言重要的高价值任务上，例如回顾当日交易，写交易日志，或者为第二天的交易做准备。为交易服务而接纳一点匮乏或面对一点困难，有助于实现你的目标和价值。表8.1以图表形式展示了这种关系。

到现在，交易者应该明白，若是贪图省事和舒适，回避这些重要任务，固然可以获得一时的个人满足，却对交易毫无好处。回避会让我们脱离正轨，无法实现交易目标、实现作为交易者的个人成长。在交易者的心理层面上，很重要的一点在于，我们在体验到不想要的想法和感觉时，还要能够去为交易采取必要的行动。在这方面，正念是最重要的心理技巧。请记住，练习正念，不是为了"解决"或消除不想要的想法和感觉。那只会让我们回到抗争，徒劳无功地与心智拔河，也会分散我们的注意力。保持正念去接纳不想要的想法和感觉，就是承认这些想法和感觉的存在，为其腾出空间，不抗争、不听信，把注意力放在手头重要的交易任务上。在交易时段之外，针对不重要的交易相关任务，练习保持正念去接纳不想要的想法和感觉，可以帮助你发展这项心理技巧，让你在最重要的时候——也就是交易时——可以派上用场。

表8.1　正念接纳、注意力、行动与后果之间的关系

正念接纳	不想要的想法和感觉	注意力	行动	后果
是	认知解离，接纳不想要的想法和感觉，认识到这些想法和感觉只是暂时的，为其腾出空间	注意力始终集中在任务或交易上	为你的交易或持仓服务	更有可能实现长远目标
否	不接纳这些想法和感觉，认知融合，相信这些想法和感觉是不可忍受及/或持久存在的，寻求摆脱这些想法和感觉	注意力离开任务或交易，转到内在状态；交易者分心	为了减少或消除不适感	不会实现长远目标

这本书看到这里，你若是把学到的内容付诸实践，很可能已经在每天练习正念，使用第7章介绍的多个认知解离技巧。当你练习保持正念，去评估图表，模拟交易，写交易日志，做其他交易相关的活动，你很可能注意到，自己能够更好地集中注意力，减少浪费时间，把更多精力投入到重要活动中。你也会发展所需的心理技巧，越来越认清，想法和感觉有时有用，但不必总是盲目遵循或回应，视之为不容置疑的命令。你很可能会越来越多地认真界定最重要的事情，而不是相信心智一时兴起编造的故事，贯彻一致地选择去做最重要的事情。

你也可能会开始在交易之外，在日常生活中运用正念和认知解离技巧。例如，如果有人或某个情况不合你的心意，你不是一味地难过或生气，而是注意到自己浮现出冲动的想法和感觉，在心里记下这些只是想法和感觉。这样一来，或许你的行动就会跟过去不一样。本书所述的技巧属于交易心理学的范畴，但归根结底，还是属于心理学的范畴，在日常生活中都是有用的，并不仅限于交易。当你注意到自己为交易学习了心理技巧之后，也运用到交易以外的活动，你就同化了这些技巧，有效地融会贯通。

花一些时间，在与交易相关的细微活动上练习这些技巧，再用于更复杂的交易难题。例如，如果你倾向于下意识地对恐惧做出反应，过早获利平仓，或者由于害怕亏损而犹豫不决不敢进场，你会更加难以克服这些重大挑战，在此情况下，你应该先在难度较低的挑战上加以运用，熟练掌握，再把这些技巧运用到较大的挑战上。这只是常识。例如，如果你在学习打网球，想要掌握有效的击球技巧，你应该花一些时间练习基本的正手和反手击球，提升基本的击球技巧，再去学习难度更大的击球，例如上网、反手削球、半截击和高球扣杀。你从基本击球中学习掌握的技巧，可以帮助你更轻松地学习掌握难度较大的击球。交易心理学也是一样的。花几个星期的时间，去练习保持正念、认知解离和接纳，运用到难度较低的交易相关活动之中，例如写交易日志、研究图表、为交易日做准备等。此外，你不必把练习局限在交易例行事务之中。你也可以把发展心理技巧运用到日常生活之中。例如，在修理家居用品、洗衣服、修剪草坪或做饭时，保持正念，专注当下，专注于正在做的事情。跟别人聊天也是一样的。如果我们认真观察自己，就会发现我们经常在别人还没说完话的时候，就去想自己接下来要说什么。练习保持正念，认真去聆听别人在说些什么，再去想怎样回答。请记住，你的心智近一半时间都在游移。每当你的想法开始游移，开始去注意到，轻轻地把注意力带回当下。你越是在各种情境中练习正念注意，就越能够纯熟掌握这项技巧，你在面对难度较大、会引起恐惧等强烈情绪的交易挑战时，就越能够可靠地运用。

■ 建立承诺

接下来，我们转向更棘手的交易情境，若能克服这些挑战，就可以大幅提升你的表现，最终改善你的交易绩效。运动和人类表现心理学家弗兰克·加德纳和泽拉·穆尔表示，承诺涉及经常性投入到具体行动，增加取得良好交易表现的概率。这些具体行动可能各有不同，但都可以提升交易表现，因此对交易者而言，具有重大价值。聊举几个例子，其中可能包括拿住盈利头寸，严格按照交易计划的进场条件建仓，合理管理资金，设定止损位，写交易日志，在一天的交易结束后回顾当日交易，以及采取直接为交易者做交易带来增值的类似行动。在本书的第三部分，我们会讨论到你要如何把高价值交易行动纳入你的交易。暂时来说，我们只是要认清高价值行动会为交易带来增值，若想要高效、高明地进行交易，就必须建立对高价值行动的承诺。

这一点也很合理。拿住盈利头寸，等到实现合理的盈利目标，或者市场发出清晰的离场信号，方才平仓，这显然是为交易服务的高价值行动。与之相反，若是由于害怕浮盈回吐，而过早获利平仓，则是为感觉和感觉的要求服务。我们讨论过，这样的行动与交易无关。基本上所有交易表现欠佳都来源于对认知启发法的不当运用（见第1章）或者情绪化的行为。

我们不必让情绪指挥我们的行为。我们的情绪和心智叫我们做些什么是一回事，为交易服务做出高价值行动又是另一回事，在两者的关系之间，正念扮演着关键的角色。我们之前说过，正念技巧可以帮助我们与情绪拉开距离。通过练习正念，我们可以与想法和感觉拉开距离，而不是与之纠缠不清；我们可以成为想法和感觉的观察者，而不是受到想法和感觉的束缚。正念也可以改善我们的注意力和专注力。我们在面对棘手的交易情境时，总是可以做出选择：我们可以选择听信心智告诉我们的话，向情绪屈服，换言之，也就是喂养老虎；我们也可以选择运用正念技巧，把注意力带回市场、交易和手头的交易任务上。

那么，我们要怎样有效地从情绪化的交易，转向保持正念、有坚定承诺的交易呢？第一步是了解交易对你的重要性何在。在交易中，你看重的是什么？你想要代表什么，想要做出怎样的行为？换言之，你的价值观是什么？

■ 保持正念、有坚定承诺的交易：第一步

密西西比大学心理学家凯利·威尔逊和北得克萨斯大学心理学家埃米·默雷尔（Amy Murrell）表示，情绪化决策会令我们受到限制，他们称之为"心理僵化"，而我们的价值观是克服情绪化决策的关键元素之一。在努力实现重要目标的过程中，促使我们朝着重要目标前进的动力，从来不是愉悦或痛苦的体验。我们都曾经为了实现远大的目标，而去做自己不想做的事情。例如，大多数人在上学期间都不是真的想学习或者写论文，可是还是照样去做了，忍受了完成任务的不愉快感觉，为的是能够通过课程考核，拿到学位。我们出于对教育的重视，而愿意忍受暂时的不适感。这样的例子不胜枚举。许多人都不想去修剪草坪或打扫房屋，而更愿意去做其他愉快的事情，但我们还是会去修剪草坪或打扫房屋，为的是重视一个干净整洁的家。我们或许不喜欢公开演讲，但还是会强忍着不适在工作上做演示，为的是重视这份工作，想要谋求未来晋升的机会。诚然，修剪草坪、撰写学期论文、打扫房屋，甚至是公开演讲，都没有交易蒙受亏损那么令人厌恶。但重要的是威尔逊和默雷尔提出的想法。我们行动的动力不是舒适感和愉悦感，行动的真正动力是我们重视的事情。

威尔逊和默雷尔提出了很重要的一点：在对我们真正重要的事情上，我们寻求的并不是愉悦感或舒适感——这些并不重要。与此相反，重要的是我们持续付出努力，朝着对我们重要的目标前进。我们还可以更进一步。通过我们在交易中重视的事情，以及对我们作为交易者来说重要的事情，我们可以改变与逆境之间的关系。毫无疑问，交易会产生厌恶体验。这是交易的本质决定的。当我们开始把注意力转向在交易中对我们来说重要的方面，对我们某一单交易和我们作为交易者来说最重要的方面，我们就可以不再与内在状态抗争、寻求舒适感和愉悦感，而是开始采取不同的态度。如此一来，我们就可以敞开胸怀，

更灵活地采取行动，而不是僵化地寻求回避焦虑、恐惧和不适感，做出心态不稳的交易行为。

为了持续专注于在交易中对我们有价值的方面，我们首先需要明白在交易中我们看重的是什么。很少有交易者会抽出时间，认真思考自己的价值观。而认真思考过自己价值观的人都表示，这段时间花得很值。交易者在交易中会面临逆境。如果你不知道自己在交易中看重的是什么，那么每次遇到不利的情况，就很可能在心理和情绪上摇摆不定。一旦有情况令我们感到情绪困扰，我们就可能忘记真正重要的事情。你可不想受到这样的掣肘。若是不去深入了解对自己重要的事情——你的价值观——你就没有指南针，很容易就会在心理上迷失方向，沿着僵化交易的死胡同一直走下去。

你首先要做的一件事，就是问一下自己，我为什么做交易呢？这是一个宽泛的问题，不存在唯一的正确答案。许多交易者马上会回答说，是为了钱。这也没什么不妥。我们做交易是为了赚钱。但再想深一层。如果重要的只是钱，那么我们为什么不去选择做房地产、企业管理或者自己做点生意呢？其中每一项都可能赚钱，甚至或许比交易更简单。如果我们为的只是赚钱，那应该选择最轻松、最不令人厌恶的途径赚钱才对啊。交易可能不是最轻松、最不令人厌恶的途径。如果你第一时间想到的答案是赚钱，试着再想深一层，想一下你要拿钱来做什么。你看重的是什么，是钱可以创造、增加或实现的？

在我担任演讲嘉宾的一次研讨会上，我们讨论了自己为什么做交易，一位女士站起来说：

> 对我来说，交易是很重要的。我有两个年幼的小孩。我之前要上下班，没多少时间去陪他们。我看见其他母亲陪着孩子在公园里，感到非常心痛，因为我每天都必须离开两个孩子，上班去做一份自己不喜欢的工作。我心

里非常难受。我觉得交易代表着一份自由，我不必离开孩子去上班。这就是我做交易的原因。是的，钱当然很重要；我想赚钱抚养孩子，满足他们的经济需要，可是最重要的是，交易让我可以跟孩子们在一起。即使在交易，我还是在家，可以陪着他们。

你可以看到，当我们有了这样的理由，建仓以后，就可以不去受到不适的感觉和不想要的想法的束缚。交易者可以开始扪心自问，哪一样对我来说更加重要？是感觉良好呢，还是为我的孩子做好交易呢？

其他人会有不同的交易理由。对有的人来说，理由可能是财务独立。对有的人来说，赚钱送孩子上大学是很重要的。许多交易者都喜欢交易分析，享受能够预测市场走向的乐趣。有些交易者告诉我，即使没有报酬，他们也愿意分析市场走势。有的人在学习交易的过程中遇到困难，觉得学好交易是对自己的挑战，是自己要攀登的珠穆朗玛峰，觉得能够克服障碍很有意义。有的人喜欢在一个高难度的领域成为大师，尤其是交易不仅涉及读图能力，还关系到实现个人成长，掌控自己的心理和行为。有100位交易者，就有100个交易的理由，这些理由都无所谓好坏对错，只要对你来说重要就可以了。有的人可能想给后人留下一笔财富，为重要的创业点子积累种子资金，或者为有意义的社区工作机构或人道主义机构捐款。有的人可能想买心仪之物，或者打造梦想之家。理由是无穷无尽的，每个人的理由都是独一无二的。正是由于其独特性，才让我们的理由这么特别，才是其力量所在。花一些时间，认真思考一下自己为什么做交易，写下一些想法。

在你认真思考自己为什么做交易，写下一些理由之后，考虑这个问题：在你的交易中，对你来说真正重要的是什么？要回答这个问题，有许多不同的方式，每位交易者都有不同的答案。在回答这个问题时，你可以考虑这些方面：

● 你的交易方法对你来说有多重要？

● 你对进场模式和市况的研究在你的交易中占据怎样的地位？

● 你的交易行动有多么一致，这对你来说有多重要？

● 遵守交易计划对你来说重要吗？

● 制订交易计划或者随时了解最新市况对你来说有多重要？

● 评估当日或当周表现，努力提升自己的交易水平，这对你来说有多重要？

● 提升技巧，迎难而上，取得进步，这对你来说有实质意义吗？

请注意，我们问的不是你每天或每周想赚几个点或者多少钱。在交易中，对你个人来说重要的是什么？对你每一单交易和对你作为交易者来说重要的是什么？考虑这些问题，还有其他你觉得重要的方面，抽出一点时间，思考一下，对你来说，在交易中真正重要的是什么。

有一位交易者表示：

以前，我老爱从一个方法跳到另一个方法，看见有文章介绍一个指标或一个进场模式，就会马上照着做交易。幸好，这样的日子已经一去不复返。我开始意识到，自己在交易中瞎忙活，其实根本没有取得进步。我没有脚踏实地。当我开始去思考，对于我作为交易者来说，什么才是重要的，什么对我来说具有真正的价值，我开始对自己作为交易者有了更清楚的认识。我开始意识到，稳定表现的源头只能是我自己，不可能是外界。当我开始去思考，换作交易高手会怎样操作，我就认识到，遵循一个对我有用、我研究过的方法，可以让我脚踏实地。在市场行情符合我的进场条件时采取行动，在市场行情不符合我的进场条件时按兵不动，保持耐心，不断地研究市场，研究市场行为，不断地回顾自己的决策和行动——这一切都成为我做交易的锚，对我来说具有真正的价值，让我始终明白自己的立足之处。以前，我总是忙忙碌碌地追逐这个交易理念，那个交易理念，弄得一塌糊涂。只有在开始思考交易中对我来说真正重要的是什么，我才真正体会到，一切都来源于我自己。要成为优秀的交易者，做出的行为也得像一个优秀的交易者。这就是我知道自己需要做的。这就是我最重要的指南针。

另外一位交易者是自营交易公司的成员，他是这样说的：

对我来说，交易中最有意义的事情之一，就是跟一群优秀的人打交道。我们都志同道合，都喜欢市场，喜欢交易。正是我每天与之打交道的人，让我觉得一切都是值得的。我喜欢分享自己的交易理念。我喜欢帮助交易新手，从经验更丰富的交易者身上学习。合伙人也很棒。他们都帮助我成长，鼓励我，在交易中把更多的责任交托到我手上。我们是一个齐心协力的团队。对交易者来说，这听起来挺好笑的，因为在世人眼中，交易者应该是各自为战、厮杀激烈的，可是我们公司并不是这样。感觉就像我在打棒球。我们结下了志同道合的情谊，相互支持。我感觉跟同事们心有灵犀，这就是促使我不断努力、不断进步的最大动力。

知道自己的价值观不是微不足道的事情，而是让你知道自己想成为怎样的交易者，可以帮助你设定相关的目标，让你的交易有明确的目的。如果你在交易中陷入了自我挫败的模式，认清自己的价值观可以成为你的动力，激励你奋发前进。以自己重视的方面为指引，你可以走在正确的轨道上。你重视的方面会成为你的路标，指引你的方向，你迷路的可能性就会降低。你更能够为了实现对你来说重要的目标而采取行动，虽然有时候并不容易，但能够做到这一点，你就会感觉到做了真实的自己。这可以产生强化的效果，让你的交易更添丰盈。你知道自己代表着什么，知道自己想要做出怎样的行为。价值观可以带给你这一切，甚至更多。

认真地思考一下，这个练习通常能够让你发掘到心底最深处的抱负——我们真正关心什么，我们希望交易能够带来什么。或许这看似无足轻重，但其实不然。在加利福尼亚大学，心理学家 J. 大卫·克雷斯韦尔（J. David Creswell）带领研究团队，研究了个人价值观和压力。受试者参加了一项压力很大的练习，所有人都血压上升，心跳加速。然而，那些在参加压力测试之前思考和肯定了自己的个人价值观的受试者，皮质醇反应远低于没有这样做的受试者。我们在第2章讨论过，皮质醇是一种应激荷尔蒙，在应激情境下会被触发，激发战斗或逃跑反应。肯定我们的价值观有助于缓解应激反应。

思考一下，对你来说，什么是最重要的，你想要成为怎样的交易者。作为交易者，你想要具备怎样的素质和特征？我们在前文中提过，澳大利亚的路斯·哈里斯医生是接纳与承诺心理疗法的专家，他表示，你在考虑自己的价值观时，可以回答这些重要的问题：如果没有什么可以阻止你成为自己真正想成为的交易者，你会是什么样子的？请记住，没有什么可以阻止你。你真正想要成为怎样的交易者，做出怎样的行为？请使用练习8.2，回答这些问题。

想清楚这个问题之后，再想象一下，你实际上已经成为你想要成为的交易者了，在未来10年内，就是这样子去做交易。10年后，有记者写了一篇报道，介绍你的交易生涯。这篇报道是怎样介绍你的？记者所说你最好的三四项素质是什么？扮演记者的角色，在表格上填写回答。

这些练习的要点在于，你要知道是什么为你的交易赋予了意义，你要活出这些意义。你要过上有价值的交易生涯。10年后，你不希望记者说："呃，总而言之，这位交易者非常、非常善于回避不适的想法和感觉。"

练习8.2　找到我的交易价值观

第一部分：如果没有什么可以阻止你成为自己真正想成为的交易者，你会是什么样子的？你真正想要成为怎样的交易者，做出怎样的行为？

第二部分：你按照第一部分所述的生活和交易了10年，10年后，写一下你成了怎样的交易者。想象一下，你是一名记者，撰写一篇介绍你的文章。描述三四项你最好的素质。
素质一：
素质二：
素质三：
素质四：

正如威尔逊和默雷尔所说，这确实归结到一个基本、根本和关键的选择。[①]我以交易为主题，改编了他们的话：

　　一方面，你可以选择没有恐惧和焦虑。你可以没有交易压力、不适的感觉或不想要的交易想法。事实上，你可以不再有交易亏损，再也不用害怕市场。可是要做到这一点，你必须放弃一样东西。这样东西当然就是交易。

　　另一方面，你可以拥有意义非凡的交易生涯。你可以赚钱，深入研究市场和你的市场分析方法，享受成为成功的交易者带来的所有好处。可是这一切都是要付出代价的。如果你做出了这个选择，你会继续蒙受亏损。有时候，你还是会感觉到恐惧和焦虑，会浮现不想要的想法。但即使产生

---

① Kelly G. Wilson and Amy R. Murrell, "Values Work in Acceptance and Commitment Therapy: Setting a Course for Behavioral Treatment." In Mindfulness and Acceptance: Expanding the Behavioral Tradition, ed. Steven C. Hayes et al. (New York: Guilford Press, 2004), 139.

了这些不愉快的体验，你还是可以去做交易中需要去做和想要去做的事情。

你的选择是什么？

■ 运用你的价值观，投入有坚定承诺的交易

你已经找到了自己的价值观，接下来要做的，是运用这些价值观，为你提供指导和指引方向，帮助你克服困难的交易情境，不再像过去一样，受到情绪和不想要的想法束缚，做出低效、事与愿违和未如理想的行为。我们先从两个案例入手，再讨论你可以通过什么方式，更沉着、更勇敢地应对棘手的交易情境，同时坚持你的个人价值观，采取符合这些价值观的高价值交易行动。

案 例

案例1：阿马尔

阿马尔交易货币期货已经有几年了。他总的来说是盈利的，可是在一单交易亏损之后，经常会在下一单交易加仓。他称之为"翻倍加仓"，希望以此快速挽回损失。在我的追问下，阿马尔表示，亏损"不是好事"。"我不喜欢亏损。我觉得必须马上挽回损失才行……有时候，"他承认，"在亏损之后，我会觉得自己很失败。"

阿马尔在回顾价值观练习时表示，记者会说他在整个交易生涯中，都保持着平静和稳定，从来不会为大笔盈利感到十分兴奋，也不会为回撤感到十分难过。他仿佛海面上的一艘船，在市场里乘风破浪，无论大海有多大的惊涛骇浪，总是平稳地驾驭船舶。这就是阿马尔希望自己在交易时的状态，也是他希望给人留下的印象：一位稳定的交易者。

考虑到自己在亏损后翻倍加仓的倾向，阿马尔认识到，这种行为既不平静，也不稳定。"其实，"阿马尔表示，"仓位过大会令交易表现更加大起大落，我的行为是反复无常的、不可靠的——与稳定的交易者恰恰相反。我不希望我的交易是这样子的。"

案例2：佩丽冉卡

佩丽冉卡在位于孟买的印度国家证券交易所买卖股票。她感到最棘手的交易情境是拿住盈利头寸。跟许多交易者一样，她倾向于过早获利平仓。她试过无数次想要纠正这个倾向，但总是以失败告终，为此灰心丧气。

她希望自己的交易给人留下的最深刻印象（她重视的价值观）在于，她竭尽全力去做交易了，无惧任何挑战。"我愿意千方百计地做好交易，"她解释道，"我想要成功。"这股冲劲是她在海外生活、做大学生运动员时练就的。"我所属的运动队训练艰苦。有许多次，我对自己产生过怀疑，以为自己做不到，但最后还是做到了。无惧困难，持之以恒，竭尽全力，这是很重要的。我希望我的交易也是一样的。"她说道。

跟阿马尔一样，佩丽冉卡的行动违背了她希望交易代表的东西。她想要竭尽全力，却向情绪屈服了，喂养了老虎。

现在花一点时间，找出一两个交易情境，是你的交易行动受到情绪驱使的，为你造成了困难。对于每一个棘手的情境，认真描述你当时的想法。对于当时的情境和你当时需要采取的行动，你的心智是怎样告诉你的？此外，请记下你当时的感觉，这包括恐惧、焦虑、紧张、生气、沮丧、悲伤等情绪。此外，请记下你当时的身体感受，特别注意身体有没有哪个部位肌肉绷紧，例如肩膀或双腿。请记下紧张的小动作或抽搐、胃部不适、心跳加速、汗流浃背、口干舌燥和其他身体感受。请尽可能清楚地描述，但不必加入过多的细节。最后，请在练习8.2中填写的价值观中，选择跟你在练习8.3中填写的棘手情境最相关的一项。

在练习8.4中，我们会制订一个具体的计划，帮助你克服在练习8.3中记下的棘手交易情境。我们会介绍确切的方法，为了克服阿马尔和佩丽冉卡所经历的困难制订计划，给出分步详解方法，介绍整个过程：设定可行的目标，为满足这些目标制订具体计划，洞悉最可能妨碍你实现目标的障碍，设计具体的行动克服这些预期的障碍。你会发现，这是一个实用而又有效的方法，可以帮助你克服在交易中可能遇到的心理和表现挑战。然而，在讨论练习8.4之前，我们首先要讨论一个学习接纳不想要的想法和感觉的方法。

练习8.3　棘手的交易情境、我的内在状态和价值观

棘手情境	想法	感觉	身体感受	相关价值观

■ **为不适的情绪和想法腾出空间**

下面是专门帮助你接纳不适感的正念练习。这个正念训练可以帮助你应对不想要的困难情绪或想法。这个练习最初是由格奥尔格·艾弗特和约翰·福赛思为严重焦虑症患者设计的。[1]我为交易者做了改编。交易者练习过之后，都觉得这有助于他们学会为困难的想法和感觉腾出空间。

在第6章所述的正念练习中，我们选择了一个聚焦点（例如呼吸），每次心智游移，都把注意力带回聚焦点上。这个练习有点不同，我们要完全觉察到不想要的想法，以及不适的身体感受和情绪。在这个练习中，你会接纳自己不想要的想法和感觉，而不是安抚或者与之对抗。这是一种暴露练习，与我们讨论过的针对恐惧和焦虑的早期研究相类似，是你可以自己做的。这个练习旨在帮助你学会接纳，也就是为不想要的想法和感觉腾出空间，认清其本质——这些只是自来自去的想法和感觉，并非像它们想让你相信的那样，肯定会带来厄运、危险或灾难。你需要抽出15—20分钟无人打扰的时间来做这个练习。下面是我对艾弗特和福赛思设计的接纳练习的改编。

接纳练习

坐在一张椅子上，双腿分开，双脚舒服地平放在地面上。可以把手放在大腿上，也可以放在椅子的扶手上，选择自己觉得舒适的方式。

深吸一口气，气息进入腹部，再缓缓呼出。呼气时，开始把注意力带到你的呼吸。再深吸一口气，注意气息在鼻尖流过。呼气时，你可能会注意到，呼出的气息比吸入的气息更温暖。呼吸几次，注意这一点。最后深深吸一口气，同时，轻轻闭上眼睛。把所有注意力带到呼气上，注意气息经过鼻孔，腹部稍微内收。放开呼吸。不需要去控制，只要让自己

---

[1] Georg H. Eifert and John P. Forsyth, Acceptance and Commitment Therapy for Anxiety Disorders: A Practioner's Guide to Using Mindfulness, Acceptance and Values - Based Behavior Change Strategies (Oakland, CA: New Harbinger, 2005), 161 - 166.

自然地呼吸，观察吸入的气息和呼出的气息。观察呼吸30—60秒。

心智游移是很自然的事。你会突然注意到，注意力不再集中在呼吸上，而是游离到某个想法，或许是关于未来，或许是关于某个回忆。有时候，某个身体感受占据了你的心智，例如发痒或者轻微的疼痛。无论是什么，只要承认你的心智游移了，轻轻地把注意力带回呼吸上，尽量观察吸入的气息和呼出的气息。观察呼吸30—60秒。

现在，觉察你在交易中遇到的挑战。对许多人来说，是对亏损的恐惧。有的人可能害怕错失交易机会或错失利润空间。只要觉察你的恐惧，注意与之相关的不安、疑虑、担忧和焦虑。不要努力去纠正、改变或摆脱这些感觉，只要与你的恐惧、不安和担忧共存，为之腾出空间，一起坐坐，持续30—60秒。

现在，把注意力带到在交易中对你来说重要的事情上。你想要成为怎样的交易者？你想要自己的交易给人留下怎样的印象？在交易生涯结束后，你想要让自己和自己的交易经验给人留下怎样的印象？考虑30—60秒。

现在，把注意力带到你觉得困难的交易情境上，可能是过早平仓，可能是即兴交易，可能是亏损后不敢进场，也可能是别的。无论是什么困难的情境，通常都涉及一系列不适的想法、担忧、意象、情绪和身体感受。轻轻而又坚定地把注意力放在与这个交易情境相关的不适感上。注意强烈感觉或冲动想法，淡然看待，抱有开放态度，为之腾出空间。尽量与这些不适感共处，持续30—60秒。

你可能注意到自己抗拒这些不适的体验。这是自然现象。注意自己是怎样抗拒的。你在与怪兽拔河，或者喂养纸老虎吗？提醒自己，要成为你想要成为的交易者，你要为这些不适的感觉和想法腾出空间，这是很重要的。尽量觉察这些感觉和想法。可以借助呼吸的方法。在体验这些感觉和想法的同时，深吸一口气，再缓缓呼出，持续觉察不想要的体验。在这个过程中，留意有这些想法和感觉真正是什么感觉。问一下自己："真的有那么糟糕吗？我总是必须与之对抗吗？还是可以为之腾出空间，同时还可以为了交易采取所需的行动？"与这些不愉快的体验共存，为之腾出空间，持续30—60秒。

深吸一口气，再缓缓呼出。提醒自己想要成为怎样的交易者，要采取怎样的行动。还要提醒自己，你遇到的困难交易情境，以及这个情境带来的内在体验。你在考虑自己想要成为怎样的交易者，有些情境带来怎样的不适感时，你觉得自己面对一个困难的情境，可否同时按照自己想要成为的交易者那样采取行动？这对你来说是怎样的？想一下自己按照想要成为的交易者的样子，应对困难的情境，持续30—60秒。

准备好之后，深吸一口气，开始把注意力带回所处的房间。扩大觉察的范围，开始觉察到其他声音。注意自己坐在椅子上。扭动手指和脚趾，与所处的房间重新建立连接，有意地在不愉快的想法和感觉浮现时，尽量为之腾出空间。轻轻张开眼睛。

这个练习是很有用的，但你必须自己去练习才能发挥作用。光看不做只是纸上谈兵，仅此而已。你需要去体验与不想要的想法和不适的感觉共存是什么感觉，勤加练习。如此一来，你才能掌握重要的心理技巧，在你的交易中派上用场。你最好每天做这个练习，持续两周或更长时间。在两三周里，持续地体验和练习，以此掌握所需的心理技巧，实时面对困难情境。如果你遇到的棘手交易情境不止一种，请按照你面对的困难大小排列。先选择难度最低的——你最容易应对的——从这个情境入手练习。先易后难是明智的选择，你可以更快、更容易地掌握所需的心理技巧，然后再应用到更棘手的情境之中。这样一来，你会更加胸有成竹。可是，如果你一开始就先选择了最困难的情境去应对，你就等于平白给自己加大了难度。

做完这个接纳练习之后，回顾自己对棘手情境的感觉。艾弗特和福赛思（这个接纳练习的设计者）建议，你扪心自问一下这些重要的问题，花一些时间，每个问题都认真考虑：

● 按照建议，做了这个接纳练习之后，你是否觉得比起做练习之前，面对棘手情境没有那么困难了？

● 你是否清楚知道，自己在面对棘手情境时，会浮现什么想法、情绪和身体感受？

● 你能否更好地接纳不想要的想法、情绪和身体感受，而不是喂养它们（向其屈服）或者与之抗争，从而陷入挣扎？

● 你是否清楚知道自己在交易中重视的是什么，你想要代表什么？你是否清楚知道自己需要做些什么，才能实现自己作为交易者的目标和抱负？

● 你是否觉得自己可以与不想要的想法和不愉快的感觉共存，同时去做需要做的事情？

● 你是否明白压力的症状虽然可能令你不适，但如果你视之为可以令你准备好应对交易挑战，这些症状其实是无害的？

● 你是否清楚知道在遇到棘手情境时，若是企图减少或消除不适感，对你的交易并无好处，只有坚定承诺，采取高价值行动，才能带来真正的裨益？

● 你是否深信不想要的想法和感觉不是永久存在的，虽然目前或许感觉强烈，但最终会自行消失？

● 你是否做好准备，无论浮现了什么感觉，都坚定承诺，投入交易和你希望交易代表的东西，始终把注意力集中在适当的高价值行动上？

　　如果你对上面每个问题的回答都是肯定的，你就准备好了拿练习的成果去接受实践的检验。如果你还有疑问，那么请思考上面的问题，找出你觉得自己在哪些方面还需要下更大功夫，专门针对这些不足之处，做更多的接纳练习，直到你准备好在实时交易中运用这些技巧为止。练习8.4可以帮助你准备好在市场上实时面对困难的交易情境。我们会借用阿马尔和佩丽冉卡的案例，解释这个表格的用法（见表8.2和表8.3）。

练习8.4　克服棘手的交易情境

我在交易中代表的东西：	
棘手的情境：	
我的目标：初始目标：	
我的长远目标：	
为初始目标制订的计划：	
我会面临的最大挑战是什么？	
我要如何应对这项挑战？	

　　在表格最上方，要填入在交易中对我们来说最重要的是什么，我们希望交易代表的东西。正如阿马尔在表8.2中所述，他希望自己的交易代表着一种平稳的感觉。无论市场走势如何，他都希望能够宛如海上的一艘船舶，乘风破浪。总结为一个简单的词，就是"稳定"。接下来，描述他代表着什么。阿马尔遇到的棘手情境是在有一两单亏损之后，感觉到压力，觉得必须弥补亏损，于是把资金管理原则抛诸脑后，大幅加仓。

他的初始目标是在未来两周，把仓位过大的次数减少70%。这里有两点值得注意。首先，阿马尔的目标有具体的指标和时间表。他计划在未来两周，把仓位过大的次数减少70%。目标必须具体。我们在第三部分会更详细地讨论目标的提法。其次，阿马尔并不是想一步到位，马上消除所有仓位过大的情况。我们都是人，都有局限性。他把目标设在100%以下，也就是承认了自己不会马上做到完美，为错误腾出空间。做出重要的改变需要一个过程。我们不是要做到完美。若能实现70%的目标，就已经展现了坚定承诺，也为克服心态不稳的交易行为形成了重要趋势。此外，这个目标给了阿马尔一点"心理掩护"，留下容错空间。我们已经知道，他在交易蒙受亏损时，可能会自怨自艾。没理由再去提出过高要求，在未能如期改变行为时自我批评。给自己一点空间，最重要的是，不要在不能马上做到100%完美时，严厉地批评自己。记住，这是一个过程。只要朝着正确的方向迈进就好。

为初始目标制订的计划，是这个练习至关重要的一部分。在阿马尔的例子中，休息一下，在接纳练习的基础上，做一个简短的正念练习，可以帮助阿马尔专注当下，更好地改变行为。他也提醒自己做一个稳定的交易者有多么重要，明确肯定了仓位过大与在交易中对自己重要的事情背道而驰。必须留意的是，练习8.4的表格鼓励你建立高价值行动的流程，改变自己非建设性的交易行为。你要做的不是忍。这多半是行不通的。你要汲取从本书中学习的成果，制定两三个具体的建设性步骤，纠正自己做出心态不稳的交易行为的趋势，如此一来，你就制定了毫不含糊的明确流程，促进自己作为交易者的自我发展。这才是有效改变的方式。

表8.2　阿马尔的棘手交易情境

我在交易中代表的东西：	稳定
棘手的情境：	亏损后加仓
我的目标：初始目标：	注意到自己仓位过大的倾向，在未来两周的交易里，把这种行为减少70%
我的长远目标：	在45天内，完全消除仓位过大的行为
为初始目标制订的计划：	（1）在交易亏损后，立即离开交易台，进行10分钟的简短接纳练习。（2）肯定自己成为稳定的交易者的承诺，对自己说，加仓与我想要的交易方式背道而驰。（3）在下一次建仓之前，重新确认我成为稳定的交易者、控制适当仓位的承诺
我会面临的最大挑战是什么？	亏损引起的紧张和焦虑，以及自己失败了的想法和情绪
我要如何应对这项挑战？	不要努力与这些想法和情绪抗争，而是注意到身体绷紧，承认存在这些失败的想法以及这些想法引起的不安情绪。我会运用正念，认识到这些只是想法和感觉，很快就会离开。深呼吸几次，为不想要的想法和感觉腾出空间，提醒自己，稳定比企图靠不合理的交易弥补亏损更加重要，把注意力放在下一单交易上，设定合适的仓位

制订改变计划，其中一点是要明白你在执行计划时，会面对的最大困难是什么。对阿马尔来说，最大的困难在于他在蒙受亏损时，会感觉到紧张和有害的想法。在这方面，正念可以扮演十分重要的角色，帮助你明白不适的感觉和自我批评的想法只是感觉和想法，仅此而已。你可以不让这些感觉和想法指挥你的行动，它们很快就会过去，被更多的想法和感觉所取代。阿马尔制定了一套"机上"例行程序：深呼吸几下，记住不要抗拒自己的想法和感觉，而是要与想法和感觉拉开距离，接纳这些只是想法和感觉（而不是听信这些想法和感觉告诉他的事情），努力把注意力转回接下来需要执行的、与交易相关的重要高价值行动上。他预计到有什么障碍可能会令他的计划脱离正轨，据此，在心理上巩固了计划，为应对最棘手的交易情境做好充分准备。

在表8.3中，佩丽冉卡表示，过早获利平仓是她想要克服的挑战。这是最常见的非建设性交易行为之一。佩丽冉卡表示，她在交易中最重视的价值观是持之以恒和竭尽全力。记住，价值观可以指引方向。在佩丽冉卡的案例中，持之以恒和竭尽全力是通往成功的途径。这是她在运动生涯中总结的经验。她还表示，在努力的过程中，她会感到喜悦。跟许多人一样，她觉得对她来说，努力的征程和满足征程的要求比到达目的地更加重要，因为她可以从中收获丰富的经验、学习和自我发展。对佩丽冉卡来说，这个征程涉及的初始目标是部分减少非建设性倾向，在未来两个月内，在至少60%的交易中，把盈利交易的平均盈

表8.3　佩丽冉卡的棘手交易情境

我在交易中代表的东西：	持之以恒、竭尽全力
棘手的情境：	过早获利平仓
我的目标：初始目标：	减少非建设性行为，在未来两个月内，在至少60%的交易中，把盈利交易的平均盈利点数至少增加2点
我的长远目标：	在五个月内，完全消除过早获利平仓，逐渐增加每单交易的平均盈利点数
为初始目标制订的计划：	在交易之前练习正念。声明自己当天的打算、使命和承诺是把盈利交易的盈利至少增加2点。建仓后，设定止损位。在适当时候，把止损位移动到盈亏平衡点。只有在实现比我的平均盈利点数多2点，或者被止损出局时，才离场
我会面临的最大挑战是什么？	害怕浮盈回吐或蒙受亏损。胃部紧张，强烈情绪，消极想法
我要如何应对这项挑战？	我会尽力保持正念，不去喂养老虎。这不是容易的事，但不去喂养老虎意味着我做到了持之以恒、竭尽全力，我会为此感觉良好。我会提醒自己，感受到的压力可以帮助我应对与市场打交道的挑战，即使感觉并不好，但如果我过早平仓，而行情继续朝着对我有利的方向运行，我的感觉会更加糟糕。我会努力认清自己的想法和感觉只是暂时的，只是代表了我的恐惧，而不是市场上实际发生的事情。我也会努力多关注市场和我的持仓，少关注我的想法和感觉，但同时也与想法和感觉共存，不对抗，不逃避，等到实现目标后才平仓

利点数增加2点。这是一个强大的目标，具体陈述了她在一个特定时限内的计划。像阿马尔一样，她设定的初始目标并不是要做到100%完美。随着她提升拿住盈利头寸的所需技巧，她预计将会实现消除过早获利平仓的长远目标。

她的计划也是十分具体的，突出了为了实现初始目标采取的高价值行动，包括心理行动和交易行动。她清楚了解到，最大的挑战在于不向亏损引起的强烈恐惧情绪屈服，也不去抗争。她制定了不向恐惧屈服的具体方法，也就是改变对压力和恐惧的提法：压力是有益的，而恐惧是暂时的心理事件，很快就会过去。最重要的是，她把持之以恒、竭尽全力的价值观与努力应对最大的交易挑战直接联系起来了。

请注意，你在面对棘手的交易情境时，需要付出很大努力。你不太可能毫不费力地做到这一点。要从情绪驱使的交易行动，转变成价值观驱使的交易行动，遇到困难也是正常的。你若能做到佩丽冉卡的持之以恒、竭尽全力，肯定会有帮助。也要注意到，在这个过程中，最重要的因素之一是不要自怨自艾。如果你没达到初始目标，不要被自我批评主宰，你的心智可能会厚颜无耻地告诉你"这太难了"，或者"这根本是做不到的"，或者更糟糕的是"你太失败了"，诸如此类，你不要与这样的想法相融合。这只是你的心智在说一堆毫无建设性的、无用的废话。保持正念，为这些想法腾出空间，这些想法并不反映现实，很快就会过去的，把注意力转到手头重要的任务上：克服棘手的交易情境。

在这里，其中一项关键的任务是监测你的努力和进展。在这个过程中，不要一味关注是否实现了目标，而是要更多地关注你在多大程度上坚定了对克服挑战的承诺，在多大程度上执行了克服挑战的实际流程。佩丽冉卡的流程涉及在交易前练习正念，声明自己当天的打算，设定止损位，在适当时候把止损位移动到盈亏平衡点，实现比平均盈利点数多2点才离场。这就是她的流程。她可以方便评估自己在每一个重要环节的执行情况。如果在某个环节做得不到位，她可以修订计划，应对这个问题。例如，如果她为了避免浮盈回吐，还没到适当时候就把止损位移动到盈亏平衡点以上，这时，她的应对方法可以是承认自己的心智叫她收紧止损位，她相信了心智的话，向老虎屈服了。为了纠正这一点，佩丽冉卡可以保持正念，与有关止损位的想法和感觉拉开距离，如有需要，或许可以运用第7章介绍的认知解离方法。她也可以提醒自己，竭尽全力地执行流程，对她来说比回避不愉快的想法和感觉更加重要。

无论制订了多么周详的计划，这样的想法和感觉都很容易悄无声息地侵入，令我们的计划脱离正轨。我们必须认真执行计划，做出调整，然后重试。要改变我们的行为，就需要采取一系列行动，包括监测我们的表现——尤其是执行流程的情况，在未能达到目标时不要自怨自艾，而是采取纠正行动，修订计划和流程（见练习8.5）。或许这并不容易，但并非不可能的任务。凡是有价值的东西都来之不易。不要放弃。

练习8.5"监测我为克服棘手交易情境取得的进展"提供了一个格式化的流程，你可以据此监测自己在改变棘手交易情境方面取得的进展。你之前利用练习8.4的表格，为应对棘手交易情境制订了计划，每次遇到这样的情境，都填写练习8.5的表格。监测流程涉及找出你在哪些方面做得好，在哪些方面存在不足，并做出纠正和调整。你不仅要找出自己存在不足之处，还要找出自己做得好的方面，这一点是很重要的。注意做得好的方面，可以突出这个流程中，你在哪些方面的表现至少是令人满意的，是你可以加以依赖的。随着你不断进步，你会发现自己做得好的方面越来越多，显示你取得进步，朝着目标迈进。

你的不足之处，就是在练习8.4中制订了计划，但没有按计划执行，或者执行不力的地方。在练习8.5提供的例子中，交易者努力克服损失厌恶和过早获利平仓。他表示，自己的不足之处是过早移动止损位，导致良好的持仓过早被止损出局。

练习8.5　监测我为克服棘手交易情境取得的进展

棘手情境：过早获利平仓。

实际事件：星期一的股票交易。
我做得好的方面：我按计划做了正念例行程序和声明了自己的打算。我建仓了，设定了止损位。
我的不足之处：过早移动止损位，被止损出局。
我存在不足之处的原因：我想要在本周开市时实现盈利，为接下来的交易提供缓冲。我当时没有意识到，这只是过早获利平仓的又一个借口。当时，在本周开市时取得开门红似乎是合理的做法。
我下次可以怎样做：更加保持正念，与想法拉开距离。下次再出现类似的情况，我会提醒自己，这只是一个想法，与这单交易无关，要记得，遵循这个流程比任何一单交易的结果更加重要。

实际事件：
我做得好的方面：
我的不足之处：
我存在不足之处的原因：
我下次可以怎样做：

实际事件：
我做得好的方面：
我的不足之处：
我存在不足之处的原因：
我下次可以怎样做：

实际事件：
我做得好的方面：
我的不足之处：
我存在不足之处的原因：
我下次可以怎样做：

实际事件：
我做得好的方面：
我的不足之处：
我存在不足之处的原因：
我下次可以怎样做：

这份监测表的其中一个问题很重要：我存在不足之处的原因是什么？这里，你通常会发现自己与不适的想法和感觉相融合，或者直觉思维给出了不靠谱的建议，主宰了你的交易行为。在这个例子中，交易者与在本周开市时取得开门红的想法相融合。这当然与为手头这单交易做出最佳决策毫无关系。

最后，你可以判断是否需要调整计划，在"我下次可以怎样做"填写纠正不足之处的方法。认真思考有什么有用的方法，请务必运用从本书中学习掌握的技巧。

要克服棘手的交易情境，需要你付出时间和努力。要实现我们的交易目标，一个有效的方法就是从我们的价值观出发，制订计划，运用正念、认知解离和其他技巧。监测你取得的进展，可以帮助你采取具体行动，有针对性地克服挑战。对此，我们在第三部分会进一步详细介绍。

第三部分

最大限度提升
你的交易表现

T RADE
MINDFULY

第 9 章

交易心理流程：
高质量准备

在本书的第一部分和第二部分，我们讨论了心智的运作方式，以及我们可以怎样发展有效的心理技巧，克服在交易中面临的心理挑战。如果你已经下功夫做过练习，运用了本书介绍的一些方法，你现在应该能够开始洞悉到影响自己交易的心理捷径，能够更好地调动审慎思维，你可能已经发现，认知启发法和偏差的影响开始减退。对于受到恐惧或其他强烈情绪的想法和感觉束缚的交易者来说，如果你开始练习正念，你或许已经开始与这些想法和感觉拉开距离，更好地把注意力集中在市场上，采取行动为交易提供支持。现在你已经步入了正轨，朝着取得更大成功的方向迈进。然而，克服心理挑战只是交易心理学的一个方面。对于想要最大限度提升交易表现的交易者来说，还需要了解和学习交易心理学另外一个十分重要的方面：表现心理学。

迄今为止，我们只讨论了"消极"心理学：这一心理学分支探讨的是消极情绪、不想要的想法、认知偏差和心态不稳的行为。但心理学还有"积极"的一面，交易者可以运用到交易之中。事实上，积极心理学可以建设性地帮助交易者提升交易表现，交易者学习掌握之后，有助于取得卓越和最佳的交易表现。

在第三部分，我们会讨论"积极"心理学。

我们会讨论要掌握胜任和卓越的交易能力，两个相互关联的方面：在交易心理流程之中的"高价值交易行动"和"高价值心理技巧"。什么是高价值交易行动和高价值心理技巧？我们要强调的是，高价值交易行动和高价值心理技巧并不会调节情绪上的舒适度，其宗旨并不是控制或者压制交易的压力，而是提升交易的胜任力。

高价值交易行动和高价值心理技巧是满足下列条件的具体行动和技巧：

- 在交易者的控制范围内。
- 与交易流程直接相关。
- 提升和拓展交易者与市场有效打交道的能力。
- 最大限度提升交易者改善交易绩效的可能性。
- 经过长期的练习和发展，间接改善交易者的情绪状态和信心。

心理学家布瑞特·史丁巴格在他第一本讲述交易心理学的书中，描述了他是如何评估自己的交易，纠正自己在交易上的某些不足之处，提升整体表现的。他运用了嗜酒者互诫协会（Alcoholics Anonymous）联合创始人比尔·威尔逊（Bill Wilson）和鲍勃·史密斯（Bob Smith）最先提出的久经验证的方法，称为"毫无畏惧的个人盘点"。之所以说毫无畏惧，是因为面对自己的不足之处需要很大的诚实和勇气。毫无保留，自己每个缺点都会暴露无遗。对于嗜酒者来说，这样的个人盘点标志着康复的开始。史丁巴格使用了这个方法，真诚地审视了自己的交易，发现了一些可以纠正的缺点，最终得以提升表现。对于交易者来说，诚实地评估自己的交易，有助于提升表现。你不能掩饰自己交易的不足之处，自欺欺人，否则就不可能成为胜任的交易者。

日内交易者简对自己的交易进行了盘点，惊讶地发现，她并不是很了解趋势行情。当日内行情呈现出强劲下跌走势，她频频尝试捞底，跌了买，买了跌，如此反复多次，很快就被止损出局。经此一役，她几天积累的盈利往往全部回吐干净。更糟糕的是，她错过了绝佳的趋势交易机会，未能在"最佳位置"入场做空，快速获得丰厚盈利。"我后退一步，诚实地评估自己的交易，才意识到自己的交易存在漏洞。"她说道。

我们要如何在交易中进行"毫无畏惧的个人盘点"？一个有效的方法是评估自己的交易流程。

交易流程包含了你在交易中采取或进行的系统化步骤。交易流程在交易中十分重要。前任美盛环球资产管理（Legg Mason）首席投资策略师、现任瑞士信贷（Credit Suisse）全球金融策略首席迈克尔·莫布森（Michael Mauboussin）认为，投资流程的价值是至高无上的。他表示，在概率领域持续取得成功的人士，会十分注重自己的流程。无论是赌场运营、运动队管理、职业赌博、投资还是交易，都是如此。莫布森表示，在投资领域表现出色的人士与在看似不相关的概率领域表现出色的人士有更多共同之处，而与自己领域的一般参与者差异较大。换言之，成功的交易者与成功的运动队管理人或者成功的赌场运营者有更多共同之处，而与普通的交易者差异较大。为什么会这样呢？因为在这些领域表现出色的人都明白，只有遵循久经验证的流程，才能让概率发挥作用，实现盈利。若是未能遵循清晰的流程，交易者就容易陷入心理盲点，做出情绪化的决策。制定可靠的流程并切实遵循，是避免受困于认知偏差和启发法的最佳方式之一。当交易者遵循了包含高价值心理技巧和高价值交易行动的交易流程，就能够更好地避免许多交易者陷入的心理盲点：基础概率忽略、受到显著性和近因效应的诱惑，或者懒惰地用简单的心理问题替代真正的问题，只是回答简单的问题了事。制定好一个流程，有助于交易者调动审慎思维。遵循具体的流程，也有助于减少情绪化的判断和决策。流程可以让你脚踏实地，指引你专注于重要的事情。遗憾的是，许多交易者一味关注交易绩效，而很少去注意交易流程，这就很容易落入情绪和心理盲点的陷阱。与此相反，成功的交易者专注于流程，而不是结果。这意味着，我们怎样做出交易决策，比我们取得怎样的交易绩效更加重要。诚实地评估我们的交易决策，得出建设性的反馈，抱着开放的态度从自己的错误中学习，这样才能让我们更好地准备好执行交易，最终改善交易绩效。这正是布瑞特·史丁巴格毫无畏惧地盘点自己的交易的一个重要原因。

说到交易流程，我们可以从时间框架的角度去考虑。交易流程时间框架不等于交易者通常考虑的交易时间框架。我们说的并不是亚历山大·埃尔德（Alexander Elder）设计的"三重滤网交易系统"，纳入长期、中期和短期图表时间框架，来选择和管理交易。在这个交易流程框架中，使用的时间框架简单而又直接，包括了"之前、期间和之后"。

具体而言，"之前—期间—之后"时间框架是指我们在交易之前、交易期间和交易之后要做些什么事。想想看，我们只有在这三个领域才能对自己的交易表现产生直接影响。事实上，心理学家只有在这三个领域才能与交易者合作，帮助他们提升交易表现。心理学家要帮助交易者提升交易表现，只能帮助他们改善在交易之前、交易期间和交易之后（交易绩效）所做的事。这是一个宽泛的分类，涉及许多方面。拿一单交易为例。我们可以详细分解，专注于在交易之前可以做些什么（例如，如何物色到交易机会），在交易期间可以做些什么（例如，建仓、管理持仓、平仓），以及在交易结束后可以做些什么（例如，评估自己的表现和交易结果）。这种分解方法不局限于针对一单交易，也可以是针对整个交易日：我们在交易日之前可以做些什么（怎样做好准备），在交易日期间可以做些什么（如何管理我们的注意力和专注力），在交易日结束之后可以做些什么（评估自己的交易，写交易日志）。我们还可以进一步扩展到交易的整个月、整个季度、全年，甚至整个交易生涯。

"之前—期间—之后"时间框架让我们可以分解每一个时限（一单交易、一个交易日、一个交易周，等等），进行符合逻辑的拆分，让我们更加清晰了解我们的交易，更好地控制我们的交易表现和作为交易者的发展。例如，我们是日内交易者，正处于某个交易日期间，所持空头头寸有浮盈。这时，我们不要开始在周线图上找支撑位，以此作为合理的离场点位。这只会分散我们管理现有持仓的注意力。洞悉长线支撑位是"之前"的活动，在我们为交易日做准备时就应该做好，而不是等到持仓时才去做。建仓后，我们需要专注于交易"期间"的高价值活动，例如管理持仓，仔细观察市场，留意继续持仓或者平仓的信号。同样，在交易日期间，我们的工作是洞悉良好的交易机会。我们不应该在这时候去想上一单交易本来可以做得更好，结果却蒙受亏损。这是交易"之后"的活动，要在收市之后，平静而又客观地去做，而不是在交易时段去做。在交易时段，我们要做的是物色交易机会和做交易，注意力需要投入到解读市场、洞悉交易机会和管理交易，这时是无法有效评估交易的。"之前—期间—之后"时间框架帮助我们集中注意力去采取高价值行动。我们可以在这个时间框架的基础上制定流程，从而改善和最大限度提升交易表现。

我们在划分"之前—期间—之后"时间框架时，在"之前"时间框架要考虑的是"高质量准备"。我们可以做一些准备工作，包括专注于从事对交易具有高价值的活动，以及发展与准备相关、对交易具有高价值的思维和心理技巧。我们会简单讨论高价值活动，再深入探讨与高质量准备相关的心理技巧。同样，"期间"时间框架关系到"有效交易执行"，我们会讨论与有效执行相关的高价值活动和心理技巧。"之后"时间框架关系到"建设性自我评估"的心理技巧和活动，在这个时间框架内，我们有意地评估自己的交易表现。

一旦我们明白了每个时间框架内的高价值心理技巧和高价值交易行动，我们就可以评估自己在每一个方面的表现，判断自己在这些方面是强是弱。在这个基础上，我们可以采取步骤，提升交易表现和个人自我发展。我们不仅可以以此盘点高价值心理技巧/高价值交易行动和程序，以此为基准评估我们的交易表现，还可以以此制定十分有效和实用的流程，加以遵循。在本章中，我们会专注于高质量准备的心理元素和活动。第10章和第11章会分别专门讲述"有效交易执行"和"建设性自我评估"。

表9.1说明了交易心理框架是怎样划分为三大领域：高质量准备、有效执行和建设性自我评估。这三大领域中，每个领域都可以细分为高价值心理技巧。例如，高质量准备可以细分为这几个高价值心理技巧：有大局观、自我觉察、自我激励、心理纪律。这些心理技巧，我们都会逐一讨论，加上具体的交易活动，共同构成了本章中所讲的高质量准备流程。我们在详细介绍和讨论高价值心理技巧时，请思考一下，你在每一个方面对自己的评价如何？你在每一个方面表现稳定性如何？你给自己的评价越接近十分稳定，就表示你对这项高价值心理技巧掌握得越好。越是不稳定，就表示你在这方面还要下更大功夫。这样做的目的是衡量你在每个心理范畴的表现。在接下来的三章里，你会看到一整套的问题，可以用于评估自己在这三个重要领域的表现。这些自我评估工具会出现在每一章的末尾。请记住，我们评估自己的这些思维和心理技巧，是与交易和交易流程的心理方面密切相关的。

这个框架的提出要归功于查尔斯·马厄（Charles Maher），他是美国职棒大联盟克里夫兰印地安人队运动心理学家，也是罗格斯大学应用及职业心理学研究生院荣誉退休教授。他与大学生及职业运动员和职业运动队合作，制定了这个框架，向我的母校罗格斯大学心理学研究生传授。我为了交易者改编了这个框架，按照交易的具体需要，进行了增补和修订，但"之前—期间—之后"时间框架是查尔斯·马厄提出的。

表9.1　表现交易心理框架的高价值心理技巧

	之前	期间	之后
心理时间框架	高质量准备	有效执行	建设性自我评估
高价值心理范畴	有大局观 自我觉察 自我激励 心理纪律	自信 情绪强度 专注力 沉着	自尊 表现问责 毅力 持续改善

■ 高质量准备

我们在建仓之前，要遵循"高质量准备"的核心心理原则，若是日内交易者，需要在一个交易日开始之前进行，若是波段交易者，需要在一个交易周之前进行。在很大程度上，准备=表现。换言之，我们为交易做的准备，可以在很大程度上为实际交易带来裨益。四项高价值心理技巧为"高质量准备"奠定基础。此外，在"高质量准备"的"之前"时间框架内，我们可以采取一些具体的高价值交易行动，为我们的交易带来很大好处。

如果一位交易者设有清晰的投资方法和清晰的流程，也制定了既定的程序为交易做准备，那么，相比缺少这些重要元素的人士，这位交易者无论是在情绪还是表现方面都会更为优胜。如果你为交易做好高质量准备，也就是遵循流程，你就相当于站在了稳固的沙地上，脚踏实地，你的流程会稳住脚底下的沙子，无论市场走势如何，你一单交易的盈亏如何，你都可以屹立不倒。我们在上文中提过，要在概率领域取得成功，流程是关键所在，而交易是概率游戏。在概率领域，我们只有贯彻一致地采取同一套步骤，才能让概率发挥作用。如果交易者未能遵循一个流程，而是随心所欲，听从心智当时告诉自己的话，或者跟着感觉走，他们就会错失交易机会，入市时机不当，推翻交易系统，过早获利平仓，仓位过大，该平仓时不平仓，做出一系列心态不稳的交易行动。这样去做交易，进场模式或交易系统的概率铁定无法发挥作用。若是没有设定可靠的交易流程，你每次蒙受亏损，或者市场走势出乎你的预料，你都可能不知所措。而有了清晰的交易方法和流程，你就好比安装了GPS全球定位系统，可以轻松导航，在遇到困难的时候，靠着它找到自己的位置。最重要的是，若能正确运用，它还可以帮助你进一步发展交易知识、技巧和能力。

"高质量准备"的核心在于四项高价值心理技巧：有大局观、自我觉察、自我激励和心理纪律。此外，还有一系列相关的高价值交易行动。我们在本章中会详细介绍这两方面。

有大局观

所谓有大局观，是指你怎样看待自己的交易与在生活其余部分所扮演的重要角色和许下的承诺之间的关系。这里的关键在于平衡。交易会占用交易者大量的时间和精力。活跃的交易者不仅在一天里很多时间都要待在屏幕前，在收市之后，还要投入时间和精力回顾交易表现、研究图表、做研究、浏览市场、为未来交易制订计划。一个人要怎样区分交易的需求与生活其他重要方面的需求，在两者之间做好平衡，这一点与研究市场同样重要。交易者除了交易者的角色之外，同时还要扮演其他重要角色，例如配偶、伴侣、父母、朋友、兄弟姊妹、女儿、雇员或雇主、学生、社区成员、教派成员等，如果他/她能够清楚明白自己的这些角色以及相关需求、期望和义务，那么比起那些不懂得平衡交易与生活其余部分的人，其心理和情绪都会处于更好的状态。领导力和卓越表现导师兼作家史蒂芬·柯维（Stephen Covey）连同罗杰·梅里尔（Roger Merrill）和丽贝卡·梅里尔（Rebecca Merrill）一起，就厘清角色的重要性撰文。清楚了解自己的角色、有很强大局观的人，能够处于适当的心理和情绪状态，更有效地应对事件。厘清角色之后，可以确定整体方向，令人安心踏实；而如果一个人未能厘清和区分自己的角色，就可能会感到沮丧、焦虑，由于不同角色的要求而不堪重负。

> 迈克尔是外汇市场上经验丰富的日内交易者。他年迈的母亲由于身体健康每况愈下，行动越来越不便，最近从家里搬进了护老院。这是一个艰难的决定，迈克尔知道这是有必要的，但还是很勉强才同意迈出这一步。看见母亲进了护老院，迈克尔感到苦恼。他经常会想念她。他担忧她的健康状况，想着她还好吗，是否开心。他还感觉到一阵阵的内疚。因此，他的交易表现变差。他错失交易机会，建仓后分心，持仓管理不善，犯下轻率的错误。"我按捺不住，总是想着母亲，"他说道，"我担心她，这当然影响到了我的交易。"

显而易见，迈克尔没有平衡好身为人子和交易者的双重角色。

能够心理搁置外部需求和忧虑，是一项至关重要的心理技巧，也是有大局观、平衡好各种角色的一部分。我们需要厘清自己的各种角色，也需要能够把自己的个人事务和忧虑与交易区分开来，这样才能怀着清明和专注的心智去做交易。心理搁置意味着我们在扮演交易者的角色时，需要脱离和放下其他角色。等到交易结束后，我们可以重拾搁置的其他角色，在心理上搁置交易。迈克尔在努力做交易时，未能在心理上搁置对母亲的挂念。对于迈克尔来说，与其在这段艰难的时间里硬要去做交易，还不如先暂停交易几天，确保母亲受到了良好的照顾，放心以后再重拾交易。在经过最初的不适应之后，他可以采取具体的步骤，管理持续的忧虑。例如，只要安排好时间，定期给母亲打一通电话聊

一会儿，就有助于满足他的需要，让他能够在从事外汇市场交易时，积极地搁置对家人的挂念。

就连小事也可能造成干扰。一天的交易结束后，你把注意力转到交易日志，开始为明天做准备。电话响了，有朋友打电话来问："想出去喝杯酒吗？"一方面，你要为下一个交易日做准备；另一方面，你可以和朋友欢聚。你要做出选择。你能否在心理上搁置与交易的重要准备无关的事情，在需要的时候去做需要的事呢？你要觉察到自己各种不同的职责和责任，为满足其需求腾出时间，积极主动地管理，在心理上搁置与交易无关的事情，这些都是有大局观的一部分。

当然，每个人都有分心的时候。我们希望能够学会在心理上和情绪上管理让我们分心的事务，以免对交易造成影响。你在进入交易室时，能否为交易做好准备，而不去想生活的其他方面呢？正念在这方面可以给你带来很大帮助。心理搁置就是正念的一种运用。我们承认与交易无关的想法和感觉的存在，评估其紧急性，如果不是当下十分重要的，就放到一边，保持正念，把注意力转向手头的交易任务。这需要你厘清自己的角色，承诺把与交易无关的事务留在交易室之外，把全部注意力集中在交易任务上；等到离开交易台之后，才放下交易，重拾自己关心和感兴趣的其他事务。正式的正念练习可以帮助你锻炼心理肌肉，从而做到心理搁置。我们在本章下文中，会举出更多例子，进一步介绍心理搁置这项重要的高价值心理技巧。

要有大局观，设定流程管理令你分心的事务，就需要明白自己的价值观，明白对你来说什么才是重要的，厘清交易与生活之间的关系，交易是怎样为你生活的其他重要方面提供支持的。这有助于你对自己身为交易者的设想，以及除了交易者之外，作为一个完整的人所扮演的其他重要角色，都做到心中有数。要设想自己想要成为怎样的交易者，你需要描述自己为什么要做交易，你作为交易者秉持着怎样的价值观（见第8章的练习8.2）。对于人生中的其他重要角色，

你也可以思考同样的问题。为自己设定"使命宣言"，洞悉你在这个角色上想要经历的2—4件重要的事情，你想在这个角色上给人留下怎样的印象或回忆，这可以帮助你厘清角色。与交易一样，我们可以评估自己的行动是否符合自己的价值观和使命。与价值观不符的行动，就要放弃或者改变。

交易并非我们生活中唯一的重要承诺。我们还需要注意生活中的其他重要角色。厘清这些角色，你想从这些角色之中得到什么，这些角色给你的生活带来了什么意义，可以帮助你高效而又有效地做到这一点。此外，这还能帮助你避免由于某一个角色，而在生活的其他方面分心或者受到其他不良影响。所有交易者都需要实现这样的整体平衡。真正厘清自己为什么要做某件事，为什么这件事对自己很重要，这件事与生活的其余部分有什么关系，是取得卓越成就的一大元素。想要取得卓越成就，就要在"之前"时间框架里，有这样的大局观：见练习9.1。

练习9.1　我在生活中扮演的重要角色

角色	对我重要的事情	高价值行动
例子1：父亲	做好孩子的榜样，为儿女营造温馨的家庭氛围	积极表现出对他们生活的兴趣（例如出席他们参加的学校戏剧表演和运动会）；用心聆听他们的想法，给出适当的指导
例子2：朋友	与其他人建立良好的关系；建立强大的社交网络	在朋友有需要时伸出援手；帮助组织和参与社交活动

练习9.1会帮助你厘清自己的角色，有更强的大局观。借助这个表格，你可以认清自己在生活中扮演的重要角色，在这个角色中对自己重要的是什么，你想要把注意力和精力投入到与这些角色相关的哪些高价值行动，以最大限度地提升自己在这个角色中的体验，从这个角色中获得对自己重要的东西。表格中提供了两个例子。首先，认清你在生活中扮演的所有重要角色。在"对我重要的事情"一栏中，列出2—4件在这个角色中你重视/对你重要的事情。在"高价值行动"一栏中，列出2—3项可以帮助你高质量地履行这个角色、实现你在这个角色中重视的价值观的活动。

交易的大局观

对交易者来说，大局观包括你对市场的看法。你采取怎样的交易方法？你对重要的市场结构（例如趋势和交易区间）有何理解？你如何界定这些方面？你选择的交易位置在哪里？你的交易胜算是什么，是从哪里找到的？你在哪些市场、哪些时间周期做交易，操作频率是怎样的？你做交易的依据是支撑位和阻力位、价格运动和成交量、K线图、指标、基本面基准，还是其中多项的组合？你采取了怎样的资金管理原则，去保全本金，以及逐渐加大仓位和账户规模？换言之，你的交易计划是什么？

你的交易计划反映了你对市场的大局观，你会怎样进行交易。这是交易的基本元素，可能随着时间的流逝和经验的积累而改变，但应该成为你看待市场、评估市场、每天努力从市场赚钱的指南针。你作为交易者的工作是洞悉、执行和管理高质量交易。你需要十分清楚自己要怎样做；如果不清楚的话，你就会受到市场无常的变化和自己无常的情绪状态的摆布，这两方面每天都不一样。知名外汇交易者和交易畅销书作者贾森·艾伦·扬科夫斯基（Jason Alan Jankovsky）表示，制订交易计划对交易者来说是必不可少的。他表示，在他见过或认识的许多交易者中，把成功和失败的交易者相比较，他发现，大多数人对市场的了解和掌握的交易技巧都是相差无几的。然而，成功的交易者与失败的交易者不同之处在于一点：成功的交易者制订了交易计划。成功的交易者对怎样在市场上交易有清晰的大局观。扬科夫斯基表示，一个完善的交易计划有助于保护交易者避免鲁莽行事，避免去做低概率的交易。交易计划也包含了在出现意外情况时，应该去做什么，不应该去做什么。整体而言，制订一个交易计划反映了你对市场的大局观，提供了一套如何与市场打交道的指引。

交易者要有大局观，另外一个要素是能够从概率的角度思考。我们做的每一单交易都是概率事件。每一单交易（无论有多好）都有盈利的概率，也有亏损的概率。没有一个进场模式可以例外。因此，交易者必须从概率的角度看待市场和交易。

许多交易者都不从概率的角度看待市场和交易。相反，他们希望自己做的每单交易都能盈利。这也是可以理解的。我们想做盈利的交易，如果每单交易都能盈利，那该有多好？但那是不切实际的。更重要的是，不从概率的角度思考问题，会直接对交易表现产生负面影响。记得吗？我们在第1章讨论到，基础概率忽略（忽略交易概率）是一种认知失误，是直觉思维的标志性特征。这种思维方式会让交易者做出心态不稳的交易行为，例如为了避免亏损而采取拙劣的行动。此外，这种思维方式还会让交易者专注于交易结果，而不是交易流程。在交易和其他概率领域，以结果为导向的思维方式对表现不利。我们若是只关心每单交易是盈利还是亏损，并且对盈利结果有强烈偏向，就会做出努力确保交易盈利的行动。但这样的行动几乎总是与我们作为交易者的最佳利益背道而驰的，十有八九也违反了这单交易的最佳利益。

交易者需要从概率的角度看待每单交易。正如马克·道格拉斯和香港交易者卢伟民（Ray Barros）指出的，我们需要明白，在交易概率的问题上，存在一个悖论。这个悖论是这样的：对于任何一单交易，我们在建仓时都无法确定结果，这单交易可能盈利，也可能亏损。因此，每一单交易的结果是不确定的。与之相反，在大量的交易中，某个交易的胜算会发挥作用。例如，某个进场模式的胜算是60%，这意味着在10单交易中，平均有6单是盈利的，4单是亏损的，这就是进场模式的基础概率。我们建仓时，不可能知道这单交易究竟是盈利的6单之一，还是亏损的4单之一，这是没法提前知道的。但如果我们持续按这个进场模式操作，比如，久而久之做了100单交易，那么，胜算就会发挥作用，我们会有60单盈利的交易，40单亏损的交易。如果这个进场模式在成功时盈利丰厚，而在失败时亏损相对较小，那么，这个进场模式的期望值为正，总的来说是盈利的。因此，每次这个进场模式的条件成立，我们都要建仓。我们想要站在悖论和大数定律正确的一面。当交易者专注于究竟这单交易会盈利还是亏损（也就是交易结果），就站在了悖论错误的一面。错误的一面也是可怕的一面，因为正如我们所说，我们不可能事先知道一单交易是盈利还是亏损。我们不可能事先知道结果。当我们去关注这单交易的结果，希望这单交易盈利，我们的想法是不切实际的，我们的行动也很可能是心态不稳的。因此，应有的态度是站在悖论正确的一面，知道经过大量的交易，胜算会发挥作用。抱有这样的大局观，就是“站在交易者的角度思考问题”。回到前文中关于损失厌恶的研究，当研究人员叫受试者“站在交易者的角度思考问题”，告诉他们，所有交易之和比任何一单交易都更加重要，就是在告诉受试者，把心智放在概率悖论正确的一面，想着通过大量的交易让胜算发挥作用。比起没有接受这样的指导的受试者，接受过指导的受试者表现更好，损失厌恶的正常倾向大大减少。正因如此，交易者应该有意识地从概率和流程的角度思考问题，而不是以结果为导向，这是有大局观的重要方面。

自我觉察

自我觉察是查尔斯·马厄表现模型中"高质量准备"的第二项心理技巧。自我觉察是针对会影响交易表现的所有领域，了解自己目前的强项和弱项。当你清楚知道自己的强项和弱项，你就占据了优势。如果你茫然不知，就可能误导自己。当你不清楚自己目前的强项和弱项，就很可能会相信自己具备其实欠缺的强项。当然，这会让你在市场上付出沉重的代价。

"强项"是指你高于平均水平的技巧或能力，你可以加以依靠，期望借此产生正面的结果。"弱项"是指妨碍你有效开展活动的方面，是你低于平均水平的方面。如果你能够克服弱项，就会成为更高效的交易者。可以通过制订计划和付出努力，增进知识、技巧或能力而克服的弱项，就成为"发展需要"。

在你存在不足的领域，你需要区分哪些方面是可以回避的，哪些方面是存在问题、需要解决的。在可行的情况下，简单地回避做不好的事情总是比较省事也比较高效的做法。改变总是需要投入精力和努力，所以总是比较困难的。如果某个弱项是你可以回避的，而回避了之后不会对你的交易造成负面影响，那么这就是最好的做法。下面是一个案例：

埃米尔是活跃的交易者，主要专注于特定的期货市场。在日内交易中，他主要专注于E-迷你标普期货、原油和欧元货币市场。他制订了良好的交易计划，深入了解市场行为。然而，他意识到自己取得的回报与自己的交易知识、技巧和能力并不相称。他存在不足之处。他评估了自己的强项和弱项，发现了一些弱项，其中有一项特别突出。他发现在日常交易中，他在上午交易时段可以做好交易，可是在下午交易时段却变得疏忽大意。他上午赚到的盈利，下午大多会回吐。觉察到自己的强项和弱项之后，他发现虽然自己的交易技巧良好，可是在下午就是觉得累了，专注力下降，交易变得随意、马虎。于是，埃米尔回避了自己的弱项，不再在下午做交易，只在上午交易时段做交易。虽然他的交易次数减少了，但整体盈利能力却大幅提升。

正如埃米尔的案例，评估一个人的强项和弱项，经常可以揭示出有用的信息。另一位交易者也做了这个自我评估，马上发现，虽然自己本来就很了解哪个交易方法适合自己，但还是很容易受到其他交易方法的诱惑。他视之为可以回避的弱项，于是，运用心理搁置的正念技巧，持续专注于有益的方面，而避开其他令人分心的新指标和新方法。

运用练习9.2，评估你个人的强项和弱项。在评估强项和弱项时，写下你擅长和有待改进的交易相关心理和技术性技巧和能力。在心理技巧和能力一项下，考虑你的正念技巧和心理搁置的能力，还要考虑你拿住持仓、等待合理的离场点位的能力。你能否坚持执行交易计划？你能否放下亏损的交易？你能否在交易时保持心态平稳？看完本章余下部分以及第10章、第11章之后，请返回这个练习，纳入你在"之前—期间—之后"时间框架中每个心理范畴的能力。

技术强项方面，考虑一下以下方面：洞悉精选进场模式，明确进场点和出场点，建仓后能够管理持仓，了解市场行为，对所用指标的专业知识水平，多周期交易的能力，以及其他技术因素。

在"其他方面"类别，填入内容包括社交圈子和家庭的支持（例如，你是否就交易与配偶或伴侣有良好的沟通，你是否持续获得另一半的支持），体力强弱（体能是否充足，能否长时间坐在电脑前），身体健康状况，营养习惯，以及可能影响到你的交易、不属于心理和技术类别的方面。

练习9.2　我目前的强项和弱项

使用星号，标出你的弱项究竟是你可以轻易回避的，还是发展需要。

	目前的强项	目前的弱项
心理		
技术		
其他方面		

　　做这个练习时，你不需要长篇累牍，填写过多的细节，只要记下你想到的比较突出的方面就可以了。问一下自己："我在心理、技术和其他方面的强项是什么？有什么是我可以依靠的？我在心理、技术和其他方面的弱项是什么？有什么是我需要改进的？"

　　在这个练习中，有一点是需要注意的：不要忽略你的强项。了解自己的强项是很有用也很重要的，你知道自己可以依靠什么。如果出现了某个情况需要你发挥强项，你可以充满信心地采取行动。对于某些交易者来说，可能难以看到自己的弱项，更难以接受。你需要抱着开放的态度，洞悉自己经常犯下哪些失误；你也可以从中汲取经验教训，而不要自怨自艾。有一位做过职业网球运动员的交易者表示，在打网球的时候，你总是可以看出哪些球手最有潜力，靠的不是看他们的强项，而是他们对自己的弱项作何反应。有潜力的球手在发现自己的弱项时，不会若无其事、遮遮掩掩。恰恰相反，他们发现了自己的弱项之后，会找到自己的教练，表示："我遇到了这个困难，怎样才能克服？我可以做些什么？"他们不会因为发现了自己球技的弱项而自怨自艾，而是会感到振奋，因为他们知道，自己可以在这方面加以改进。改进了目前的弱项之后，他们就可以提升自己在这方面的技术和能力，球技更进一步。与许多球手不同的是，顶尖球手发现了自己的弱项时，会感到高兴。现在他们有了可以努力改进的地方了。交易也是一样。

我们在上面讨论过，弱项分为实际上可以回避的方面，以及需要加以改进的方面。那些会对你的交易产生负面影响，但又不便于回避的方面，就成为你的发展需要。发展需要关系到交易者目前在知识、技巧或能力方面存在的弱项。例如，你在评估自己目前的强项和弱项时，发现自己倾向于持仓过久，指望在一单交易中赚个盆满钵满，而不是在交易出现反转迹象时获利平仓。这是你无法回避的。如果你能改变这种行为，会为你的盈利和心理带来很大好处。你会赚到更多钱，对自己的交易感觉更好。重要的是，这也是在你的控制范围内的。你可以采取纠正行动。这项发展需要可以转变为发展目标，我们在题为"自我激励"的下一节会详细讨论。

自我激励

交易是很艰难的，这条道路上荆棘遍布，你需要强大的动力，才能够在资金曲线向下的时候，在市场上还没出现交易机会的时候，在刚蒙受一连串亏损的时候，都持续付出努力。动力是一种总在改变的状态。你可曾试过立志减肥或者健身？你受到了一点启发，加入了健身房，买了新的运动鞋，在几个星期里，你每两天就上一次健身房，锻炼身体。可是，有什么事情发生了。或许你太累了，或许你觉得其他事情需要优先处理。你没按照制定好的时间表上健身房，眨眼间，一两个月过去了，你发现自己已经脱离了正轨，把健身这码事抛诸脑后。你不再上健身房了。发生了什么事？我们在第8章讨论过，要做出这样的改变，需要在很长一段时间里，每天做出决策，数之不尽的决策。起初，你受到了启发，产生了开始锻炼的动力。可是，动力宛如潮水，起起伏伏，你没能维持刚开始那么强的动力。如果你有大局观，在这方面会有帮助。厘清自己的价值观，可以帮助你在并非一帆风顺的时候，克服困难。你也需要制定合适的目标。

自我激励来源于我们坚守流程的意愿和能力，这个流程包括制定与交易直接相关的重要目标，怀着热情、持之以恒地为实现这些目标而努力。短期目标和长期目标均是如此。简而言之，我们要日复一日、周复一周地维持动力，就需要为自己设定合适的目标，追寻目标，取得进步，变得越来越好。

合适的目标是一个至关重要的概念。记得吗？我在前文中提过，运动和人类表现心理学家泽拉·穆尔研究了运动心理学的一些传统方法，发现许多传统方法（包括目标设定），最多也只能称为"实验性"的。没有多少实证证据证明传统的目标设定（以及其他一些老套的方法）可以大幅改善表现。因此，简单的目标设定不大可能提高交易绩效。那么，我们为什么还要讨论设定目标呢？因为重要的是设定什么类型的目标。如果我们设定与交易结果相关的简单目标，我们不大可能比现在做得更好。例如，如果你做日内交易，每周能赚到1000美元，而设定下周赚到1200美元的目标，这不大可能提升你的表现，让你下周真的能够实现目标，赚到1200美元。这是一项结果性目标，不是我们感兴趣的目标类型。

交易者应该关注的目标类型，是过程性目标。过程性目标与结果性目标截然不同。结果性目标是与某个数字、统计或结果相关的。下面是结果性目标的一些例子：每天实现4点盈利；每周赚到10000美元；交易平均胜率达到65%；每周做若干单盈利交易；每单交易的盈利期望值为xyz；诸如此类。这些目标关注的都是结果。虽然有这些衡量指标也不错，但把这些衡量指标转化为目标，并不能帮助交易者提升表现。主要原因在于，我们对这些结果并没有多少直接的控制能力。例如，如果我们的目标是每天要赚到5个标普点，而交易的市场走势持平，窄幅震荡，要实现这个目标就十分困难。这种市况可能持续几天，甚至几周。市场波幅会扩大也会收窄。在标普期货市场上，会有波动性偏低的时期，日均波幅收窄，有时会持续几周，甚至是几个月，在这段时间，想要每天稳定地赚到几个点是十分困难的。如果你的目标是每天赚到5个点，你会发现实现这个目标的难度极大。由于我们对结果没有多少控制能力，这样的目标还可能造成不良结果。当市场走势不能为你的结果性目标带来支持，你可能想要以行动加以弥补，过度交易，或者承担不明智的风险。这很可能会导致交易绩效欠佳，影响到你的心理。如果你专注于自己无法控制的事情，例如市场行为、赚到的盈利、胜率、你觉得其他交易者表现如何，诸如此类，你的情绪就会大起大落，对你的动力和交易都造成负面影响。显而易见，我们不希望设定的目标会引发这样的问题。

因此，我们不要去设定成效不明的结果性目标，而是要设定过程性目标。过程性目标完全在交易者的控制范围内，涉及发展你的知识、技巧或能力，而不是交易绩效或统计结果。过程性目标可以帮助你实现作为交易者的成长。你在评估自己目前的强项和弱项时，发现了目前需要解决的弱项，这时，你就发现了自己的发展需要。下一步是制定一个过程性目标，帮助你提升与这一需要相关的知识、技巧和能力。通过这样的方法，我们才能成为更好的交易者，实现卓越的交易表现。旨在满足发展需要的过程性目标被称为"发展目标"，因为这些目标可以帮助你实现作为交易者的个人发展。我们设定的所有目标都应该是发展目标。

我们可以设定的发展目标，多半是数之不尽的。只要目标针对的是目前表现的弱项，是以交易过程为导向，这就是合适的目标。例如，你盘点自己目前的强项和弱项，发现自己倾向于进场过早。进场模式是合理的，你只是在进场条件还没触发的时候，就提早进场了。因此，你经常会忐忑不安地等待上一波行情走完全程。有时候，持仓出现了浮亏，你亏损离场了，随后不久却发现进场条件触发。这样的情况让你感到沮丧，让你错失盈利，偶尔还会蒙受亏损。这是一个清晰的发展需要。为了满足发展需要，设定的过程性目标可能要分为两部分。首先，你要对自己在过去六个月做的所有交易进行研究，判定最佳的进场触发条件。这或许是某种K线形态，突破了上一根K线的最高价或最低价，某个指标值，或者其他相关的触发条件。无论你决定的是什么进场触发条件，你都是以过程为导向，更深入认识合理的进场策略。其次，付诸实践。在清楚掌握最佳进场方式之后，你日复一日的专注力就要集中在等待你设定的进场条件成立，在这个进场点上建仓。要再次强调的是，你是以过程为导向的。你评估自己表现的依据，不在于这单交易是盈利还是亏损，也不在于你在这单交易上赚了几个点，而在于你如何建仓。在这里，你是在提升关于建仓的知识和技巧，增强等待进场条件触发的能力，这也能让你更好地克服目前的弱项。这就是过程的目的所在。交易者越是专注于可以控制的方面，努力改善，就越有可能做得更好。专注于过程，见证表现提升，交易绩效自然水到渠成。

针对如何设定发展目标，我们再深入一层，提供一些可靠的指引，让你不仅可以开始克服自己目前的弱项，还能够最大限度地提升表现能力。企业顾问兼管理学作者乔治·杜兰（George Doran）最先提出了设定目标的五大原则，称之为"SMART目标"，我们在设定所有目标时，都应该遵循这个格式。所谓的"SMART"是指：

S——具体（Specific）：目标应该是具体的，关系到你与交易相关的技巧、行动、能力、知识或其他方面。

M——可量度（Measurable）：目标应该是可量度的，便于监测和量度为实现目标取得的进展。这是特别重要的，因为如果我们看不到进展，就可以很快发现这一点，做出调整。在许多情况下，我们量度的只是究竟有没有完成某项任务或采取某项行动。

A——可实现（Attainable）：目标应该是交易者可实现的，可能涉及指引、练习、指导和其他形式的学习，但在某个点上，交易者应该能够实现目标。因此，我们要设定可以合理实现的目标，避免设定不切实际的目标（无法实现和很难实现）。或许你最终可以实现难度极大的目标，但最好是把大目标分解为一系列层层递进、可以实现的小目标，这样在逐步实现目标的过程中，可以给予你更大的动力。

R——相关性（Relevant）：目标应该适用于你的交易，对你的交易来说是合适的。最佳的检验方法是，你一旦实现了目标，就会有助于提升你的交易表现。

T——有时限（Time-bound）：应该在合理期限内实现目标。如果一拖再拖，看不到多少进展，会令人灰心丧气。

接下来，我们来看一下SMART交易目标的几个例子。在第8章，我们针对涉及心理和情绪反应的棘手交易情境，讨论了克服这些难关的机制。我们会拿第8章的一个例子，表述为SMART目标。记得吗？阿马尔想要改变一项非建设性行为：为了弥补最近蒙受的亏损而加仓。他的计划包括在亏损后暂时离开交易台，做建设性练习，提醒自己想要在下一单交易中怎样做。我们可以表述为SMART目标：

在接下来的四个星期，每次蒙受亏损之后，我就会：

1. 承认我比较容易在下一单交易中加仓。

2. 离开交易台，做10分钟的接纳练习。

3. 即使浮现了不同的感觉，还是肯定对交易价值观、对想要采取怎样的行动的承诺。

4. 下次建仓时，建立适当的仓位。

至少在70%的时候，我都要在亏损后做到以上各项。

就SMART目标框架而言，上面设定的目标显然符合S标准。这个目标是相当具体的，明确了亏损后要做四件事。这个目标便于追踪和量度，阿马尔表示，他要在70%的亏损后，完成特定的心理例行程序，在下次建仓时建立适当的仓位，这是最低门槛。这个目标是可以合理实现的，他会清楚知道自己是否实现了目标。阿马尔的目标也是与交易高度相关的，他目前的弱项体现在发展需要之中，不仅给他带来苦恼，还让他的交易违背了合理管理资金的原则。纠正目前这个弱项，有助于提升他的交易表现。最后，这个目标是有时限的，期限是四个星期。

另外请注意，这显然是一个过程性目标。阿马尔没有设定一个"绩效"目标，没有牵涉到他要赚多少钱，或者提高胜率，或者其他结果性目标。他的目标只关系到他能够控制的方面：他的行动。如果阿马尔遵循自己制定的流程，在确定仓位时秉持合理管理资金的原则，实现了目标，这就会提升他的交易表现。日积月累，他的交易绩效有望提升，压力水平有望下降。

我们接下来会再讨论到两个SMART目标的例子。在第一个例子中，一位交易者在平仓时遇到困难。她建仓没有问题，可是经常会以为这波行情还没有走完，生怕错失利润空间，结果行情反转，盈利回吐。下面是她的SMART目标：

我会为每单交易设定合理的盈利目标。在达到这个盈利目标时，至少减仓一半。对于余下的仓位，如果我决定继续持有，就会运用威尔斯·威尔德（Welles Wilder）的止损转向SAR指标做移动止损，保护现有盈利。在接下来20个交易日，我至少要在80%的交易中做到这一点。

我们可以看到，这位交易者的目标符合SMART目标的所有条件。这个目标是具体的，规定了她要做些什么。这个目标是可量度的，量度标准是她是否遵循了目标的步骤。这个目标是可以合理实现的，原因至少有两点：首先，她想要在80%的交易中实现目标，这个比例虽是大多数，但并不是100%，至少在初始目标中并不追求完美。她可能在20%的时候做不到，还是可以满足目标的条件。更重要的是，如果她可以把心态不稳的交易行为减少80%，就可以取得重大进步。其次，她可以持有一半仓位，以谋求更大盈利。从这两个特征可见，现阶段的目标是循序渐进的，她应该能够实现。这个目标的相关性不言自明：通过提升出场技巧，她可以提升交易表现。最后，她的目标是有时限的，期限是20天。

下面是一位日内交易者所写的SMART目标，跟上面的略有不同：

> 每天晚上，我都会回顾所交易的市场，进行评估，为明天的交易做准备。每天晚上，我都会确定明天第一单交易的位置。在四个月内，我预计能够在60%的时候预先确定第一单交易的位置。

这个例子包含了SMART目标的所有条件。看一下你能否辨认出来。请注意，这位交易者设定了与交易流程相关的目标，在这个例子中，涉及在前一天晚上为第二天的交易做好准备。交易者要取得成功，做准备是流程中不可或缺的环节。要再次强调的是，这个目标不是关系到提升盈利或胜率，而是要怀着具体目的为交易做好准备：确定明天第一单交易的交易位置。这是与交易高度相关的。如果能够实现这个目标，这位交易者就能在每周的五个交易日内，有三个交易日都可以预先确定第一单交易的位置。

要满足交易者的发展需要，就需要设定发展目标，并付出辛勤努力实现目标。采用SMART发展目标，有助于提升和维持交易者的动力。为了应对个人挑战而设定合适的目标，可以为交易者的表现带来很大改观。交易者在努力实现目标的过程中，会看到自己取得了稳定的进步，最终及时地应对这些挑战。这不仅有助于维持我们的动力，还会帮助我们成为更好的交易者。

心理纪律

"之前"时间框架的最后一个心理范畴，是心理纪律。有时候，我们称之为"意志力"。这两个词是可以互换的。所谓的心理纪律，多半跟你想象中不一样。光是心理强大是不够的。事实上，这根本不是重点。交易者若想变成机器人似的，在心理上刀枪不入，很快就会陷入困境。我们在整本书中都讨论过这个问题。在这个框架下，心理纪律确实关系到心理强度，不过是有特指的。基本上，心理纪律是指按计划执行的能力。

我们已经讨论过制订交易计划的必要性。部分原因在于，交易计划可以帮助你更加顾全大局地看待市场和交易方法。你的交易计划也是心理纪律的重要组成部分。交易者之所以做出心态不稳的交易行为，蒙受资金损失，心理受创，未能遵循交易计划是一大原因。记得吗？贾森·扬科夫斯基区分成功的交易者与失败的交易者的唯一标准，就在于是否制订了交易计划。你需要制订交易计划，也需要贯彻执行。但意志力不仅仅体现在遵循交易计划上。

心理纪律真正体现在遵循流程，而不仅仅是交易计划。在这里，我们详细介绍了一个成功交易者和其他领域的成功人士都遵循的流程，也就是"之前—期间—之后"流程，按照逻辑，把高价值活动及相关心理技巧划分为交易之前、交易期间和交易之后三个阶段。而心理纪律涉及坚守承诺做好准备，制订计划，贯彻执行计划，在计划不奏效时做出调整，从成功和错误中汲取经验教训。接着，新的学习成果纳入准备工作，进入执行环节，你再去评估，再做出必要的调整，又再纳入准备工作，如此反复。这就是交易心理流程。意志力可以帮助我们坚守对这个交易心理流程的承诺，贯彻执行。要在交易之前做好高质量准备，需要意志力；要在交易期间有效执行，运用相关高价值心理技巧和高价值交易行动，需要意志力；最后，要客观评估自己的交易表现（建设性自我评估），运用评估数据洞悉发展需要，为持续改善制定SMART目标，也需要意志力。这是在交易中取得卓越表现的流程。谁都可以按照这个流程去做。

在"之前"时间框架中，你需要在交易之前的活动和例行程序中运用心理纪律，以便为交易做好准备。交易之前的有益活动包括：分析你所交易的市场，找到支撑位和阻力位；派筹或吸筹的迹象；市场的整体结构；目前的趋势行情或横盘整理特征。制订操作计划是每位交易者都应该开展的高价值活动，若是日内交易者，应该为第二天的交易制订操作计划，若是波段交易者，应该为下一周的交易制订操作计划。这包括下一个交易期间预计的市场走向，以及进场条件很可能成立的主要位置。在"之前"时间框架中，其他高价值活动还包括研究市场行为和进场模式，练习交易，了解市场即将反转的重要特征，以及其他与你的交易相关的活动，以此提升交易知识、技巧和能力，日后在交易中加以运用。

在"期间"时间框架中，心理纪律的度量标准在于交易者能否遵循前一天晚上制订的操作计划。这不等于说即使结果证明操作计划错了，交易者也要固执地拒绝调整。在有需要时做出调整是心理纪律的一项特征。我们的纪律体现在寻求执行计划，而不会在交易中漫不经心或心态不稳。但这也意味着我们需要保持心理灵活性。在前一天晚上制订的计划，第二天是不会100%实现的。很多时候，如果我们善于解读图表，操作计划会为第二天的交易提供有用的指南。但也有很多时候，操作计划成为一张废纸，我们必须抛诸脑后，这也是正常现象。实际上，这正是制订操作计划的美妙之处，你马上就会知道计划是奏效还是不奏效的。如果不奏效，你就做出调整。

下面是做出调整的一个典型例子。昨天晚上，你认为市场走势疲软，制订了操作计划，打算在今天的高位附近做空。但第二天，市场表现出乎意料。行情在高位并未回落，而是向上突破。你马上就知道操作计划错了，据此做出调整。于是，你没有在昨日高位做空，而是准备在行情回调测试这个高位时做多。这时，心理纪律表现为无论第二天市场走势如何，都要追踪市场行为，与操作计划对照。我们利用操作计划作为指路牌，运用心理纪律，对照操作计划评估市场，然后采取适当的行动。

心理纪律也意味着遵循我们的整体交易计划。我们应该严格按照市场状况、进场模式、资金管理参数和整体交易计划规定的其他限制进行交易。那些经常舍弃交易计划的交易者，有一项发展需要，要去改进他们的心理纪律。第8章的练习以及上文介绍的SMART目标为你提供了一套指引，教你在心理纪律出现懈怠时，应该如何处理。我们在下一章会更加详细地讨论。

最后，在"之后"时间框架中，心理纪律体现在坚持回顾所做和错失的交易，写交易日志，以及评估我们的交易表现（见第11章）。我们会明白建设性自我评估的价值，在交易结束后，写交易日志，并坚持严谨的方式和例行程序，从而强化心理纪律。可以看到，心理纪律不仅是遵循交易计划。在交易中，心理纪律意味着坚持"之前—期间—之后"流程：高质量准备、有效执行和建设性自我评估。

每日任务

要在交易的过程中维持心理纪律，一个方法是制定每日任务。这是运动心理学家肯·拉维扎（Ken Ravizza）提出的概念。每日任务简单说明了你为当天制定的表现目标。

索斯藤在准备建仓时，有时会犹豫不决。他的进场模式经过了大量研究，具有高胜算。但有时候，他不喜欢"市场看起来的样子"，或者隐隐约约有些疑虑，结果没有建仓。当然，他没有建仓的交易走得很好。

他知道，只要进场条件成立，他就必须建仓，而不是由于产生怀疑而不去建仓。索斯藤制定了一个任务，帮助自己在有效的进场模式形成时进场。他的每日任务表述很简单："只要交易计划中的进场条件满足了，就要建仓。"

他把这句话写在一张卡片上，放在交易台上。他的每日任务提醒了他一项高价值行动：每当进场模式的条件满足，都要建仓。此外，在进场条件成立时，这也可以提醒他需要采取什么行动。

只要对你的交易有帮助，就可以成为每日任务。下面是几个例子：

- 只要交易计划中的进场条件满足了，就要建仓。
- 保持专注力，不要分心。
- 保持耐心，等待进场条件出现。
- 拿住盈利头寸。
- 留意较长时间周期的行情。
- 分批减仓，锁定盈利。
- 亏损的单子别死扛。

简单，直截了当。

你每天都可以有一个每日任务。这会给你指引方向，帮助你维持专注力和纪律。时间长了，这会增强你的信心，舒缓压力，帮助你保持饱满的精神状态，投入到交易任务之中。

在制定每日任务时，记得专注于你的表现和交易流程，而不是交易绩效。你的每日任务应该关系到你可以控制的事情，而不是你控制范围以外的事情。正如上面的例子，用简短明确的一句话表达。这应该是你自己的，是对你来说重要的事情。每日任务有一两条就够了，如果你想同时管理三条或以上的任务，很可能会不胜负荷。把每日任务写下来，放在手边可以看见的地方。最后，如有需要，可以更改每日任务。

运用每日任务支持你实现发展（SMART）目标，可以发挥强大的作用。例如，一位交易者制定了SMART目标，想要改进自己的进场操作，就可能为之制定每日任务"等待进场条件成立"，帮助自己等待触发条件，避免过早进场。把每日任务与发展目标联系起来，你就为实现这个目标增强了心理纪律。

心理纪律的局限

佛罗里达州立大学社会心理学家罗伊·鲍迈斯特（Roy Baumeister）和《纽约时报》记者约翰·蒂尔尼（John Tierney）认为，心理纪律（或称意志力）是一种有限的资源，就像肌肉，使用时会消耗能量，用多了会疲劳。鲍迈斯特表示，我们的意志力只有一个来源，要用于所有类型需要专注力和自控力的任务。因此，意志力很容易就会耗尽。意志力耗尽以后，我们会更加敏锐地感觉到情绪、欲望和渴望。当心理纪律受到侵蚀，我们就容易做出情绪化的决策和心态不稳的交易行为。鲍迈斯特和蒂尔尼没有做出这个联系，但按逻辑推断，在心理纪律耗尽以后，快速、未经研究和浮于表面的直觉思维就会乘虚而入，掌管了决策。由于调动审慎思维需要耗费精力，随着心理纪律减退，我们更容易犯下认知偏差和启发法造成的交易失误。因此，我们需要密切监测自己的心理纪律，一旦发现心理纪律减退，就应该考虑暂停交易。

鲍迈斯特强调，其他事情也会损耗意志力。压力显然会影响到我们的心理纪律。企图控制我们的情绪和想法也会损耗意志力。我们花了很长时间讨论，企图控制想法和感觉是徒劳无功的，我们应该接纳所有想法和感觉的存在，即使是棘手的想法和感觉也不例外，这样才能更有效地实现目标，在面对困难的情境时保持沉着冷静。如果我们企图控制情绪，与之抗争，我们很快就会耗尽意志力的库存。这也是我们应该停止与想法和情绪抗争的重要原因。

疾病和慢性身体疼痛，做出无数决策，这些都会损耗心理纪律。要节省意志力的库存，一个方法是在交易计划中做出尽量多的决策。例如，你要怎样建仓，在什么位置出场，怎样出场，你在每单交易中承担风险的交易头寸，在哪个位置设定止损位，这些都是可以提前做出的决策。如果你正要建仓了，却还在盘算究竟是在关键反转K线形成之后进场，还是在突破了上一根K线的最高价的位置进场，究竟是要分批建仓，还是一次性建仓，你能留待管理交易的心理纪律就所剩无几了。提前决定你的交易机制，可以保护你有限的心理纪律库存。

值得留意的是，心理纪律或许也与血糖水平有关。由于心理活动需要耗费大量精力，这也是合情合理的。身体消化碳水化合物，会转化为血糖，向脑部供应能量。脑部的神经元无法储存葡萄糖，必须持续从血流中获得供应。如果血糖水平下降，你可能会更加冲动和失去自控力。养成习惯，在每天开始交易之前，吃一顿营养丰富的早餐，这个简单明了的方法符合我们的常识。

斯坦福大学健康心理学家兼意志力专家凯利·麦克高尼戈尔（Kelly McGonigal）表示，我们练习正念冥想时，脑部不仅能够增强冥想能力，还能提升一系列的自控技巧。她表示，长远而言，练习正念冥想的人士会把脑部锻炼成"精良的意志力机器"。部分原因在于，脑部的前额叶皮层（我们讨论过的一个重要脑区）是与心理纪律相关的。

麦克高尼戈尔还表示，除了正念冥想之外，身体锻炼可能是"自控科学家发现最接近特效药的方法"。我们已经讨论过，运动锻炼可以减轻压力和情绪反应，增强我们对不适感的忍耐力。运动锻炼也可以提升心理纪律。长期进行运动锻炼，脑部的灰质和白质都会发生积极变化，前额叶皮层体积增大最多。麦克高尼戈尔表示，研究显示，每周运动锻炼三次的受试者能够增强注意力，忽略令人分心的事务，减少上瘾行为（减少烟酒和咖啡因摄入），减少进食垃圾食品，吃更健康的食品，减少冲动购物，多省钱，少看电视。所有这些行为都与心理纪律相关，受试者做出的唯一改变在于运动锻炼。

凯利·麦克高尼戈尔表示，意志力存在一个悖论，是每位交易者都应该留意的，称为"道德许可"（moral licensing）。当我们自认为做了一件好事，自然会自我感觉良好。但这意味着我们接下来更有可能做出冲动行为。当我们为做了好事而沾沾自喜，就可能会放纵自己去做坏事。例如，如果我们对上午勤勉工作感觉特别良好，下午就更有可能产生懈怠。

这里的一个关键概念在于，我们对自己的行为道德化。当我们告诉自己，我们正确决定了仓位大小，就是做了好事；我们仓位过大，就是做了坏事，这时，如果我们上一单交易的仓位大小合适，在下一单交易中就更有可能仓位过大。我们就像是给自己的放纵发出了许可。麦克高尼戈尔表示，讽刺之处在于，我们实际上会感觉在掌控自己的选择，放纵自己时并不会感觉到内疚，而是感觉仿佛赢得了奖励。但其实并非如此。心智的把戏可能会促使我们做出自我破坏行为。不止一位经验丰富的交易者提到，在一段时期获利特别丰厚之后，往往会遇到重大心理挑战。某一单交易获利特别丰厚之后，也可能会出现同样的情况。这不只是由于我们沾沾自喜、掉以轻心的缘故。我们感觉赢得了做事有点鲁莽、潇洒或大胆的权利。

我们对待目标也是如此。若是在实现某个目标上取得了良好的进展，我们可能会感觉获得了放纵的许可，从而妨碍我们最终取得成功。在实现一个目标上取得进展可以产生激励作用，但前提条件是你把取得的进展视为对目标的承诺，也就是说把取得的进展视为你十分重视实现这个目标的证明，你十分在乎这个目标的证明。凯利·麦克高尼戈尔表示，这是思维角度发生的重要改变，从"我取得了良好的进展，所以证明我做了好事"转变到"我取得了良好的进展，所以证明我十分在乎这个目标"。前一个思维角度会给予你松懈的心理许可；后一个思维角度会激励你再接再厉，继续向着实现目标的方向前进。在这个有用的思维角度背后，是"为什么"——你努力实现这个目标的原因。你应该提醒自己为什么要这么努力地实现目标。这有助于增强你的心理纪律。

归根结底，交易者需要注意自己的心理纪律，加以监测。保持正念，进行自我监控，可以提高自控力。你越是保持正念，监控自己和自己的表现，你的心理纪律就越强。一心多用会分散我们的专注力，可能会影响到我们的纪律，所以要加以避免。保持充足的睡眠和均衡的饮食。含糖饮料和零食会导致血糖飙升和急降，要避免进食这些食品。在交易日，若想吃零食，就吃点复杂碳水化合物，例如水果和生鲜蔬菜，这些食品消化进入血流的速度更缓慢均匀。确保在交易日开始之前，事先制订操作计划（或者对于波段交易者来说，要在一个交易周开始之前制订操作计划）。如果你省略了这个步骤，或者出于其他原因没有做到，你的心智自然而然地就会去想下一个交易日很可能出现怎样的行情，你应该做些什么。鲍迈斯特解释说，这就是"蔡氏效应"（Zeigarnik effect）——心智会继续专注于未完成的任务，这会与其他心理资源形成竞争，可能会影响到意志力。好消息是，一旦制订了具体的计划，这种效应就会消退。制订操作计划不仅能帮助你为交易做好准备，还能让你在心理上保持清醒。

我们对查尔斯·马厄的"之前—期间—之后"交易流程的第一部分就讨论到这里。表9.2概括了"之前"时间框架"高质量准备"中的心理范畴（高价值心理技巧）和多个高价值行动。练习9.3提供了一套基本的问题，你可以问一下自己与"高质量准备"的高价值心理技巧相关的问题。在回答这些问题时，请保持客观和诚实。在每个问题中，用1—6分给自己打分，6分代表你在这个范畴的表现处于最高水平，在所有方面都表现卓越；4分代表令人满意，有小小的不稳定；3分以下代表不稳定和发展需要。用这些问题评估自己在"之前"时间框架"高质量准备"心理范畴的流程和表现，你可能需要在哪些方面做出调整。5分或6分的领域属于你的心理强项，你可以延续之前的做法。在3分或4分的领域，你应该努力减少自己的不稳定性。1分或2分的领域属于低分，你要用SMART目标框架，使之成为你的发展目标，认真地为"高质量准备"流程下点功夫。

表9.2　高质量准备的高价值心理技巧和一些高价值行动

	之前：高质量准备
高价值心理技巧	**高价值行动的例子**
有大局观	撰写交易计划
自我觉察	厘清角色
自我激励	练习/模拟交易
心理纪律	研究
	研究市场行为
	洞悉发展需要
	设定发展目标并为之努力
	在交易日或交易周开始之前，制订操作计划
	心理搁置令人分心的事务
	每日任务
	每日练习正念
	事先确定潜在交易位置
	承诺遵循"之前—期间—之后"交易流程，并持续为之付出很大努力

练习9.3　心理技巧盘点：高质量准备

心理范畴		评分
有大局观	我在交易和生活其他重要角色之间维持良好的平衡。 我在交易时，能够心理搁置与交易无关的事务。 我很清楚自己要怎样在市场上交易，以此制订书面交易计划。 我明白交易的概率定律，也据此采取行动，尤其是明白我的交易胜算会通过大量交易发挥作用。	

续表

心理范畴		评分
自我觉察	我很清楚自己在心理、技术、资金管理和交易其他重要方面的强项和弱项。	
自我激励	我就自己作为交易者的表现和发展设定和实现目标。 针对目前的弱项，我制定了发展目标，表述为SMART目标。 比起交易结果，我更关注交易流程。	
心理纪律	我遵循交易计划，了解自己的意志力在什么情况下会加强和损耗，并采取步骤维持和增强心理纪律。 我为交易制订操作计划。	

在接下来的章节里，我们会详细介绍交易流程余下两个环节（期间和之后）、心理范畴及相关的高价值交易活动。

第 10 章

交易心理流程：
有效执行

在第9章中，我们讨论了运动心理学家查尔斯·马厄制定的"之前—期间—之后"框架，以此促进心理发展和提升表现的流程，专注于与"高质量准备"原则相关的心理范畴和高价值行动。这些是"之前"时间框架的主要任务。在本章中，我们会讨论流程的第二部分："期间"，探讨"有效执行"的核心原则，以及相关高价值心理技巧和高价值行动。

但在谈到有效执行之前，我想先花一点时间，厘清交易者的心理发展和交易表现提升流程。我们分别讨论了三个原则（高质量准备、有效执行和建设性自我评估），也想在逻辑上加以区分，让我们在心里能够分清，但这三个原则确实有重叠之处。有些高价值行动，尤其是高价值心理技巧不只在一个时间框架中出现。心理搁置的技巧就是一个很好的例子。我们在高质量准备中讨论到心理搁置，这项技巧和方法可以帮助我们保持专注力，例如到了晚上，在心理上搁置其他令人分心的事务（例如看电视或上酒吧），专注于为第二天的交易做功课。但运用心理搁置并不局限于交易之前的准备活动。心理搁置这项高价值心理技巧还适用于交易期间的执行。例如，在某个交易日当中，我们要在心理上搁置蒙受的亏损，以便保持心智清明，专注于下一个交易机会。如此一来，我们为准备阶段学习掌握的技巧，可以运用到流程后面的环节，反之亦然。

除了重叠部分之外，交易者还应该了解"之前—期间—之后"框架的各项原则之间有何关系。我们分开讨论每一项原则，是为了更清楚地解释，但你需要了解这三项原则之间有何关系，如何共同组成一个流程，直接提升你的交易表现。图10.1展示出这个流程。

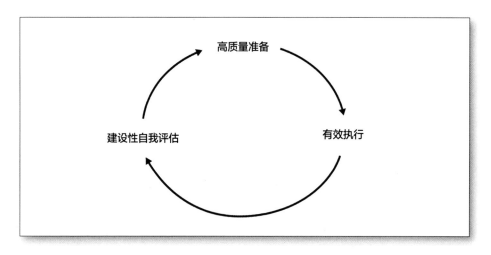

图10.1　交易心理流程

显而易见，高质量准备的活动会对我们在有效执行阶段的交易表现产生影响。例如，日内交易者进行高质量准备活动，包括为下一个交易日制订操作计划。她留意到，行情呈上升趋势。她在研究中发现，当大市呈现上升趋势，上午若是走出小幅下跌行情，经常就会创出日内最低价。她制订了操作计划，如果在上午的回落中，成交量和价格运动是小幅回跌，而不是转为下跌趋势，就趁回落买入。

你可否想象一下，如果她在前一天做准备、制订操作计划时预计到的行情，在第二天上午如期展开，她会怎样进行交易？由于她在高质量准备的过程中做好了准备，她会马上意识到发生了什么事，很清楚应该怎样操作，在适当的时机满怀信心地采取行动。做好准备为执行提供了一大优势。

交易日结束后，以过程为导向的日内交易者进行建设性自我评估的高价值活动（见第11章）。或许她今天对市场有了新的了解，或许对自己的表现有了新的认识。通过在交易之后观察反省，她获得了新的知识，从而更好地为日后的交易做好准备。建设性自我评估可以让我们把准备工作做得更好，从而让执行更得力。总的来说，这会促进更好的交易表现。运用"之前—期间—之后"流程，可以令交易者的自我改善变得可靠而又有系统。我们一起来看一下日内交易者托尼提供的例子。

托尼遵循"之前—期间—之后"流程。从每日的建设性自我评估，他了解到自己做的许多交易是成功的，但他经常过早平仓。这与损失厌恶无关，他不是由于害怕亏损而过早平仓。事实上，他持仓达到了自己设定的盈利目标；但在许多单交易中，行情走得比他预期中更远。这让他一而再再而三地错失盈利，有时甚至是丰厚的盈利。

托尼把盈利目标设在下一级别的阻力位或支撑位上，这似乎是合理的做法，因为市场经常在支撑位和阻力位之间波动。但一旦市场突破他设定的盈利目标，他就会错失盈利。他研究了这个情况，意识到把盈利目标设在支撑位或阻力位上通常是合理的做法，因为在许多交易中，行情在这里确实走到尽头。然而，行情若是继续走下去，就会给他带来超额收益。托尼想要参与那些行情继续走下去的交易。"毕竟，"他分析，"我找到了良好的交易机会，已经在持仓了，我应该充分把握盈利空间，而不是小赚一笔就早早平仓。"

托尼意识到自己有一项发展需要。为了应对这项需要，他设定了SMART目标。他的初始目标是在支撑位或阻力位上减仓一半，另一半继续持有。他在接下来三个交易周都这样做了。三周后，他评估了这个目标，发现结果未如理想。如果行情在支撑位/阻力位目标上走到尽头，他就赚得太少了，因为一旦没能突破，他持有等待突破的部分就收益甚微。他需要调整目标。

经过进一步的评估，托尼意识到，他使用的某项指标可以可靠地指出，行情是否很可能会突破支撑位或阻力位。这项指标并不完美，但还是给了他所需的胜算。因此，他修改了目标，改为在这项指标显示很有可能形成突破时减仓一半，另一半继续持有；否则，他会在初始盈利目标上悉数平仓。他又按照这个目标操作了三个星期。三个星期后，他对结果感到满意。现在，他有了一个有效的方法可以应对他的发展需要。通过遵循"之前—期间—之后"流程，他提高了自己的知识、技巧和能力。他对本来已经成功的交易方法做了调整，为交易带来增值，盈利能力提升到新的境界。

接下来，我们回顾一下托尼遵循的流程。相应的原则（高质量准备、有效执行和建设性自我评估）用小括号标出，让你可以追踪托尼采取行动、提升交易水平的整个过程。

托尼评估交易时，发现自己错失了盈利（建设性自我评估）。他认识到自己可以做得更好，有发展需要。他利用SMART目标，制订了改善计划（高质量准备）。在接下来几星期的交易中，他执行了SMART目标计划（有效执行）。他发现初始结果未如理想（建设性自我评估），修订了计划，制定了另一个SMART目标（高质量准备）。他又执行了修订后的计划（有效执行），追踪结果。这一次，他评估发现（建设性自我评估），他实现了自己的目标。

托尼遵循"之前—期间—之后"流程，提升了自己的交易水平。请仔细留意，托尼的努力是以过程为导向的。他的主要目标不是获取更多盈利，而是改善自己的平仓策略。他确实运用交易绩效来衡量和评估策略的效果，但他致力改善的是他的策略。他知道，如果他可以制定一个更好的平仓策略，盈利会水到渠成的。托尼运用"之前—期间—之后"流程，完善了平仓策略，从而提升了交易表现、盈利和个人满足感。

"之前—期间—之后"流程是自我改善的有效方式。这包含了交易的整个流程，涵盖交易所需的心理技巧和能力，以及展现出优异的交易水平和成就的高价值行动。这个流程为交易者提供了一个循环反复的过程，通过做准备、执行和评估，不断提升交易水平，成为胜任、优秀的交易者乃至交易高手。"之前—期间—之后"流程为交易者取得卓越的交易表现开辟了一条康庄大道。

我们在考虑"期间"时间框架时，考虑的是有效执行。有效执行的基本原则在于，交易者在交易期间，若是处于建设性心理状态，便可最有效地进行交易。在这种有利的心理状态下，交易者可以执行高价值交易行动。交易者若能持续运用有利的高价值心理技巧，并执行高价值行动，就为自己创造了最有利的条件，便于去最大限度地提升交易表现。此外，通过秉持有效执行原则，交易者可以学会发挥可靠的交易能力所需的心理技巧。

正如高质量准备一样，有效执行原则由关键心理范畴或高价值心理技巧组成。这些范畴或高价值心理技巧包括：自信、情绪强度、专注力和沉着。接下来，我们会逐一讨论。

▪ 自　信

每位交易者都想要拥有自信，想要变得更加自信。一位交易者曾经在错失交易机会后表示："如果我更加自信就好了，我就能更好地进行交易，刚才就不会犹豫不决，不敢进场。"这是一个常见的现象。那么，我们所说的自信究竟是什么呢？与交易心理学的所有其他方面一样，我们首先应该厘清概念。

在交易中，有两种类型的信心：外在信心和内在信心。对于交易者来说，外在信心是外在因素产生的信心，例如他们赚了多少钱，做了多少单盈利交易。然而，若是把我们的信心与外在因素挂钩，可能会造成问题。例如，一位交易者刚在一天交易里赚了个盆满钵满，获利远比过去几个月的任何一天更为丰厚，情绪高涨。他感觉很好，信心飙升。事实上，他感觉自己是无往不胜的，仿佛不可能蒙受亏损。但这种信心是来自外在因素，所以是空洞的。他的信心来自在某个异常成功的交易日赚到了多少钱。如果第二天，他没赚到那么多的钱，或者蒙受了亏损，那又如何呢？到时他还会有信心吗？

如果我们把信心建立在外在因素的基础上，这样的基础是不可捉摸、不受我们控制的。这就像把信心建立在天气的基础上。如果某一天阳光灿烂、万里无云，我们就会春风得意；可是，若是某一天乌云密布，我们就会心情低落；若是某一天狂风暴雨大作，我们就会感觉非常糟糕。审慎的交易者不会希望自己的信心受到不可预测或变化无常的因素左右。如果我们的信心是来源于今天赚了多少钱，做了多少单盈利交易，今天是盈利还是亏损，或者其他以结果为导向的数据或统计，我们就会落入这样的困局。

如果你把信心捆绑在交易绩效之上，当交易绩效为正，你就会信心高涨；当交易绩效为负，你就会信心下滑。交易者跟其他职业的人士一样，都有表现暂时低迷的时候。如果你的信心与交易结果挂钩，就更难走出表现低迷的困境。如果你的信心是来源于金钱、盈利交易和其他不受自己控制的因素，你就会陷入心理困境，情绪大起大落：如果交易盈利，你赚到钱了，市场走势对你有利，你就兴奋不已；但如果交易亏损，市场走势对你不利，你就会痛苦不堪、情绪低落。如果你误把信心建立在外在因素的基础上，遇到不顺利的时候，你想要找回交易表现更好时那种积极、自信的感觉，反而更有可能做出心态不稳的交易行为（例如勉强建仓，过度交易，等等）。请注意，当你努力找回自信的感觉，这时，你的交易不是为市场服务的，而是为你的情绪服务的。可是，勉强建仓、过度交易和其他心态不稳的交易行动只会进一步侵蚀你的自信。鉴于会有许多单交易是亏损的，市场表现是变幻莫测的，市场上许多事件似乎是反复无常、不可预测的，我们不应该把信心建立在外在因素的基础上。依赖外在因素来建立我们的信心，肯定是不靠谱的。

另外，内在信心的基础并不是你的交易绩效/结果，而是流程。内在信心来源于你完全可以控制的三个方面：你掌握的知识、你发展的技巧，以及你在市场上运用知识和技巧的能力。内在信心源于你的内在，是一种自我效能感，是你对自己能够安排自己、采取必要的行动进行交易的信念。自信的交易者相信自己能够胜任地与市场打交道，在"期间"时间框架内与市场打交道的过程中取得成功。她相信自己有能力发现良好的进场模式，按计划操作，采取相应行动。她能够按照交易计划执行交易、管理持仓及其相关风险以及平仓。如此一来，自信来源于在执行交易任务时成竹在胸的感觉。自信的交易者会坚定地说："我相信自己的交易知识、技巧和能力，相信自己不会犯下非受迫性交易失误。我相信自己有能力评估市场，选择适当的交易，确定适当的仓位，控制风险，执行和管理交易，在适当的时机平仓。"

自信的交易者是高效的交易者，其自信并非来源于上一单交易，或者在某一天赚到多少个点。自信的交易者在盈利的日子里感到自信，也知道自己之所以取得成功，是由于掌握了交易知识和技巧，所以能够在有利的市况下取得良好的交易表现。可是他们在窄幅横盘整理的市况下也会感到自信，因为他们知道："今天，我没有在窄幅横盘整理的市况下被洗盘，所以感觉良好。凭借我的知识和技巧，我知道今天没有很好的交易机会，所以在场外观望。"自信的投资者不会把自信建立在外在因素的基础上。

真正的自信来源于长远而言重要的方面。记住，交易是概率游戏。在概率领域，长远而言有效的做法是制定并遵守你可以控制的流程，而不是专注于你不可控制的结果。对交易者来说，培养自信必须来源于发展、磨炼和运用你的交易知识、技巧和能力（包括心理和技术层面）的流程，也就是"之前—期间—之后"流程。因此，真正的自信扎根于流程，而不是结果。实际上，当你专注于流程，你就能够控制自己的自信。

要建立自信，需要保持正念去对待交易。例如，如果你在某一天做了几单亏损的交易，导致全日亏损，你心理上可以做出选择。你可以选择为亏损而自怨自艾，信心受损；也可以选择采取"之前—期间—之后"流程，努力了解亏损背后的原因，你可以如何改进，从而增强信心。你可以保持正念，选择从痛苦的经历中汲取经验教训，努力增进自己的知识、技巧和能力。你若能保持正念，选择采取有益和建设性的行动，就可以学会避免日后再度做出非建设性行为。采取这样积极的步骤，你提升了自己的交易知识、技巧和能力，所以有助于增强自信。这样应对交易绩效欠佳的能力，是"建设性自我评估"中的心理技巧，我们会在下一章讨论。我们暂时只需要知道，"之前—期间—之后"流程为我们提供了有用的指引，帮助我们培养和维持自信。

真正的自信来源于内在。从外在因素获得的自信必然是短暂、不稳定、不可靠、不可预测的，只会令人缺乏安全感。正因如此，如果交易者把自己的信心和自信建立在交易绩效的基础上，他们就会总在寻找自信。你可以从事许多活动来培养自己的自信。正念练习可以为你的交易带来无数帮助。正念练习可以培养你的专注力和觉察力，帮助你采取以价值观为导向的行动，为交易提供支持（例如在进场条件依然有效时拿住头寸），避免为了满足内在状态，而做出回避行为（例如在进场条件依然有效时过早平仓），结果却信心受挫。一个有用的做法，是观察其他能够胜任而又自信地交易的交易者，从他们的角度出发去分析，看他们是怎样执行自己的交易方法的。观察他们怎样执行和管理高胜算的进场模式。观察他们在某单交易结果未如预期时是如何应对的。他们如何应对亏损？如何应对盈利？观察他们的专业知识和经验，看一下有哪些方面是你可以借鉴运用，以此增强自信的？观察他人交易是有用处的，前提是你需要知道自己要留意哪些方面。

在交易生涯的早期，我有幸与一位交易高手一起坐下来，看他交易。他解读图表和执行交易的技巧纯熟，洋溢着健康的自信。他进场做空，行情迅速向下，盈利快速增加。我欣喜若狂，坐都坐不住了，快要跳了起来。他带着茫然的表情看了我一眼，问道："你这么兴奋干吗？这只是一单交易而已。"我意识到，无论交易是盈是亏，他都会有同样的反应。他没有明白地说出来，但我可以清楚看到，他的信心源于自己的知识、技巧和能力，而不是某一单交易的盈利。

另外一个有用的做法，是观察你自己自信的状态。这可以是任何时候，不限于交易。特别注意你的自我对话。你在自信时，你的心智在做些什么，对你说了些什么，你的情绪是怎么样的？请注意在自信的状态下，你是怎样应对手头的任务的。你处于积极、自信的状态时，会全心投入任务吗？你处于焦虑、失去自信的状态时，又会全心投入任务吗？你是否专注于任务？通常情况下，当我们失去自信，心智会浮现消极的自我对话，情绪会变得强烈，我们会分心，注意力转向内在状态，而不是专注于手头的任务。这时，你需要运用正念技巧，帮助自己专注于手头的任务。你会发现，只要练习正念，把注意力带回手头的任务，不要与这些想法和情绪抗争，让其自来自去，这样一来，你就会培养出前所未有的自信。这种自信是你可以依靠的，有了这种自信，即使在交易中身处逆境，你依然可以保持沉着冷静。我们一会儿会更详细地讨论。

演练具体情境也是培养自信的一种有效方法。这不同于只是想象自己成为优秀的交易者。宽泛模糊的意象训练是不太可能带来帮助的。与此相反，演练具体情境有助于增强自信。例如，假设你为第二天的交易做准备，在明确的支撑位上找到潜在进场位置。演练一下，假如第二天市场跌至这个支撑位，触发交易，你预计会看到什么。价格运动是怎样的？成交量是怎样的？你的指标会作何反应？用心智之眼看一下在进场条件形成时，你会观察哪些方面，当进场条件成立，你会采取什么行动。然后再演练一下，你建仓之后的市场走势。如果行情朝着对你有利的方向运行，价格运动、成交量和指标会是怎样的？如果你提前演练了，随后看着行情在图表上展开，你在建仓和管理持仓时就会更加自信。同样，你也要演练一下，如果行情朝着对你不利的方向运行，价格运动、成交量和指标又会是怎样的？演练一下你的应对方法。在演练中，请务必留意自己的心智在做些什么。如果你演练对了，你的心智会全心投入交易任务，而不会专注于无关的想法和感觉，例如"如果行情突然转向、对我不利，那该怎么办"或者"我不能蒙受亏损"。你的心智会专注于市场，专注于预计接下来会出现什么情况，需要采取什么行动。要再次强调的是，信心的来源不是赚了多少钱，而是应对不同交易情境的知识、技巧和能力。演练会培养你的自信。

■ 情绪强度

情绪强度是指交易者怀着对自己有效的情绪能量等级进行交易的能力。每个人在这方面都略有不同。要高效交易，有些人需要的情绪能量较多，有些人需要的情绪能量较少。你需要认识自己的情绪对交易来说是过于高涨、过于低落，还是刚刚好。同样重要的是，你需要能够做出调整，在情绪能量过低时，提振自己的情绪，而在情绪能量过高时，为自己的情绪降温。

有些交易者怀着积极的情绪能量，开始新的一个交易日。他们跃跃欲试，对自己的准备工作感觉良好，为交易做好了准备。在整个上午交易时段，他们的能量维持良好，交易表现良好。但下午又是另一回事了。他们的能量枯竭了，交易容易失误，上午赚到的钱在下午回吐了。请注意，交易者的技巧并未发生变化，改变的是他们的能量等级。上午操作良好，下午疲惫不堪，这是许多交易者的常见现象。有些交易者恰恰相反，上午萎靡不振，下午却神清气爽，吃完午饭，就变得精力充沛，在整个下午交易时段，直到收市为止，都能够机敏地交易。

关键在于，你需要知道自己的能量等级何时下降，何时适合交易，何时过于强烈。要做到这一点，你需要监测自己的情绪能量，洞悉在哪些期间，自己的情绪是有益的，在哪些期间，自己的情绪是无益的。你可能会发现情绪能量与交易日的特定时段挂钩（如上所述），也可能会发现情绪能量与特定的行动或事件挂钩。例如，当市场横盘震荡整理，你可能会觉得无聊，能量下降。与此相反，你在准备建仓或建仓后，可能会过度兴奋。无论如何，请开始注意自己的情绪能量等级，及其是怎样发生变化的。

在监测情绪强度时，请务必找出想法和感觉的不同之处。你的自我对话（想法）往往会影响到你的情绪和能量。在进场条件形成时，注意自己的自我对话。你是否听见自己在说："进场条件形成，这是大好交易良机。"打起精神，还有点兴奋？这是积极的情绪强度，反映了你的信心。但另一方面，如果市场在窄幅横盘震荡整理，你感觉到自己的情绪强度枯竭，可得小心了，不要因为无聊而交易，企图改变横盘震荡整理的格局。这就像你企图去推动市场走势，振奋市场气氛，这当然是办不到的。这里要注意的是，我们的能量等级会对我们的行为产生直接影响。请注意，在这里，交易者做出不合理的行动，是为了满足自己的内在状态，而不是因应市况而定。如果行情突然启动，我们的情绪能量随之高涨，我们可能会即兴交易。同理，如果市场升势/跌势强劲，对我们的持仓有利，我们可能会兴奋万分，以为走势会"永远持续下去"，因此错过出场点，持仓过久。当情绪能量偏低，我们可能会错过交易，若是已经建仓，我们可能会变得焦虑和过度兴奋，受到情绪左右，而过早平仓。留意自己的情绪强度等级，情绪强度对我们的交易有什么影响，运用我们学会的正念和认知解离技巧，把能量维持在有益的水平。

交易者也可以运用演练，设想准备交易的具体场景，并带着有效的情绪强度进行实际交易。我们在讨论自信时提过，演练可以让你提前设想在建仓和管理持仓的过程中预计会看到的情况，你会采取什么行动。除了演练自己的行动之外，你还要演练会对自己说的话，你想要体验到的能量等级。这可以帮助你觉察到自己的情绪能量，并调节到有益的水平。例如，在一个演练场景中，市场本来在横盘震荡整理，行情突然启动了。这时，交易者不是马上被市场兴奋气氛感染，情绪能量飙升，而是演练保持耐心，等待回落确认，提前预计价格、成交量和指标会有何表现，并运用技巧平静下来（见下文讨论沉着冷静的内容），把情绪强度保持在平稳的水平。基本上，凡是会影响到情绪强度的交易情境，都可以这样进行演练。我们在前文讨论过，这是一种暴露练习，是一种有用的技巧。

要管理情绪强度，另一个很好的方法是建立例行程序。我们之前已经讨论过心理搁置，读者应该很熟悉了。建立例行程序，在交易过程中，在心理上搁置交易亏损或失误，可以帮助你在交易时保持心理平衡。我们并不是要掩饰自己的失误或亏损，可是在交易期间，并不适合处理这些问题。我们应该等到交易结束之后，再去处理亏损和失误的问题，而要做到这一点，心理搁置是一项绝佳的技巧。

在心理上搁置失误和亏损，其实是直接借鉴了运动心理学，运用到交易之中。心理搁置是运动员在比赛过程中保持心理专注力和管理能量的基本技巧。例如，一位网球运动员打丢了一球，丢了一分。在打完这一球之后，你经常会看到她拿起另一个球，专注地看着这个球，在心理上把失误搁置到球上，然后把球打到对面球场上。她是在心理上搁置自己的失误。你可能会看到一位棒球投手在投了一记坏球后，用脚在泥地里磨蹭一下。他是在心理上搁置这记坏球。篮球运动员可能会在短裤的前面抹手，抹走自己的失误。做一个心理搁置的动作，是有用的技巧，可以叫心智暂时放下错误，重新专注于当下的重要任务。要等到交易结束之后，才是处理失误的最佳时机。这才是认真客观地回顾发生的事情，从中汲取经验教训的适当时机。交易期间不适合做这件事。

交易者可以抽出一点时间，在交易日志中写下错误或亏损，以此进行心理搁置。写交易日志的动作，就像网球运动员在心理上把失误放在网球上。写完以后，我们合上笔记本的封面，就等于向心智发出信号：是时候返回市场和我们的交易，而不是纠缠于亏损或错误。由于我们已经写下来了，我们可以等到交易结束之后，再去检讨失误。对交易者来说，心理搁置是一项有用的心理工具。

交易者可以用于协助交易的另一项例行程序，是为交易做好准备。这也是借鉴运动心理学的一项技巧。我们时常会看到运动员为下一个球做准备。棒球击球员在走进击球区之前，会练习几次挥棒，走进击球区之后，他会站定，在对方投手投出下一个球之前，缓慢地挥棒一两下。这就是击球员的"做好准备"。外场手会上体前倾，两脚开立微屈膝，两手放在身体前方，做好接球的准备，一旦球被击中，飞向自己附近的区域，就要马上行动起来。网球运动员准备发球时，会先把球拍打几下，为发球做好准备；接发球一方会两脚开立微屈膝，在对手击球时进行起跳/分腿垫步，为接发球做好准备。做好准备，运动员的心智和身体就投入到比赛节奏之中，为下一球创造优势。

交易者要做好准备，可以双脚平放在地面上，在椅子上前倾。有的交易者喜欢在交易时戴上一顶帽子，作为做好准备的标志；另外，还可以托托眼镜，拿住鼠标，打开下单窗口，准备好下单。如果你的每日任务与建仓或管理持仓有关，现在就应该默默地或大声提醒自己当天的任务是什么，例如："保持耐心。等待进场条件出现。"把这一系列行动变成你的例行程序，可以帮助你在心理上准备好建仓，让你的身体和心智保持警觉，全神贯注。

专注力

专注力是交易很重要的一部分。说到交易的专注力，我们说的是能够在多大程度上把注意力集中在对交易重要的因素上。这些因素包括识别和选择交易，建仓、管理持仓和平仓的高价值行动。我们维持专注力的能力有多强？我们持续把注意力集中在手头任务上的能力有多强？当然，每个人都有失去专注力的时候。我们永远无法长时间保持100%的专注力。每个人都是如此，接纳了这一点以后，我们接下来想知道，我们能多快地觉察到自己失去了专注力，能多顺利地把注意力带回手头的任务。若是缺乏这些心理技巧，交易者就容易分心。分心以后，尤其是有了杂念以后，我们的表现和交易绩效绝对会受到负面影响。

查尔斯·马厄发现，有多项因素可能影响到他所谓"存在竞争的专注力"。我们在评估这些影响因素时，看一下当这些因素出现时，你多容易分心，失去专注力。使用练习10.1的表格，写下你在什么时候最容易失去专注力。要提升专注力，第一步就是要觉察到什么事物容易让你分心，你什么时候容易分心。

练习10.1　会影响我的专注力的因素

<table>
<tr><td colspan="5" align="center">我自己的例子</td></tr>
<tr><th>因素</th><th>例子1</th><th>例子2</th><th>例子3</th><th>例子4</th></tr>
<tr><td>市场和表现情境</td><td>无聊，窄幅横盘震荡整理。坐着啥也不干太难了。我查看电邮，上网看看别的，结果错失了交易良机。我经常会看一下自己不交易的市场，看是否有哪个市场走势不那么平淡。我急切地想要进场。这时，我的交易表现通常不怎么样。</td><td></td><td></td><td></td></tr>
<tr><td>我的想法处于过去或未来</td><td>我想要获得丰厚的盈利。我觉得行情会远比平时走得更远。我几乎可以在心里看到这个场景，像是真的一样，但其实这是对未来的预估，不是现实。</td><td></td><td></td><td></td></tr>
<tr><td>人、地点和事情</td><td>在聊天室里，我想向别人证明自己是优秀的交易者。这种想法可能会让我在该平仓时不平仓。我不想在朋友面前蒙受亏损。</td><td></td><td></td><td></td></tr>
</table>

　　当然，最近的表现可能会影响到我们的专注力，我们可能当天还是亏损的，感觉到有压力要挽回亏损，实现当天盈利。又或者，我们错过了上一单交易，与超额收益失之交臂，或许还为自己错失交易良机而耿耿于怀，想要迫切地弥补错失的盈利。在这两种情况下，我们所关注的对象都不是当时应该去关注的。还有很多交易情境可能会令人分心。就连积极的交易情境也可能令人分心。例如，有些交易者在持仓出现浮盈后，很难维持专注力，注意力会转向内心的辩论，纠结究竟是否应该平仓，而不是专注于价格运动。市况也可能影响到我们的专注力。市况若是窄幅横盘震荡整理，交易者经常会感到无聊，去浏览其他网页，而错过了市场突破横盘整理格局、进入趋势行情的时机。市场大幅波动也可能会影响到专注力。我们一而再再而三地看到消息和定期出炉的报告触发市场大幅波动，波幅过大，成交量偏高。在这些情况下，许多交易者会失去专注力。

　　我们的想法和感觉处于哪里，也是另一个令人分心的因素。我们看待某个情境的角度，必然决定了我们的回应方式。我们的思维角度，在于我们告诉了自己什么话，我们有什么感觉。要追踪我们的想法和感觉，一个直截了当的方式就是认识到想法和感觉是处于过去、未来，还是专注当下。如果我们停留在过去——或许是过去的亏损，甚至是刚才的市场走势，我们就会错过当下发生的事情。在交易期间，对过去的想法及其相关感觉会令人分心，无暇顾及取得良好的交易表现。对未来的预估也是同样的道理。交易者可能相信自己的持仓表现会以某种方式展开，这是想象出来的，会影响到对持仓的管理。我们需要让想法和感觉停留在当下，才能高效交易。想法和感觉若是处于过去或未来，我们就失去了与当下市场和交易的接触。我们为过去或未来描绘出一幅心理地图，想要套用到当下的地形。其实，更好的方式是尽量专注于当下一刻，接触当下现实。正念可以帮助交易者保持专注，接触当下。

噪声是必然会出现的。我们会浮现杂念，想起刚才连续两单交易都蒙受亏损，或者担忧即将做的交易会亏损。我们的心智会很自然地回到过去，或者快进到未来。但交易者要问的关键问题在于：我能否发展正念技巧，在自己分心时认识到这一点，重新专注于当下需要关注的交易任务，还是会任由我的心智和感觉把我劫持到过去或未来？

其他令人分心的因素包括人、地点和事情，这可能是在交易之内的，也可能是在交易之外的。聊举几个例子，你刚买了一个新指标，却没有在交易时段之外研究（高质量准备活动），而是直接把指标加载在图表上，在交易期间使用。软件操作不顺手，互联网连接不畅，都可能会令人分心；由于市场走势平淡而不盯盘，去浏览几个喜欢的网站，也可能会令人分心。这些事情都会令人分心。它们偷走你的专注力，令你的交易表现变差。对某些交易者来说，酒吧显然是一个令人分心的地点，令他们未能专注于回顾当日交易，为第二天的交易做好准备。聊天室也是一个令人分心的地点。许多交易者忙于聊天，而没有专注于市场和自己的交易。

人也可能令人分心。若是和配偶或伴侣发生了争吵，可能会影响到交易。心理搁置是一项高价值技巧，可以帮助你重新专注于交易任务。亚伦有过这样的经历，他跟朋友一起度假期间，在货币期货市场上交易：

亚伦和朋友一起去了澳大利亚，度过一个亟须的假期。他随身带上了交易用的电脑，以便掌握最新市况，或许做一两单澳元交易——由于时差的关系，在他正常的交易时段，澳元通常交投清淡，所以他很少交易澳元。到达澳大利亚后不久，他建仓了。他的朋友都不是交易者，自然会感到好奇。当天稍后时间，亚伦的持仓有了几百美元浮盈，他的一位朋友说，你上床睡觉之前，应该落袋为安。第二天，亚伦的持仓有了几千美元浮盈，他的朋友兴奋地谈论赚到的钱，开玩笑地说，要亚伦请客。这给亚伦带来了压力。"我确实分心了。"他说道。亚伦表示，他心里的声音在说："如果现在平仓，我就会成为朋友心目中的英雄。"这对他来说是很困难的，因为并没有理由要平仓。"我必须努力挣扎着不去平仓。这不是我的流程。我的流程是让利润滚动起来，有理由平仓才去平仓。我还没有看到出场信号。"

在亚伦的情况下，情境和人都令他分心。他也在预估未来。"如果我现在平仓，就会盈利，给朋友留下深刻印象。我可以看到自己请客的情境，感觉很有面子，我喜欢这种感觉。"亚伦的朋友对他的交易提出了要求，加上他对当时情况的看法，都令他分心。这些都与他的交易无关。他失去了对流程的专注，这才是对交易而言重要的事情，因此，他的交易很容易就会受到干扰，妨碍交易表现。

你可以学习保持正念进行交易，持续专注于适当的交易任务。本书描述的正念练习例子，其基本元素可以帮助你持续专注于重要的事情。运动心理学家查尔斯·马厄制定了一个"专心当下"（Mind in the Moment）的分步详解方法，每当你感觉到自己的专注力滑下分心的滑坡，就可以采用这个方法。[①]下面是我对"专心当下"方法的改编：

1. 确保你知道和明白当下的交易任务。这可能只是监测市场，留意交易机会，也可能是选择交易、确定仓位、建仓、设定止损位、管理持仓、分批减仓、平仓，或者与当下市场或交易情境相关的其他任务。

2. 每当心智离开交易任务，转移到与交易无关的事情，就马上意识到这一点。感觉（例如生气、焦虑、悲伤、喜悦等）或身体感受（例如身体绷紧、冒汗、胃部恶心想吐等）可能更引人注意。扫描自己的感觉状态和身体，留意感觉是否发生了变化，这可能是你失去了专注力的信号。察觉到变化以后，观察你的心智在跟你说些什么。这是你一直在练习的基本正念技巧。记住，你的想法只是想法，感觉只是感觉。它们自来自去，并非你必须听从的命令。

3. 让自己暂时进入中性状态。这需要一点努力，可以通过改变身体姿势加以辅助。如果你本来是坐着的，可以站起来，伸展一下身体。如果你有时间，去散一会儿步，或者去倒杯水。让自己脱离分心的状态，进入中性状态。

4. 使用一个关键短语，例如"回到任务"或者"回到交易"，简短扼要，提醒自己把注意力带回重要的事情上。

---

① Charlie Maher, Sport Psychology Resource Guide: Building Performers through Programs, Services, and Systems（Unpublished manuscript, 2003）.

5.执行手头的交易任务。

有时，各种干扰会让你难以找回专注，尤其是有杂念的时候。我们需要用更多办法。这就涉及"沉着"。

▪ 沉 着

我们对沉着的定义，出自运动和人类表现心理学家弗兰克·加德纳和泽拉·穆尔：所谓沉着，就是交易者即使产生了不愉快的感觉、想法和身体感受，还是能够根据自己的目标和价值观采取行动。换言之，即使你产生了不适的情绪和身体感受，心里的声音在叫你去做别的，你还是可以坚持去做对交易、对你自己作为交易者最重要的事情。举个很直观的例子，在持仓出现浮盈时，你会产生损失厌恶。持仓出现浮盈，你知道还有进一步盈利空间，但你的心智和身体害怕损失，催促你锁定小额盈利，赶紧平仓。在此情况下，沉着的交易者会承认自己产生了这种不适的想法和感觉，记住内在状态是暂时的，并非现实的反映，重要的是稳定执行，按原计划出场点位出场，这样一来，他的行动才是为交易（以及自己作为交易者）服务。

沉着的另一个代名词是冷静。在交易白热化的时候，我们想要保持冷静。在棘手的情境下，自然而然会出现心理和情绪杂念，我们要避免受到这些杂念左右，脱离实现重要目标的正轨。沉着和冷静这两个词是可以互换的，与专注力息息相关。事实上，每当我们失去了专注力，这就是我们正要失去冷静的重要迹象。当我们失去专注力，我们就容易陷入认知偏差和失误，也容易受到情绪劫持。每当我们任由情绪主宰（让注意力转到我们的内在状态），我们就容易做出心态不稳的交易行为，交易表现欠佳。图10.2描绘出这方面的关系。

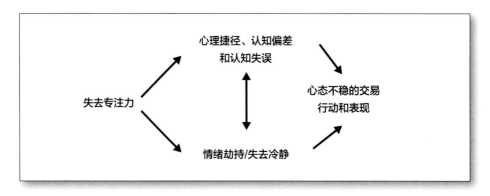

图10.2　专注力、认知偏差、冷静和交易表现

　　在"期间"时间框架中，交易者遇到的最大交易心理挑战，很可能是失去沉着或冷静。这会立即对交易表现产生直接影响，因此也会影响到交易绩效。这也可能会让交易者感到失落，对自己的表现甚至自己感觉非常糟糕。为了保持沉着和冷静，交易者必须认识到在交易时保持沉着的状态是什么样子的，知道怎样的交易情境最有可能令自己失去专注力和被情绪劫持，形成一套心理例行程序，帮助自己应对这些棘手的交易情境，以及重新找回失去的沉着。

　　你一定要知道在沉着状态下进行交易是什么样子的。你很可能会发现自己在主动回应市场或情境，而不是做出被动反应。两者之间是有差别的。在沉着的状态下，我们全情投入当下，指导我们行动的是我们的价值观，是对我们作为交易者重要的事情。我们能够停下来，考虑一下当下的情况，寻找最佳方案。我们或许会感觉到不适，但还是保持正念，知道自己的不适只是暂时的，我们在此情况下做出的行动远比我们的感觉更加重要。在沉着的状态下，我们的行动倾向于秉持我们的价值观，朝着目标前进，而不是屈从于情绪化的要求。因此，我们更有可能取得正面的结果，不过我们关注的不是结果。与此相反，我们在做出被动反应时，通常会认为自己处于不利的位置，感觉到必须采取行动，没有其他可行的选择。我们会怀有戒心，行动受到情绪和自我对话的驱使。当我们只是被动反应，棘手情境经常会变得负面。

在当今充满挑战的市场中，洞察到可能会令你失去专注力、被情绪劫持的交易情境，对交易者来说是至关重要的。我们之前在讨论恐惧的时候讨论过，若能知道自己在什么情况下容易失去专注力和冷静，有哪些蛛丝马迹，你就可以在心理层面未雨绸缪。如果你知道自己快要失去冷静的具体信号和症状，就可以立即采取直接的对策，恢复专注和沉着的心智状态。前几章的练习可以帮助交易者洞察到棘手情境和自己的心理要素。你也可以写交易日志，洞察到自己觉得特别棘手、可能引起心理劫持的时候和交易情境。请简单地记下这些棘手情境，以及在面对这些情境时，通常会产生什么后果。认真思考一下，你的心智告诉了你什么话，你的情绪是怎样反应的。同时还要写下你的身体感受，包括紧张、恐惧、生气或其他强烈情绪引起的身体感受。请留意，你的想法和感觉是否发生了变化。它们起初是否相对温和，然后发展到无法控制的地步？你要知道这一点，是为了更好地应对，趁开始还不那么强烈的时候及早辨认出来，更有效地主动回应，而不是等发展到更难以收拾的地步才去应对。

在面对棘手情境时，要保持沉着，有一个有效的五步心理例行程序，可以提醒自己，你总是可以选择不是被动反应，而是主动回应，这样会有更多选择。比起拙劣而又僵化的情绪化反应，主动回应给予你更大的心理灵活性：

1. 什么是重要的？回忆你的价值观，考虑当下的情境与对你作为交易者和对特定交易来说重要的方面有何关系，尤其是你准备做出回应的方式是否符合这些重要方面。

2. 我有哪些选择？考虑你的选择。你现在可以为这单交易做出的最佳决策是什么？考虑在当下采取哪项高价值行动对交易来说是最合适的。

3. 我可以接纳自己感觉的存在吗？为自己的情绪腾出空间，不要企图压制自己的情绪。与此同时，让事实和批判性思维浮现。调动你的审慎思维。

4. 我可否主动回应，而不是被动反应？问一下自己：面对这个棘手情境，我只是在被动反应，还是主动回应？你是否贪图简单方便，或者为了消除不适感，而只是做出被动反应？还是主动回应，做出最佳选择？在很多情况下，交易者可以把这个心理例行程序归结为这个基本的问题。

5. 我之后会感觉如何？如果你倾向于只是被动反应，想象一下，在这个情境过去以后，你会感觉如何？如果你不是被动反应，而是根据对这单交易或这个情境、对你作为交易者的最佳选择，主动回应，你又会感觉如何？

如果你可以学会，应对困难交易情境不止一个方式，这会为你带来帮助。下面是面对棘手情境时保持沉着的一个有效例行程序，里面包含了一系列的心理步骤，旨在提醒你不必被动反应，而是总是可以选择主动回应，从而为应对棘手交易情境掌握更多选择。我们称之为"正念STOP"。[1]这个方法是我们之前提过的澳大利亚正念专家路斯·哈里斯提出的。我为交易者做了改编。这个简短的心理例行程序扎根于正念，可以帮助你享有更大的心理灵活性，而不是做出情绪化的僵化反应。你可以把这个简短的心理例行程序写下来，作为检查清单，放在交易台上。练习几次之后，这就可以成为你的交易自然而然的一部分。下面是我对路斯·哈里斯的"正念STOP"的改编：

---

[1] Russ Harris, "The Art of a Mindful S.T.O.P.," Happiness Trap Newsletter, October, 2013, accessed July 8, 2014, http://contextualscience.org/post/the_art_of_a_mindful_stop.

S——慢下来（Slow down）：深吸一口气，放慢呼吸。在接下来的一点时间里，觉察自己的呼吸，有意识地放慢呼吸。你甚至可以轻柔、安静地对自己说："慢下来。"

T——注意（Take Note）：注意心智在对自己说什么话。也要注意自己的感觉，以及这些感觉是怎样强化自己的想法的。不要与想法和感觉抗争（不要喂养老虎幼崽），只要注意到就可以了。

O——开放（Open up）：正如之前讨论过的，为所有想法和感觉腾出空间。这些只是想法和感觉，仅此而已。与之共存，从第7章介绍的认知解离技巧中选择你喜欢的，加以运用。

P——采取高价值行动（Pursue High-Value Actions）：你可以选择自己回应的方式。不是被动反应，而是选择积极主动地采取高价值行动、做出回应，这是应对交易或情境的最佳选择，也是你作为交易者的最佳选择。

有时候，就连心理技巧最纯熟的交易者也会失去沉着。下面是运动心理学家查尔斯·马厄提出的一个快速有效的例行程序，可以在你快要失去冷静的时候，让你恢复沉着的状态。[1]请记住，你若能在失去沉着的早期阶段就意识到这一点，这个方法是最有效的，不过在失去冷静之后也可以派上用场。下面是我对查尔斯·马厄的冷静例行程序的改编：

问一下自己下面三个问题：

1. 我的呼吸怎么样了？通常情况下，在一个人快要失去冷静的时候，呼吸会变得又快又浅，气息只能到达胸口上方。我们要放慢呼吸，深呼吸。

---

① Charlie Maher, Sport Psychology Resource Guide: Building Performers through Programs, Services, and Systems（Unpublished manuscript, 2003）.

这有助于激活副交感神经系统，舒缓战斗或逃跑反应引起的紧张和焦虑（见第2章），帮助你平静下来。

马萨诸塞州西部Kripalu瑜伽与健康中心的导师传授了一套非常有效的呼吸方法，可以让人快速平静下来。这套方法名为"三段式呼吸法"（Dirgha Pranyama），是一种三段式韵律呼吸法，具体方法如下。第一步：通过腹式呼吸到达腹部的深处，气体进入肺部下方；第二步：继续通过腹式呼吸吸气，充盈肺部，感觉胸腔扩张；第三步：用尽最后一点气息充盈肺部上方，感觉到上胸部微微扩张。吸气要缓慢平和，缓慢地数三下，稍微停顿一下，再以相反的顺序，缓慢平和地呼气，吐尽肺部上方、中间和下方的气息。如此反复几次，你会注意到自己的紧张程度快速下降，平静下来。勤加练习，可以增强效果。

2. 我有多么焦虑？这在身体绷紧程度之中反映最为明显。快速扫描一下你自己觉得绷紧的身体部位，例如脖子、肩膀、手和腿。你可以抖动放松绷紧的身体部位，或者做正念呼吸，把气息带到绷紧的身体部位，以此直接放松身体的绷紧。

3. 我的心智在说些什么？心智跟你说的话，多半关系到过去或未来。进入正念状态，进行观察，为所有想法腾出空间，把觉察力和专注力带回当下。

你可以借助BAM的缩写，记忆这个简短的例行程序：Breath（呼吸），Anxious（焦虑），Mind（心智）。如果你已经失去沉着，你可能需要暂时离开交易台，休息一会儿，花几分钟做这个例行程序，直到恢复冷静为止。

交易者若想在交易期间享有心理优势，怀着沉着、自信的专注力进行交易，就可以花一些时间练习正念、心理搁置、三段式韵律呼吸法，逐渐放松绷紧的身体部位，演练棘手情境，使用"专注于手头任务"等关键短语实时提醒自己什么才是重要的，在这些方面设定SMART目标。若是时常失去沉着，交易者应该回顾一下第8章，运用里面介绍的方法，应对强烈情绪和困难交易情境；也可以向有资格的交易心理学家求助，提升自己的专注力。

表10.1概括了有效执行的心理技巧和一些相关高价值行动。跟第9章一样，我们盘点了有效执行的关键要素，这在练习10.2中可以看到。你可以针对每一项高价值心理技巧，用1—6分给自己打分，6分代表你在这项高价值心理技巧的表现中处于最高水平，在所有方面都表现卓越；4分代表令人满意，有小小的不稳定；3分以下代表不稳定和重大发展需要。5分或6分的领域属于你的心理强项，你可以自信地延续之前的做法。在3分或4分的领域，你应该努力减少自己的不稳定性。1分或2分的领域是低评分，你要用SMART目标框架，使之成为你的发展目标，开始必要的纠正工作。

表10.1 有效执行的高价值心理技巧和一些高价值行动

	期间：有效执行
高价值心理技巧	**高价值行动的例子**
自信	洞悉和选择精选进场模式
情绪强度	良好的建仓、保护、管理和平仓方法
专注力	观察其他交易者
沉着	演练
	心理搁置
	正念和认知解离
	清楚明白当下的交易任务
	每日任务
	正念STOP
	"专心当下"方法
	利用清单和例行程序，集中注意力
	"呼吸—焦虑—心智"（BAM）例行程序

练习10.2 心理技巧盘点：有效执行

心理范畴		评分
自信	我相信和信任自己有效与市场打交道的能力，尤其是建仓、管理持仓和平仓。我清楚明白什么是自己可以控制的，专注于这些方面，而不是控制范围之外的方面。	
情绪强度	我进行交易的能量和情绪强度处于有效水平。我在交易期间，会监测自己的能量和情绪强度，有需要时做出调整。	
专注力	我会有效维持对手头交易任务的专注。我知道有哪些因素可能会令我分心，在容易分心时，运用正念例行程序。我专注于流程，而非结果。	
沉着	在交易期间，即使面对棘手情境，我依然保持沉着。我可以洞察到自己容易失去冷静的时候，在失去冷静之前，采取必要的措施。	

第 11 章

交易心理流程：
建设性自我评估

　　詹娜在热门商品市场进行交易，包括原油和黄金期货。她拥有良好的技术技巧，总的来说，获得了净盈利的交易绩效。詹娜享受自己的成功和盈利，但其实她还可以取得更好的交易绩效。她面临的障碍在于，她不知道自己经常犯下类似的失误。例如，詹娜喜欢在每天开始交易时小试身手，重仓进场，看自己和市场会作何反应。这些重仓进场的交易经常蒙受亏损。有时候，市场快速跌破心理止损位，这时，她会不知所措，蒙受远比预期大的亏损。在上午交易时段的余下时间，这都会对她的交易产生负面影响，令她更加审慎。

　　跟许多交易者一样，在一天交易结束后，詹娜会写交易日志。然而，她总是走马观花，粗略回顾一下自己当天的交易或表现。因此，她浑然不知自己总是重蹈覆辙。她不仅犯下了上述交易失误，而且犯下了关于流程的失误。

　　詹娜的流程缺少了建设性自我评估。这个关键的程序包括回顾自己的交易表现，少了这个程序，她被蒙在鼓里，没有意识到自己总是重蹈覆辙。她不知道是为什么，陷入了困境，无法在交易上更上一层楼。

建设性自我评估是交易流程的一个关键步骤，属于查尔斯·马厄提出的人类表现框架中的"之后"时间框架，这个框架我们已经在前两章讨论过。我们评估自己的交易表现和交易，应该留到交易结束之后进行。

我们之前说过，交易是一种表现性活动。要做好交易，交易者需要遵循交易流程，包括评估部分，以促进个人发展和持续改善。然而，此前并没有人界定这样的交易流程，为交易者提供系统性的指引。大多数交易者只能自行设法学习和改善交易表现。不像运动员与教练密切合作，或者企业高管和其他专业人士接受指导和发展培训，大多数交易者从未接受过结构性指引，没有培训师、导师或教练。交易者只能做自己的教练。这是交易者的流程应该包含自我评估的一个重要原因。

要在交易中取得卓越表现，成为交易高手，交易者不仅需要系统性回顾和评估自己的表现和交易绩效，还需要诚实客观地进行评估。建设性自我评估让交易者脚踏实地，专注、诚实和开放地评估自己的交易方法和交易表现。建设性自我评估也包含交易者需要掌握的重要心理技巧，让交易者踏上自我改善、自我发展的上升通道。

然而，要让每个人都抱着诚实开放的态度进行自我评估，不是容易的事。我们天然的倾向会妨碍我们进行诚实的自我评估。人总是喜欢以正面的眼光看待自己。这是人之常情，我们很难诚实客观地看待自己和自己的表现。要不偏不倚地评估自己，洞察到自己的弱项和表现的缺陷，并不是自然而然就可以做到的事。对于我们许多人来说，我们的自我（ego）倾向于忽略自己的缺点。我们觉得评估是一种评判，一种批评，通常与不赞成和劝诫联系起来。跟交易的许多方面一样，我们若想取得进步，就必须反天然倾向而行之。然而，由于在交易中，我们会经历许多失败的交易和人为的失误：错误解读图表，错误解读市场，有时候会做出非受迫性交易失误和拙劣的行动，这会在心理上给我们造成困难。换言之，在交易中，遇到逆境是常态。要面对这一点，对我们的自我是一大考验。

我们的自我不喜欢受到挑战，而若是发现了自己的弱项和表现缺陷，会对我们的自我构成挑战和威胁。就此而言，我们最好把建设性自我评估看作寻求自我提高的高价值行动，而不是寻找不足之处和缺陷。我们也应该了解到，只要我们的自我受到轻微的挑战，就可能会促使我们做出违反自己最佳利益的行为。为了说明我们的自我是多么根深蒂固，可能造成什么问题，心理学家张立青和罗伊·鲍迈斯特进行了一系列研究，对受试者的自我提出了轻微的挑战（我们之前在讨论心理纪律和意志力时，介绍过心理学家罗伊·鲍迈斯特）。在填写评估盘点后，研究人员让一半受试者的自我受到轻微的威胁。各项研究的具体方式各有不同。在一些研究中，研究人员告诉受试者："如果你是那种在压力下会表现失常的人，或者你觉得自己没有能力赢到钱，那么你或许可以选择小心行事。你自己决定。"在其他一些研究中，研究人员给予部分受试者一个难度极大、无法取得高分的创意测试，然后为他们提供反馈，让他们知道自己表现欠佳。这样的反馈在心理上让他们的自我受到轻微威胁。接下来，所有受试者都参与各种活动，研究人员会评估他们的自我受到威胁对其行为产生的影响。这些活动包括投资、拼拼图和拍卖出价。

张立青和罗伊·鲍迈斯特发现，当人们的自我受到威胁，他们会持续纠缠于失败的努力。当人们感觉到自我形象受到威胁，他们的决策会急转直下，表现和结果都会变差。当研究人员向一些受试者表示，他们在压力下可能会表现失常，这些受试者投资和亏损的金额比起其他受试者更大。那些在创意测试中得到负面反馈的受试者在随后进行的拍卖中，出价远高于拍卖品的实际价值，亏了更多的钱，由此可见，当自我受到不相关的威胁（创意测试的结果与拍卖出价技巧无关），也会为取胜不惜一切，以安抚自己受损的自我形象，而浑然不顾这会造成负面的后果。无论是靠运气和巧合的活动、靠技巧和能力的活动还是人与人之间的竞争，受试者都会落入这样的圈套。性别、性格特征、心情状态与受试者是否感觉到自我形象受到威胁、表现会否受到负面影响并无什么关系。与之形成对比的是，那些自我没有受到轻微挑战的受试者表现良好。

我们的自我意识会产生保护对自己的正面看法的强烈冲动，对我们产生的影响，远不限于避免认真检讨自己做出的错误决策。有大量研究显示，决策者在面对失败的结果时，仍然倾向于决定向先前的行动持续投入资源，这种现象称为"承诺升级"。在交易中，我们会见到交易者"赔了夫人又折兵"，比如在进场做多之后，行情朝着对自己不利的方向运行，却越跌越买，想要"向下摊平"。每次投入更多资金，都加大了风险。交易者之所以做出亏损后加仓的决策，不是因为这单交易很好（明明已经亏损了），而是出于其他理由。这些理由主要是心理上的，据宾夕法尼亚大学沃顿商学院的特雷莎·凯莉（Theresa Kelly）和凯瑟琳·米尔科曼（Katherine Milkman）表示，有一些是我们需要考虑的。面对失败交易，交易者之所以会承诺升级，可能是因为想要避免亏损。这是损失厌恶的行为表达，我们在第2章讨论过。这也可能是由于确认偏误所致。人们在作出承诺后，更有可能注意并回应支持自己决策的信息，而忽略相反的信息。在向下摊平亏损的仓位的例子中，交易者可能无视市场下跌，而深信鉴于市场跌幅并不是太大，行情仍然看涨。

凯莉和米尔科曼表示，自我辩护可能在承诺升级中扮演重要角色。如果交易者很想维护自己高明和胜任的形象，那么就很难承认自己的交易失败了。交易者对自己的信念和行为之间出现了内在冲突。交易失败与高明交易者的身份出现了冲突。消除这种冲突的一个方法，是亏损后加仓，深信一旦行情反转，就会证明原本的交易想法是正确的，交易者是胜任而又高明的。这时，证明自己正确比客观更加重要。印象管理也是同样的道理，这种心理需求也会干扰到合理的交易表现。交易者在持仓出现浮亏后，若是感觉需要在同伴面前维护良好的形象，就可能承诺升级，以加仓的方式证明自己持仓是正确的决定，逃避其他人可能对她提出的质疑。在网上聊天室、交易论坛，或者在公开场合交易时，交易者特别容易陷入印象管理的陷阱。不止一位交易导师在观众面前做实时交易时，曾经向下摊平、仓位过大，最终蒙受重大亏损，这是为了需要管理自己在其他人心目中的印象，以保护自我，而不是执行明智的交易管理。

我们很难放下自我，但若想创造出一个心理空间，在里面应对自己的弱项，最大限度地提升交易技巧和能力，就必须这样做。交易者的目标是赚钱，要做到这一点，最佳方式是保持正念，理性地遵循流程，从而采取对交易最为有利的行动。但看到这里，读者已经知道，交易者的选择在很大程度上可能受到其他非理性动机的影响。这包括采取的行动并非为交易本身服务，而是为了维护自我和自尊。避免回顾自己的交易表现和交易绩效，可能是为了保护自我做出的选择。交易者需要发展与自我拉开距离的能力，这样才能够改善交易绩效，促进个人成长。进行建设性自我评估的流程，回顾自己的表现，是一个很好的开始。我们会讨论建设性自我评估涉及的高价值心理技巧，包括自尊、表现问责、毅力和持续改善。

▪ 自　尊

自尊是建设性自我评估的一个重要心理范畴。运动心理学家查尔斯·马厄表示，健康的自尊是无论表现如何，都对自己抱着积极而又谦逊的态度。这意味着若是在某一天交易特别顺手，交易者赚了许多个点、许多钱，还是可以保持谦逊，接受幸运的眷顾，而不是拿去炫耀，沾沾自喜，以为自己是无往不胜的，是特别的，其实只是碰巧而已。反之，如果某一天或某一周蒙受了亏损，心理技巧高超的交易者不会闷闷不乐，想要躲起来不见人。我们上一章讨论自信时说过，外在因素可能会影响到我们的看法。自尊也是一样的。无论某一天是盈利还是亏损，都只是一年数百个交易日里的一天，是整个交易生涯数千个交易日里的一天。无论是盈是亏，我们都不应该过分重视某一天。

对于某一单交易也是同样的道理。日内交易者可能平均一天会做3单交易，许多人做的交易单数会更多，也有些人会更少，但在这个讨论中，我们先假设每天3单交易。每年大约有250个交易日，按这样计算，这个例子中的日内交易者每年大约会做750单交易。750单交易中的1单，是无关紧要的。在30年的交易生涯中，每天平均做3单交易，总共是22500单交易，这样一对比，1单交易更是无足轻重。如果你靠某一单交易或某一个交易日来维系自我价值，你在心理上就会陷入困境，失去了大局观。这些数字可以帮助你认清这一点。

交易者若是未能注意自尊，就可能会陷入自我否定，甚至是自我鄙视。对许多人来说，若是某单交易蒙受亏损，或者某个交易日的表现不尽如人意，而我们又失去了大局观，这时，自我批评的声音就会迫不及待地跳出来。我们可能会听到心里批评的声音在说："你永远也做不好交易。"或者"你蠢到家了吧，还不如放弃交易算了。"我们很容易就会与脑中自我批评的声音相融合。我们毫无防备地相信了，为此自怨自艾。自我批评的声音可能是非常恶毒的，我们想也不会想跟别人说出这样的话，但自己却毫无防备地深信不疑。这当然就是认知融合。我们不加鉴别地同意负面的评价和谴责。这样不受控制的批评会让我们感觉更加糟糕，当我们与之融合，自尊就会跌入万丈深渊。我们在整本书中已经谈到，糟糕的感觉和心里恶毒的声音会鼓励我们避免去做对我们来说重要的事情，因为我们害怕去做重要的事情可能会让我们更加不适。例如，我们可能会停止评估是什么造成了当天的亏损，因为我们心情已经够差的了，不想让自己的感觉更加糟糕。然而，不去面对现实情况会带来很大的危害。如果我们不愿意直面错误，就无从汲取经验教训。

我们在评估自己的交易和交易表现时，最好少关注结果，而多关注决策过程。评估你的流程。考虑到当时的交易情境，你是否相应做出了合理的决策？你的行为是否符合自己理想中交易者的样子，还是为了摆脱不愉快的感觉或苦恼的想法，而做出草率或情绪化的决策？回答这些关键问题，评估自己的决策和遵循的交易流程，这远比由于绩效欠佳不去面对或者自怨自艾，能创造更大的价值。

态　度

交易者若能秉持某些态度、技巧和能力，会有利于发展和维持良好的自尊，也有助于遵循交易表现流程：高质量准备、有效执行和建设性自我评估。其中一个态度是尊重市场，尊重交易。市场代表着财务独立和自我表达的绝佳机会。在交易中，一个人可以自己做主。想想看，这真的是很棒的一件事。真正地尊重市场和交易及其带来的绝佳机会，是交易者应该采取的良好态度。

有时候，交易者会生市场的气，生市场参与者的气。他们可能会觉得市场在跟自己作对，或者"庄家"扫掉自己的止损，令自己出局。他们觉得行情在跟自己作对，亏损了就埋怨市场，交易表现欠佳就指责市场。这是错误的思维模式。市场才不在意某一个交易者。市场对你作为参与者做交易是没有意识的。责怪市场和庄家就像朝着一面墙大嚷大叫。无论你怎样尖叫嘶吼，它都是听不见的，也不会做出回应。交易者若是犯下这个基本的思维错误，就是把自己凌驾于市场之上。虽然难以察觉，但这是自我在作怪：市场是错的，或者都怪别人，总之错的不是我。责怪市场或庄家或许能让自我感觉好一些，但你实际上是违反了自己真正的利益，因为在安抚自我的过程中，你放弃了学习的机会。在这方面，你的自我在妨碍你成为更好的交易者。尊重市场本身，责怪市场只会让你走进一条死胡同。

对交易抱有谦逊的态度，也是一项心理优点，可以帮助你提升自尊，也是自尊的体现。交易总有盈利的日子，也有亏损的日子；时而会有盈利丰厚的日子，也有亏损惨重的日子。我们要始终铭记市场和交易的大局，对自己扮演的角色和所处的位置抱有谦逊的态度。没有人可以主宰市场，对冲基金和大户做不到，散户交易者更做不到。我们要对自己的成功保持谦逊的态度，要怀有谦恭之心。若是高估了自己作为交易者和自己取得的成绩的重要性，只会事与愿违。我们只是交易者而已。同样，在蒙受亏损的日子里，不要自怨自艾，让心里批评的声音斥责和嘲笑自己，是维持自尊的另一个重要方面。若是对自己的评价过于吹毛求疵，这多半不会给我们带来帮助。当我们听信了这些批判性的自我评估，与之融合，就失去了与现实的接触。我们的专注力转向了抑郁寡欢的内在状态。我们若是与内在状态相融合，信以为真，受其左右，就很可能失去与重要事情的接触。我们会因此深陷于挑刺的想法和悲观的情绪。正念和认知解离可以帮助交易者维持自尊。

心理搁置

跟"之前"和"期间"时间框架一样，心理搁置在"之后"时间框架中也有助于交易者维持自尊。心理搁置可以起到多个作用。能够搁置与交易无关的问题和在私事上面临的困境，清醒头脑进行交易；在交易期间，在心理上搁置交易失误或亏损，这些都是宝贵的心理资产。在交易期间，我们需要放下亏损或失误，等到交易结束之后，再带着全新的眼光，冷静客观地作出评估，目的是提升自己的知识、技巧和能力。

心理搁置也可以直接增强我们的自尊。如果我们在交易期间犯下了失误，在心理上搁置起来，等到交易结束后再做评估，我们会对自己有什么感觉？我们应该会为自己能够做到这一点而感觉良好，而不会由于犯错而分心。这一行动有助于增强我们的自尊。与之相反，如果我们继续与失误相融合，为此分心，错失或者错误解读了其他交易机会，犯下更多错误，在心理上每况愈下，自尊就会受到打击。

要在心理上搁置亏损或失误，并非易事。如果你觉得有困难，或许要把这一点列入每日任务。埃米莉是一位活跃的外汇日内交易者，下面是她的例子：

我知道交易是一件困难的事，有很多方面需要学习，包括市场，怎样管理持仓，怎样应对想法和情绪。这不是容易的事，不过话说回来，想想成功之后的成果，难也是应该的。如果容易的话，不就谁都能做到了吗？我知道自己必须有跟别人不一样的优势。在交易的心理层面，我必须采取不一样的思维方式。

我衡量自己成功的方式，一部分在于自己是怎样面对和处理日常遇到的困难的：亏损、错误、错失交易机会、拙劣的交易。一项关键指标在于，我能否在心理上搁置失误，暂时放下，不再为此感觉到天大的压力。我的每日任务经常是："搁置失误，调整，重新专注于交易。"有时候，这似乎是不可能的任务，但我强迫自己去做。我知道，这对我的成功来说，跟我赚了多少钱一样重要，所以我必须这样去做。这给我带来了莫大的帮助。

角色和价值观

在更大的层面上，有健康的自尊也意味着有能力把自己与交易区分开来。你是一个人，在交易之外，还有自己的价值观和价值。或许某一天交易蒙受了亏损，但你还是一个有价值的人。有些交易者觉得，要这样想是很难的事。他们把自己的整个身份界定为交易者。这样一来，只要有时交易不成功，他们就会为此痛苦不堪，自尊受损。

铭记自己在交易之外的角色、价值观和对自己重要的事情，这些方面可以在交易未如预期的时候，保护你的自尊。你的身份或许还包括：配偶、伴侣、未婚夫/妻、母亲、父亲、朋友和知己、兄弟姐妹、子女、教师、雇主、雇员、社区成员，等等。在交易之外，你还有各种角色。你不只是交易者而已。我们在第9章讨论大局观时说过，我们进入交易室，坐在交易台前，转换到交易者的角色，就应该把与交易无关的事务搁置起来。同样，我们在交易之外，扮演生活中的其他重要角色时，也应该把交易搁置起来。如果我们把所有鸡蛋都放进交易者的身份这个篮子里，而交易不顺利，我们的自尊要何处安放？

你是一位交易者，但也要记住，在交易台之外，你还有其他角色。除了交易以外，你还可以从其他角色中得到反馈、身份和寄托。例如，你或许在某一天交易蒙受亏损。或许你错过了当天一波大行情，试着做了两三单交易，可是都不成功。你觉得心情有点低落，感觉有点挫败。这是可以理解的。但不要让这一点影响到你生活的其他方面。当天晚些时候，当你帮助孩子克服某个挑战，你在扮演父母的角色。你在心理上搁置了交易日的情况，把全部注意力转到另一项价值观上——帮助孩子发展，培养孩子成长，做好父母。如果你未能在心理上搁置自己的交易，你生活的其余部分会受到拖累。此外，如果你只是专注于交易，你就排除了生活的其他方面，这些方面可以给予你丰盈、富有意义和充满活力的生活。在生活中拥有其他角色，明白这些角色，清楚了解自己的价值观，了解在各种角色中对自己重要的方面，这有助于怀着大局观看待交易的角色，维持自尊的平衡。我们之前提过，史蒂芬·柯维生前就角色和价值观撰写了有用的材料，介绍要怎样围绕这些角色和价值观，过上有意义的生活。我鼓励读者去看一下他的书。

洞悉机会

自尊的一个方面关系到你怎样评估自己。我们提过，若是把掌控权交给内在状态，听从心里批评的声音，通常不是明智的做法。但我们确实需要评估自己的交易表现。在这个过程中，我们要准确地评估自己，而不是兴师问罪和吹毛求疵。我们当然需要对实际交易状况抱着开放态度，接受反馈。市场会为我们提供反馈，我们必须愿意接受市场的反馈。

在这方面，我们还应该从错误和亏损中汲取反馈，从中洞悉机会。或许看似矛盾的是，这正是我们增强自尊的方式。面对逆境，应该洞悉机会。当你犯下错误，而你意识到这一点，你就有了努力的方向。你应该为此感到振奋。在此之前，你还没有意识到自己的弱项。在犯下错误、承认自己的错误之后，你就可以加以应对。如果你采取了正确的应对方式，错误就会变成一笔宝贵的财富。你发现了一个发展需要。你围绕SMART目标，制订一份行动计划，执行计划，留意新信息的出现并加以调整，在有需要时，再次执行和评估。通过这种方法，你可以发展新的知识、技巧和能力，转化为新的强项。经过适当的努力，你会克服这个弱项。当你遵循这个关键的流程，自尊将会得到提升。在交易中，我们面对的逆境和犯下的错误，正是个人成长机会的源泉。正因如此，"准备—执行—自我评估"的交易心理流程可以为交易者提供强大的优势。

自尊的好处

最后，我们总结一下自尊的好处。罗伊·鲍迈斯特对自尊做了大量的研究。他及其同事发现，自尊和表现之间的相关性是不大的，高自尊很可能不会带来优秀的表现。在大多数情况下，反过来是成立的。优秀的表现有助于促进高自尊，但反过来并不成立。换言之，高自尊并不会带来良好的交易表现；交易成功会提升自尊。因此，在本书中，我并未专注于提升自尊的方法和技巧。事实上，我们持续专注于有助于提升你的表现的技巧和方法，这样做会提升你的自尊。

拥有高自尊具有重大价值。鲍迈斯特指出，高自尊帮助我们感觉良好，所以是有益的。相信我们是好人，是优秀的交易者，会让我们感觉良好。低自尊更有可能会令人心情抑郁，沉溺于悲伤的情绪。心情低落不仅会影响我们的交易能力，还会影响到我们在生活其他方面的能力。在这方面，高自尊具有明显的价值。高自尊也可以促进长远的幸福感。

除了幸福感之外，鲍迈斯特经过大量研究后发现，自尊也可以提高主动性。高自尊的交易者在遇到逆境时，更有可能坚持不懈，更有可能设法绕过现有的弱项，找到解决问题的方案。有些研究还显示，与低自尊的人相比，高自尊的人在经历失败后，更有可能重新振作起来。这些是交易者的重要素质。我们要认真维护自己的自尊。

■ 表现问责

表现问责是指交易者能够追踪和利用有关自己交易表现的信息。这包括正面和负面的表现信息。所谓正面表现信息，是指遵循交易者的交易流程的交易表现，也就是按照自己的交易计划进行交易，秉持合理管理资金的原则，也遵循"之前—期间—之后"交易心理流程。负面表现信息是指交易者偏离了自己的交易计划，未能秉持合理管理资金的原则，以及抛开了"之前—期间—之后"交易心理原则。再请留意，我们不会以交易结果作为衡量表现的主要指标。尤其需要明白的是，就算你赚到了钱，交易结果是好的，你的表现还是可能存在不足。例如，交易者或许在某单交易上赚到了钱，可是这单交易违背了交易计划，或者由于仓位过大，而违反了资金管理原则。我们要回顾所有交易数据，包括好的和不好的，从自己的表现中汲取经验教训。这是交易心理流程的一个重要环节，是交易者持续改善交易表现的最佳方式。

在交易方面，要考虑我们在哪些方面做得好，在哪些方面存在不足，我们必须有能力为自己的交易表现和结果承担责任。我们已经讨论过"自我"的问题，如果我们与自我相融合，可能会损害自己的最佳利益。同理，对某些交易者来说，承认自己对交易表现负有责任可能是一件困难的事情。然而，责任只能落到自己头上。交易与其他一些职业不同，不是由整个团队做出决策的。在企业或其他机构里，你会跟其他人一起做出重要决策，所以，你不是唯一要承担责任的人。交易并非如此。在交易中，只有你自己去做决策，所以你要为自己所有的交易决策和行动承担责任。有时候，这是难以接受的。

我们之前讨论过，天然的倾向会给我们带来局限，我们很可能会更正面地看待自己。事实上，研究显示，我们倾向于以比客观评估更正面的眼光看待自己。例如，新西兰心理学家伊恩·麦考密克（Ian McCormick）及其同事做了一项研究，受试者要为自己的驾驶能力评分，研究结果发现，只有极少数受试者认为自己的驾驶能力在平均水平以下。80%的受访者表示自己在驾驶能力的重要方面在平均水平以上，印证了之前的同类研究。事实上，认为自己的驾驶能力在平均水平以上的受访者人数，比认为自己的驾驶能力在平均水平以下的受访者人数多九倍。显而易见，在随机选择的一群人之中，绝大多数人的驾驶能力应该处于平均水平。然而，由于我们倾向于看好自己具有正面的素质，我们会认为自己处于平均水平以上。或许部分是出于这个原因，我们会对承担个人责任至少有点厌恶。我们对自己有正面的评价，也难以接受与之不符的数据。

大多数人也会抱着乐观的眼光看待自己。这是心理学文献中的一项可靠发现。研究人员尼尔·韦恩斯坦（Neil Weinstein）和威廉·克莱因（William Klein）总结出人们对自己的"积极错觉"：人们不仅倾向于相信自己比其他人更加优越，还相信自己经历负面事件和承担负面后果的可能性低于其他人。心理学家把后一个特征称为"乐观偏差"，这也是交易者需要警惕的重要认知偏差。例如，吸烟者会低估自己由于吸烟而患病的可能性，而不去采取防范措施降低高风险，这就是一种乐观偏差。交易者若是乐观看待自己和自己所处的情境，就会在交易中不明智地承担过高风险。乐观偏差也可能令我们回避就自己的行动承担责任，尤其是错误的选择。

人们做出选择之后，若是结果不尽如人意，他们通常会与自己的选择撇清关系，低估或者忽略自己的行动产生的负面影响，认为负面后果是微不足道的，甚至彻底否认。例如，交易者在冲动交易后蒙受亏损，就可能对亏损不予理会，或者认为无关紧要。这是为了挽回自己的颜面。这也是一些交易者在收市后不去回顾交易，避免对交易表现承担责任的默认理由。罗布·霍兰（Rob Holland）及其同事发现，低自尊的人倾向于玩这种心理把戏。霍兰博士是荷兰奈梅亨拉德堡德大学的人类行为研究人员。他发现，低自尊的人在自己的行动与他们对自己的看法不符时，会找外在借口，撇清自己与自己的行动之间的关系。例如，当交易者过度自信，自诩交易技巧高超，但做出了拙劣的交易、蒙受亏损后，他可能会忽略自己的行为，责怪大户故意跟自己作对。这个借口帮助他挽回颜面。他的行动还是合理的，他可以继续以正面的眼光看待自己。遗憾的是，这位交易者在保护自我、不为交易承担责任的过程中，放弃了从这次经历中汲取经验教训的机会。值得留意的是，霍兰博士还发现，在自我受到威胁时，高自尊的人感受到的不适感较低，因而较少运用自我辩护策略。因此，交易者应该运用正念和认知解离，保持谦逊平和，维护自尊，而不是让自我需要掌控你的交易。

我们在回顾交易和承担责任时，要记住一点：有些影响到交易绩效的因素，是不受我们控制的。我们不需要为这些因素承担责任。我们应该把这些因素归类为外在因素，这些因素可能会对我们的交易表现造成不同程度的影响。我们应该留意到这些因素，以便在日后交易时可以察觉出来，据此调整我们的行为。我们永远也无法真正控制这些因素，但有一个方面是我们可以控制的，那就是怎样回应这些外在因素。我们所说的外在因素包括市场和市场走势。我们无法控制究竟市场会大幅波动，还是窄幅盘整、走势平淡。我们无法控制价格会到达支撑区，会跌破支撑位，还是下探支撑位后反弹。但我们可以在行情平淡的日子里控制自己的回应方式，在价格接近支撑位时保持耐心。我们无法控制消息和市场会对消息作何反应，无法控制某一波上涨/下跌行情能走多远，或者会不会维持横盘整理格局。同样，我们无法控制某一单交易的结果。但我们可以控制自己回应所有这些外在因素的方式。我们可以控制的，是自己的回应方式，也就是自己的行动。

有许多具体因素是我们可以直接控制的。这些因素会对我们的交易表现产生直接影响，我们可以清晰地列出、观察、衡量和评估。负责任的交易者在回顾和评估自己的交易时，会留意这些因素。你可以控制的因素包括在开始交易之前准备工作的质量怎么样，你在交易期间想法和感觉的水准，你采取和没有采取的行动，你是否充分利用了交易表现评估数据。如果你是负责任的交易者，你会希望自己的准备工作是高质量的，在每个方面都是完善的，包括你为了改善交易而学习的新技巧和能力。在交易期间，当想法和感觉开始让你分心，你要保持正念，运用心理搁置技巧。这包括承认不想要的想法和感觉的存在，集中精神，保持正念，把注意力转向对交易以及对自己作为交易者的成长来说重要的事情，采取适当的高价值行动，为交易服务。最后，为自己的交易表现承担责任，写交易日志或者进行"交易者表现评估"（练习11.1），制订良好的自我发展计划，运用自己的交易表现，持续为个人发展和作为交易者的成长提供反馈。

练习11.1提供了一套问题，共同组成了个人交易表现评估，你可以用于回顾和评估自己的交易表现。这套问题的基础是查尔斯·马厄为运动员设计的表现工具,我为交易者做了修订。这些是简单而又关键的问题,直指交易表现的核心。如果你可以系统地把这套问题纳入你的例行程序,这可以为你提供指引,帮助你发掘自己的发展需要,设法应对这些需要。在此过程中,你会成为知识更渊博、技巧更高超、能力更强、更负责任的交易者。

练习11.1　交易者表现评估

1. 我有哪些交易强项?这些为什么是强项?

2. 我有哪些交易弱项?这些为什么是弱项?

3. 我从自己和自己的交易中学到了什么?

4. 根据学到的东西,我可以采取什么步骤?

进行"交易者表现评估"时,请记住,我们更关心的不是结果,而是交易过程。例如,连续三单交易盈利本身并不算交易强项。更重要的是,要知道你采取了什么行动去选择这三单盈利交易,这三单盈利交易是怎样反映你的个人强项的。这可能会展示某些具体能力,包括识别高胜算交易,耐心等待交易条件形成,在适当的时机果断操作,达到合理的盈利目标后再平仓。

在使用这套评估规范时,请记住,技术和心理因素都是重要的,都应该留意。例如,我们在识别弱项时,可能会发现自己某一单做多交易的盈利目标是更高的,可是由于你害怕行情会掉头，只达到60%的盈利目标就平仓了。你在考虑这为什么是弱项时，可能会意识到技术和心理方面的弱项：技术层面上，你解读市场的能力有所欠缺，在你持仓时，价格运动略有回调，但这不是大量卖盘涌入的迹象。心理层面上，你持仓时感到焦虑，担忧保不住浮盈，产生损失厌恶，不想浮盈回吐。因此，至少在这单交易上，你认识到在还能扩大盈利头寸时，自己在交易的心理和技术层面还要下更大功夫。如果你在几天或几周内，从多次交易评估中发现，同样的问题在不同的交易中反复出现，你就知道自己有了一项发展需要。现在，你可以专注于自己需要采取什么步骤，有效应对这个发展需要，提升自己的知识、技巧和能力，达到合理的盈利目标后再平仓。

为了帮助你了解怎样才能最好地进行"交易者表现评估"，我们来看一下伊恩的一次自我评估。伊恩是一位技巧高超的日内交易者，主要专注于E-迷你标普期货、原油和黄金期货市场。

我有哪些强项？这些为什么是强项？

在今天的交易里，我的强项包括昨晚真正做好了准备，心智和情绪上都十分清晰。由于昨晚找到了强有力的支撑位，今天上午我毫不犹豫地做了第一单交易。我能够几乎同时在两个市场建仓（标普和原油），两个市场今天表现同步，这是我昨晚做准备时就预计到的。由于标普正在突破昨日窄幅横盘震荡整理的格局，我为出现趋势行情做好了准备，能够顺势加仓两次。

我有哪些弱项？这些为什么是弱项？

我想要在发现市场出现强劲趋势时建立核心持仓。然而，我今天多次建仓，但盈利都比较少。我还是不愿意浮盈回吐，没有给持仓回落留下空间。

我从今天的交易中学到了什么？

我在趋势行情形成时，能够及早察觉出来。过去，我会犹豫不决，但我已经把这一点列入了发展需要，加以改进，现在，我知道要留意哪些迹象，明确了趋势行情形成的条件。这已经成为我的强项。我还了解到自己有一项新的发展需要，那就是在趋势行情中交易。如果我接下来可以发展在趋势行情中交易的技巧和能力，全天持有核心持仓，我作为交易者就有了进一步的发展，可以提升整体交易绩效。

根据今天学到的东西，我可以采取什么步骤？

制定SMART目标：在出现趋势行情的日子，持有核心持仓。为此，我一旦发现趋势行情，就会建立核心持仓，仓位相当于正常仓位的一半，一直到收市为止，我都会持有这一半的仓位。我可以在趋势行情中买卖，在市场回落时进场，在波段延续时出场，但会努力持有核心持仓。由于这在心理上会带来挑战，我在管理持仓时，会运用深呼吸、正念和认知解离技巧。由于真正的趋势行情一个月只会出现两三次，我会在接下来六个月里努力这样去做，目标是在70%真正的趋势行情里，全天持有核心持仓。

伊恩在个人发展中，进行了"交易者表现评估"。他早前利用这项工具，了解到自己需要在趋势行情形成时，及早察觉到这一点。他知道，虽然趋势行情一个月只会出现几天，但比起所有其他日子，这样的行情可以为交易者带来超额利润，若能把握这样的机会，可以提升他的交易绩效。他虽然学会了识别趋势行情，可是在趋势行情中交易方面仍然存在弱项，未能充分把握获利机会。因此，他发现了自己的发展需要，制订了包含SMART目标的行动计划，以应对这一需要。他意识到自己在心理上面临挑战，审慎地把心理技巧纳入计划之中。

在六个月期间，伊恩会继续评估自己执行SMART目标的情况，进行"交易者表现评估"，评估自己发展的强项，以及在实现目标的过程中遇到的障碍，借助这个机会，对SMART目标做出必要的调整。这样一来，伊恩就可以继续朝着目标前进，提升自己，评估自己取得的进展，保持动力，在这个过程中发展宝贵的交易技巧（包括必要的心理技巧）。读者还要留意，伊恩致力改进的是自己在趋势行情中交易的过程，而不是专注于交易结果。伊恩的目标不是赚多少钱或者多少个标普点，而是交易过程：持有核心持仓，运用心理技巧，发展所需的技巧和能力，在趋势行情中交易。伊恩专注于过程，而非结果，这是正确的选择。

▪ 毅　力

所谓毅力，是指交易者孜孜不倦而又坚决地朝着目标前进、克服挑战的能力，是指虽然遇到逆境和失败，还是能够长时间维持兴趣和努力。宾夕法尼亚大学研究心理学家、2013年度麦克阿瑟天才奖（MacArthur Fellowship）获奖者安杰拉·达克沃思（Angela Duckworth）把这项重要能力称为"坚毅"。

达克沃思的研究显示，在众多不同的工作和职业中，毅力（或坚毅）可能比才华、智商、一丝不苟和其他常见的成功因素更加重要。坚毅和毅力涉及长时间持续付出努力，我们可能视之为耐力；也涉及全力以赴，集中注意力，能够坚持与交易相关的具体重要活动，贯彻始终。值得留意的是，按达克沃思的"坚毅指数表"计算，毅力通常会随着年龄的增长增加，年长的人通常比年轻人更有毅力。

交易者每天晚上研究图表，了解趋势是怎样发生变化的，在趋势持续时图表是怎样的，精选进场模式是怎样的，在许多天、许多个星期和许多个月里微妙的形态差异，这些都是毅力的体现。大多数人都明白，辛勤工作是一个优点。

"成功来之不易"和"一分耕耘一分收获"都是我们耳熟能详的话。许多人不清楚的是，据达克沃思表示，专注于一个领域孜孜不倦地发展，远胜过经常改变目标。例如，如果一个人频繁跳槽，而且每份工作的领域截然不同，而另一个人找到自己的独特专长、专心致志地发展这方面的技巧，前者成功的可能性低于后者。成功来源于专注于一个领域。举一个交易中的例子，这意味着深入透彻地了解一个进场模式，包括深入了解怎样的市况对这个进场模式有利；在进场条件形成时，有利的价格运动应该是怎样的，指标是怎样的；在各种不同的市况下，行情可以走多远；还有其他考虑因素。

交易者需要及早探索不同的市场技术分析方法［例如艾略特波浪理论、斐波那契回调线（黄金分割线）、K线图（日本蜡烛图）、轴心点、支撑位和阻力位、统计指标、威科夫方法、图表形态、四度空间理论、信号处理方法等］，然而，若是不断地从一个指标跳到另一个指标，从一个方法转换到另一个方法，终究会适得其反。交易者要取得成功，应该找到一个方法，坚持不懈，全面学习掌握这个方法，如何适当运用，了解其微妙之处和局限所在。

要取得成功，努力的强度是毅力的重要方面。所谓强度，是指我们在实践期间，投入了多大的注意力。例如，当我们评估图表或者学习新的进场模式时，需要全神贯注，专注于这项活动。如果我们注意力涣散和分心，这会妨碍我们学习掌握专业知识。我们越能够长时间维持注意力，就越有机会取得成功。正念是发展和维持专注力的最佳方法之一。要发展和加深专业知识，成为高手，需要在许多个星期、许多个月、许多年里维持注意力。正念可以帮助我们维持对当下的专注力，长远而言，也可以帮助我们维持心境清明。

贯彻始终是坚毅的一项重要特质。比起在不相关的不同领域零零散散地投入精力，若能够持之以恒、有目的地投入与交易相关的具体活动，就更有可能取得交易成功。若只是间歇性地花一个小时做这件事，花一个小时做那件事，这种做法过于断断续续、过于随意，是不足以促进发展最佳表现能力的。我们已经讨论过，频繁转换方法并不会为交易者带来成功。把过多时间花在毫无收获的领域，例如网上交易论坛和聊天室，并不能带来多少帮助；而做功课和研究图表，才是提升个人知识、技巧和能力之道。达克沃思回顾了相关研究后发现，在各个不同领域，包括运动、艺术、科学、沟通等，这种贯彻始终的做法都是取得成功的最佳预报因素。交易也不例外。

最后，在考虑坚毅时，我们需要留意，还涉及耐力的问题。我们需要提升的不仅有努力的强度，还有持久度。这就像一场路跑赛事。马拉松比赛需要强度和耐力，短跑只需要强度。交易者应该像马拉松选手一样，能够长时间维持一定强度的努力。要取得卓越表现，就需要投入多年的专注努力，也需要我们经历和克服失败和逆境，重新振作，投入交易。我们之前提过，要在许多天、许多个星期和更长时间里持续投入一定强度的努力，需要做出无数的决策。我们很容易就会说："哎呀，好累啊，今晚就歇一歇，别做功课了吧。"所以，要保持毅力，你需要发展正念技巧，记住什么对自己才是最重要的。大多数人都至少有过一次这样的经历：他们很想实现某一件事，为此做出了牺牲，持续投入努力，实现目标；他们坚持不懈，克服了种种障碍，实现了对自己重要的目标。这就是毅力。我们持续地做出决策和选择，朝着自己重视的目标一步一步地前进。

坚毅和毅力的典范是心理学家所说的"刻意练习"。刻意练习是一种专门形式的高质量练习，你参与有计划、高度专注的训练活动，正好在你可靠的表现水平之外进行训练。这种训练活动敦促你在"舒适区"之外学习，提升自己的表现。佛罗里达州立大学心理学教授安德斯·艾利克森（K. Anders Ericsson）是专家表现和刻意练习的世界级权威，他进行大量研究后发现，刻意练习是在表现性活动（例如交易）中发展成为高手和专家的最重要因素。

刻意练习也被称为"精深练习"，通过在长时间内持续精深练习技艺（兼具专注度和强度），可以让我们接触到学习的奥妙和细微之处，让我们的知识、技巧和能力提升到高手水平。刻意练习是一个人进行的。练习者可以就自己的表现得到即时反馈，重复进行同样或类似的表现性任务，目标是在之前反馈的基础上，加以更正或者改善。这样一来，练习者就可以有系统地把目前的弱项转化为强项。

　　研究发现，无论在哪个领域，在很长一段时间里，一个人持续进行刻意练习是成为专家和高手的主要元素。无论是奥林匹克运动员、精英律师、神经外科医生、演员、交易者、国际象棋大师、海军飞行员还是飞镖选手，精英与平庸者的差距就在于刻意练习。在某些运动中（例如篮球和赛马），体形可能会有影响，但除此之外，要成为某个学科或领域的高手，靠的并非性格、智商、天资、身体特征，甚至是具有多少年经验。要成为世界级的高手和专家，需要数千个小时的高质量训练，不断地挑战自己，提升能力。换言之，对某项技巧付出略为超出能力之外的努力，失败，再尝试，失败，付出更多努力，失败，再努力，直到最终取得成功为止，这就是刻意练习，是成为高手的必由之路。这是令人望而生畏的，确实需要付出大量的努力。坦白说，大多数人都不会去做。

　　读者或许听说过社会科学家马尔科姆·格拉德威尔（Malcolm Gladwell）推广的"一万小时定律"：要成为某个领域的专家，需要几乎每日在这个领域进行精深、刻意的练习，达到大约一万个小时或大约10年。这是真的。这个定律最初由卡耐基梅隆大学教授赫伯特·西蒙（Herbert Simon）（诺贝尔经济学奖获得者）和威廉·蔡斯（William Chase）提出，他们研究了世界级的国际象棋大师，发现他们需要专注地付出大量努力。进行刻意练习的人，并不觉得这是一件愉快的事，而是感觉到困难，但还是日复一日地去做。一个人努力完善现在还不具备的技巧，日复一日、反反复复地经历失败挫折，是困难而又不愉快的经历。正因如此，表现能够达到精英级别的人少之又少。

这并不是说，交易者至少需要练习一万个小时，才能实现盈利。不过，要成为世界级的交易高手，确实需要付出这么多的努力。要成为胜任的交易者，在市场上实现盈利，所费的时间要少一些。胜任的交易者也可以实现盈利，只是还没有达到精英水平。比起其他形式的练习，刻意练习可以帮你更快地达到胜任水平，如果你想要达到精英水平，只能通过刻意练习。然而，比起其他学习方式，例如阅读、网上研讨会、研讨会和随意地回顾图表，刻意练习是费力而又不愉快的学习方式。这就需要坚毅了。那些面对困难和挑战，还是能够坚持不懈的人，是那种怀有坚毅决心，坚定地投入无休止的努力，日复一日地改善表现的人；是那些对交易怀有真正的热情，能够维持自己的热情，而不是失去兴趣，遇到困难挫折也不会泄气，怀有所需的坚毅决心的人，唯有如此，才能在刻意练习中取得成功，并最终在交易中取得成功。

如果你像大多数交易者一样，你也会在交易中遇到异常的困难，觉得交易比其他领域的工作都更加困难。要成为胜任的交易者，需要耗费大量时间学习掌握知识、技巧和能力。但其实任何值得做的事情都是如此。要做好一件事，需要认真投入热情和专注的努力；而要把一件事做到出类拔萃，就需要付出异常坚毅的努力。

■ 持续改善

持续改善是每位交易者的愿望——每一天都进步一点。要取得进步，交易者需要有非常坚定的承诺，有强烈的愿望和坚定的决心，去尽可能学习成长，成为最好的交易者，不只是今天或明天，而是在很长一段时间里坚持不懈。换言之，要持续改善，交易者需要付出努力，而且是很大的努力。

要理解持续改善，可以想象一下，你有过一段漫长而又成功的交易生涯，现在准备退休了。你准备收起图表和交易下单平台，做以前没有时间去做的事。在周六晚上，交易圈子将为你举办一场欢送晚宴。所有同行和你尊敬的人士都会出席。你希望他们对你多年来作为交易者、对你几十年的交易生涯，给出什么评价呢？我们在第8章介绍过一个类似的练习，你要写下记者对你和你的交易的评价。如果你还没做过这个练习，最好暂停下来，花几分钟时间，做一下这个练习。

想象一下，你希望别人对你交易的印象是什么？这些是你的长远目标，你可以为此制定SMART目标，为此付出努力，实现目标。这些是你在交易生涯中最看重的事情，是你认为自己作为交易者最重要的事情。例如，你是否希望给人留下的印象是过早获利平仓呢？多半不会吧？你可能会希望给人留下的印象是十分善于解读图表，经过详尽研究，打造独特的进场模式，在执行和管理交易时，展现出良好的交易表现。

请记住，你希望给人留下的印象，不只是赚到的钱。当然，想要赚钱是人之常情，你想要为自己、为家人和为爱人奠定稳固的财务基础，这是理所当然的。但这不是唯一，还有其他重要的事情。

在欢送晚宴上，大家可能站起来向你致辞，可能会说，马西娅很善于解读图表，单凭价格柱状图和成交量就能解读几乎任何图表。约翰很善于交易管理，总是对目标价位心中有数，建仓后，他会等到目标价位才平仓。胡安很善于建仓，他很少会在遇到压力时不知所措。一发现势头不对，他就会快速止损，趁还没蒙受重大亏损，就快速出场。林林总总，这些都是我们作为交易者看重的方面，也是我们做出承诺去做交易、尽力成为最好的交易者时，要记住的方面。

要理解持续改善，可以想想职业运动员。即使从事一项运动已经10多年了（视运动项目而定，大多数职业运动员从小开始训练，到30岁左右退休，从事一项运动的时间长达20多年），他们还是会每天早起，投入多个小时练习。他们每天训练，接受教练的指导。在赛季里，他们会持续练习，想着自己的运动项目，计划自己的策略，维持体能的最佳状态。他们总是在努力持续改善。

在运动中，持续改善被纳入运动员的规划。无论是像网球这样的个人运动，还是像足球或篮球这样的团队运动，运动员都要遵循一个时间表，接受教练的指导，与运动心理学家合作提升心理技巧，还可以获得理疗师、营养师和其他辅助人员系统性的支持。基本上，运动员所做的一切都是为了这项运动，一切都为运动员安排得井井有条。但大多数交易者并不是这样。那些在交易公司的交易部门任职的交易者，会有系统性的安排，接受培训。可是绝大多数交易者都得不到外在的系统性安排。如果我们想要真正在交易中有所成就，就必须安排自己的自我发展计划。

你可以使用"之前—期间—之后"框架（高质量准备、有效执行和建设性自我评估），为自己持续改善交易表现做安排。这意味着你要通过学习、写交易日志、做个人研究、参加研讨会、接受导师指导、刻意练习和其他形式，改善自己的交易知识、技巧和能力，从而持续增进对市场、对你自己和对你的交易的了解。这也意味着你坚定承诺，从建设性自我评估中总结学习成果，以此调整准备和执行阶段的工作。

下面是进行建设性自我评估的方法。进行"交易者表现评估"，洞悉发展需要。在洞悉发展需要之后，若是你发现把这项需要转化为强项之后，可以大大提升你的交易表现，那么你就可以为这项改变制订计划了。要为改变做好高质量准备，可以制定SMART过程目标，应对你的发展需要。或许你有多重需要、多个目标，但一次最好只是专注于一至两个。集中精力几乎总是更好的方式。接下来，你可以通过有效执行，执行SMART目标。要监测进展如何，就应该进行建设性自我评估，针对SMART目标的准备和执行，进行"交易者表现评估"。在有效执行的过程中，你按照计划采取行动，收集更多表现数据，然后在建设性自我评估中进行评估。接下来又轮到高质量准备，你调整计划，为下一轮的交易做好准备，再执行计划，再评估自己的表现。如此周而复始，直到你实现发展需要所体现的目标、把弱项转化为个人交易强项为止。

要取得卓越的交易表现，成为交易高手，你需要在高质量准备、有效执行和建设性自我评估的过程中，始终保持正念。在持续改善的周期中，需要保持正念，全心投入。长远而言，你通过自我发展和改善的过程，会对自己的交易心理和交易有更强的大局观，明白交易是概率游戏，明白交易在自己生活中扮演的角色。你对自己的强项和弱项会有更多的了解，也会有更强的动力。你的心理纪律会变得更强，由于你专注于促进持续改善的方面，看到自己一点一滴在进步，也会有更强的自信。你在进行交易任务时，会有更平衡的情绪强度，减少情绪大起大伏，也更少受到情绪劫持。你会提升自己的专注力，更加沉着，能够保持冷静。你为自己的交易承担起责任，努力去做刻意练习，自尊也会有所提升。通过持续的自我改善，你会为交易创造很大的价值。这些都是交易心理学的真实元素。你可能注意到，这些元素不仅对交易有用，对生活也是有用的。

表11.1"建设性自我评估的高价值心理技巧和一些高价值行动"概括了建设性自我评估，列出了四项高价值心理技巧，也提供了一些高价值行动的例子。

在本章末尾的练习11.2中，我们跟前两章末尾一样，提供了建设性自我评估的心理技巧盘点。

表11.1　建设性自我评估的高价值心理技巧和一些高价值行动

	之后：建设性自我评估
高价值心理技巧	**高价值行动的例子**
自尊	界定在交易以外的角色和价值观
表现问责	写交易日志
毅力	定期回顾图表
持续改善	从经验丰富的交易者那里寻求反馈和意见
	专注于一个交易方法
	定期使用"交易者表现评估"
	从导师和交易心理学家那里寻求反馈
	做刻意练习
	制订发展计划，满足发展需要
	做好记录

练习11.2　心理技巧盘点：建设性自我评估

心理范畴		评分
自尊	我知道自己的价值，无论交易是盈是亏，都可以保持冷静。 我不会由于交易表现强劲而感到兴奋，也不会由于交易表现未如理想而自怨自艾。	
表现问责	我为自己的交易表现负起全部责任，愿意面对影响我表现的因素，包括表现不足之处。	
毅力	我不会分心，会专注地去做必要的工作，尽自己所能成为最好的交易者。即使遇到困难，我也会维持努力的强度。	
持续改善	我会利用我的交易表现相关信息，促进自己作为交易者的进步，调整自己的交易。 我不断设法发展和改善自己的交易知识、技巧和能力。	

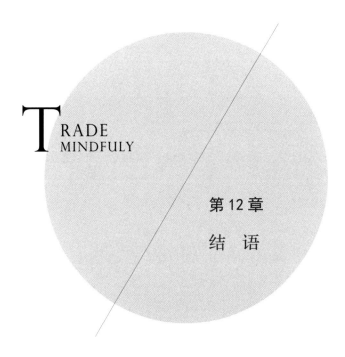

TRADE
MINDFULY

第 12 章

结　语

　　这是第一本把正念技巧与表现心理学相结合，为交易者提供一套结构化的交易心理流程的书。我们讨论的重点是交易者面对的心理和情绪挑战，以及可以帮助交易者应对交易心理层面的尖端心理学。有两方面是特别值得留意的，一是练习正念的重要性；二是坚定承诺，投入"之前—期间—之后"交易心理流程。

　　交易充满了心理挑战，但如果说有什么秘诀可以让交易者取得更稳定、更纯熟的交易表现，那就是发展保持正念、自我觉察的技巧。研究显示，正念可以让交易者受益匪浅。练习正念，可以训练心智觉察到自己，觉察到心里的声音在告诉我们什么话，最重要的是，正念让我们可以看到，在任何交易情境中，我们都可以选择采取什么行动。正念帮助我们留意到自己在棘手的交易情境下，我们受到情绪劫持，同时也意识到，我们无须为了安抚心智的唠唠叨叨而采取行动。正念、接纳和承诺帮助我们记住在交易中，什么才是对我们重要的，据此作出选择，采取高价值行动，从而取得最佳表现和交易盈利。

　　通过"之前—期间—之后"交易心理流程，我们可以磨炼最佳交易表现和交易盈利相关的高价值心理技巧和高价值行动。为交易做好高质量准备，把准备工作带入交易，最大限度地提升交易能力，评估自己的交易表现和结果，以改善准备和执行工作，这是我们发展、改善和提升交易表现的康庄大道。这是一种有目的、有系统的方法，可以指引你实现可实现的目标，同时帮助你发展新的技巧，帮助你成为想要成为的交易者。

无论你在看这本书的过程中，是否试着做了书里介绍的练习，你都需要明白一点：光是看了这本书，做了一次练习，并不足以让你掌握这些技巧。正念和其他尖端心理技巧都是技巧，跟学习任何新技巧一样，需要勤加练习才能掌握。交易者需要定期练习正念，有系统地遵循交易心理流程。事实上，例行练习正念的人士称之为"正念练习"，是出于一个原因：要保持正念、发展自我觉察技巧，需要全心投入，付诸实践。"之前—期间—之后"交易心理流程也是一样的。你需要学以致用，勤加练习。例如，你可以阅读有关游泳的大量资料，可以研究要怎样让身体浮在水面上，怎样踢腿前进，怎样划手转体，怎样摆头呼吸。你可以认真研究所有这些方面，甚至通过笔试，取得高分。可是，如果不真正下水，你是学不会游泳的。

正念和交易心理流程都需要定期练习，最好是每天练习。明智的做法是为本书中介绍的各项练习设定时间，定期练习，例行遵循第三部分介绍的交易心理流程。这需要交易者付出努力、坚守承诺。按照自己的需要坚定承诺，跳进水里，开始练习正念和交易心理流程。这样做可以带来巨大的裨益。

在这个付诸实践的主题上更进一步，本书的其中一个宗旨是不限于解释技巧和方法，而是提供一个平台，你可以在这个平台上了解自己和自己面临的交易挑战。全书中介绍的练习让你可以深入洞察自己的交易情境。花一些时间去做这些练习。做练习需要思考、勤勉，对自己抱着开放、诚实的心态——这跟交易的道理是完全一样的。做这些练习，你可以在交易的背景下，加深对自己的了解。这些练习可以为你提供指导，帮助你发展自己的交易心理优势。

　　要在交易中取得成功，交易心理只是一个方面，虽然是至关重要的方面。要取得良好的交易表现，有三个基本方面。交易者必须：（1）发掘市场技术面背后的秘密；（2）了解合理的资金管理原则和风险管理原则；（3）发展交易心理优势。图12.1展示了这三个方面。若是缺少了技术和资金管理能力，心理学本身并不能让你成为优秀的交易者。例如，考虑一下一位俱乐部水平的网球运动员，或许她有很好的心理技巧，在网球场上镇定自若，但还不具备职业网球运动员的知识、技巧和能力，所以，若是去打温布尔登网球锦标赛（Wimbledon），在晋级道路上也是走不远的。交易也是一样。然而，心理学是至关重要的，为技术技巧和资金管理能力都提供支持。深入了解自己的心理，可以形成心理优势，缺少了这一点，技术性策略的作用会大打折扣，资金管理原则可能被抛诸脑后。交易的心理层面（尤其是本书中介绍的交易流程）可以帮助你最大限度地发展和运用技术技巧。

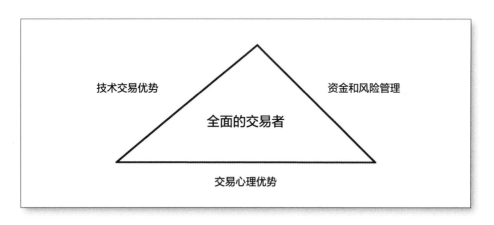

图12.1　胜任的交易者的基本能力

▪ 下一步

随着本书步入尾声，你要开始想一下接下来要怎么做。每个人都不一样。交易者之间有共通之处，但我们每个人都是从自己的角度出发体验交易的。这就是身为人的美妙和喜悦之处。到本书的最后，思考一下，你从本书中学到了什么？对于你的情绪、心智和交易心理，有什么发生了改变或者开始发生改变？你对交易心理的观点是否发生了变化？你是否在交易中找到了自己的新机会？如果有，有哪些新机会？

考虑一下，在你阅读和练习本书介绍的内容时，哪些方面对你来说是最有用的？是直觉思维和审慎思维的运作原理吗？是正念和认知解离吗？是了解在交易中对你最重要的方面，坚定承诺、投入对你最重要的方面吗？或许是我们无法真正控制自己的想法和情绪，应该停止与想法和情绪抗争？还是"之前一期间一之后"交易心理流程？你现在可以把哪些技巧投入运用到交易中？

有哪些方面让你感到惊讶吗？心智是十分复杂的，其运作原理相对不为人知。或许本书中描述的某个悖论让你大开眼界，对自己和自己的心理世界有了新的洞察。你看到哪里的时候发出了惊叹吗？留意这些方面，是非常重要的。

你开始去思考，要在自己的交易中运用哪些技巧时，应该牢牢记住交易心理流程。制订行动计划，执行计划，评估自己的表现和计划是否奏效，然后做出调整。从小做起，循序渐进，日积月累，很快就会产生效果。抱着开放的心态，愿意学习关于自己和交易的新知识。最重要的是，在进展未如计划，或者自己存在不足之处时，对自己怀有一点关爱之心。学习不是一蹴而就的，谁也没办法一下子成为大师。记住对你来说，什么才是最重要的。让价值观成为指引你的灯塔，你可以朝着这个方向努力，采取行动，沿着正确的轨道前行。练习正念，保持正念去做交易，你可以取得最佳交易表现，在交易中成就卓越。

股票投资获利必读投资经典

集中投资：巴菲特和
查理·芒格推崇的投资策略

定价：59.00元

穿越周期的专业投机技艺：
投机者经典教程

定价：59.00元

行为投资学手册：投资者如
何避免成为自己最大的敌人

定价：39.00元

利弗莫尔的股票交易方法

定价：38.00元

投机教父尼德霍夫的
股票投机术

定价：59.00元

如何找到100倍回报的股票：
基于365只100倍股的研究成果

定价：59.00元

量价分析：量价分析创始人
威科夫的盘口解读方法

定价：59.00元

量化价值投资：人工智能
算法驱动的理性投资

定价：59.00元

构建量化动量选股系统的
实用指南

定价：59.00元

价值投资之外的巴菲特

定价：67.00元

股票基本面分析清单：
精准研判股价的底部与头部

定价：69.00元

哈里曼股票投资规则

定价：79.00元

投机教父尼德霍夫回忆录
定价：79.90元

在股市大崩溃前抛出的人：
传奇投机大师伯纳德·巴
鲁克自传
定价：59.00元

行为金融学：洞察非理性
投资心理和市场
定价：69.00元

现代价值投资的安全边际：
为慎思的投资者而作的25个
避险策略和工具
定价：59.00元

威科夫股票交易与
投资分析
定价：79.00元

量价分析实操指南：创建属于
自己的高品质股票交易系统
定价：69.00元

马丁·茨威格的华尔街制胜
之道：如何判断市场趋势、
选股、择时买卖
定价：59.00元

选股
定价：59.00元

如何通过卖空股票赚钱：获得
财富很简单，只需好方法
定价：59.00元

交易冠军：
一个天才操盘手的自白
定价：69.00元

像格雷厄姆一样读财报：
"股神"巴菲特案头之作
定价：49.90元

cis股票交易术：在股市从23万
赚到13亿元的制胜逻辑
定价：69.90元

飙股名师朱家泓股市实战系列

抓住线图，股民变股神
技术分析定法交易进阶工具书，
掌握操作致富密码。

抓住K线，获利无限
精确判断多空转折，
掌握V形反转契机，轻松获利。

抓住飙股轻松赚
独家的"飙股战法"与"目标管理法"
倾囊相授，
了解单项指标含义与多指标综合分
析的选股方法，
找出最佳买点、卖点，达到获利目标。

做对5个实战步骤，你就是赚钱高手
细致解读操盘每一步技术要领，提
升看图和研判能力，
快速成为股市大赢家。

书中倾囊相授的股票技术分析与股票投资纪律的操作秘籍，独家的飙股
战法、股票获利目标管理法以及技术分析定法交易技巧，提升看图和研判能力，
精确判断多空转折，找出最佳买点、卖点，快速成为股市大赢家。